指导单位：贵州省法学会
主办单位：贵阳人文科技学院法学院
贵州省法学会知识产权法学研究会
贵州省毕节市威宁彝族回族苗族自治县人民检察院
协办单位：西北政法大学涉外法治研究中心国际数字贸易法研究所（国家级涉外法治研究培育基地）
网经社电子商务研究中心（“一带一路”国家级社会智库）
书名题字：宋彦龙

未来法學

FUTURE LEGAL STUDIES 2025 Vol.1

杨武松　刘学文　主编

第1辑

2025年

（总第1辑）

知识产权出版社
全国百佳图书出版单位
—北京—

图书在版编目（CIP）数据

未来法学. 2025 年. 第 1 辑 / 杨武松，刘学文主编. 北京：知识产权出版社，2025. 9. -- ISBN 978-7-5130-9879-3

Ⅰ. D912.170.4

中国国家版本馆 CIP 数据核字第 2025MD8901 号

责任编辑：韩婷婷　　**责任校对**：潘凤越
封面设计：杨杨工作室·张冀　　**责任印制**：孙婷婷

未来法学（2025 年第 1 辑）

杨武松　刘学文　主编

出版发行：知识产权出版社有限责任公司		**网　　址**：http://www.ipph.cn	
社　　址：北京市海淀区气象路 50 号院		**邮　　编**：100081	
责编电话：010-82000860 转 8359		**责编邮箱**：176245578@qq.com	
发行电话：010-82000860 转 8101/8102		**发行传真**：010-82000893/82005070/82000270	
印　　刷：北京建宏印刷有限公司		**经　　销**：新华书店、各大网上书店及相关专业书店	
开　　本：787mm×1092mm　1/16		**印　　张**：16.25	
版　　次：2025 年 9 月第 1 版		**印　　次**：2025 年 9 月第 1 次印刷	
字　　数：348 千字		**定　　价**：89.00 元	

ISBN 978-7-5130-9879-3

本书编委会

学术委员会

吴大华：贵阳人文科技学院讲席教授，贵州省社会科学院原党委书记、博士生导师，全国第三届十大杰出中青年法学家，国家哲学社会科学领军人才。

林秀芹：厦门大学知识产权研究院院长、教授、博士生导师，中国法学会知识产权法学研究会副会长，教育部法学教育指导委员会委员，厦门大学“一带一路”研究院执行院长。

曹　磊：中国商业联合会直播电商工作委员会副会长，网经社创始人、总编辑、电子商务研究中心主任，“一带一路”TOP10 社会智库电子商务研究专家。

商聪聪：亚太法律协会“一带一路”委员会联合主席。

刘晓海：同济大学上海国际知识产权学院教授、博士生导师。

王伟杰：贵州民族大学社会学院教授、博士生导师，中组部“西部之光”访问学者，贵阳人文科技学院科研处处长。

卜鹏楼：甘肃省人民政府研究室工业处研究人员。

孙尚鸿：西北政法大学国际法学院教授、硕士生导师，《法律科学（西北政法大学学报）》副主编，西北政法大学丝绸之路法律问题研究院跨境电商政策与法律研究所所长。

黄　硕：贵州省人民检察院调研员，中南财经政法大学检察基础理论研究基地、华东师范大学企业合规研究中心兼职研究员。

张福高：贵阳人文科技学院法学院党总支书记、副教授。

杨武松：贵阳人文科技学院法学院院长、教授、博士生导师。

俞俊峰：贵州民族大学法学院副院长（主持工作）、教授、硕士生导师。

文永辉：贵州财经大学法学院教授、硕士生导师。

郭　兵：浙江理工大学数据法治研究院副院长、副教授，数据法学创新团队负责人。

陈　涛：新疆维吾尔自治区归国华侨联合会三级主任科员。

王化宏：贵州省毕节市威宁彝族回族苗族自治县人民检察院检察长、四级高级检察官。

戴兴栋：贵州省毕节市威宁彝族回族苗族自治县人民检察院理论研究室主任。

柴裕红：兰州大学法学院副教授、硕士生导师，兰州大学—甘肃省侨联涉外法治研究中心执行主任。

李晓郛：华东政法大学涉外法治学院副教授、硕士生导师，美国旧金山大学法学院客座教授，英文法学期刊 *Foundation for Law and International Affair Review*（ISSN：2576-6619）副主编。

王海龙：河北工业大学人文与法律学院法学系主任、副教授。

宋瑞琛：云南民族大学政治与公共管理学院政治学系主任、副教授、硕士生导师。

潘晓滨：天津财经大学法学院副教授、硕士生导师。

刘学文：西北政法大学国际法学院（国际仲裁学院）副教授、硕士生导师，西北政法大学涉外法治研究中心国际数字贸易法研究所所长。

贺小丽：西北政法大学国际法学院（国际仲裁学院）副教授。

陈婉姝：西北政法大学中国—中亚法律查明与研究中心讲师、硕士生导师。

李云倩：贵州城市职业学院财务处处长。

杨晶晶：贵阳人文科技学院法学院党总支副书记、副教授。

曾思亮：贵阳人文科技学院法学院副教授、硕士生导师。

李　毅：贵阳人文科技学院法学院副教授、法学博士。

张万萍：西北师范大学地理与环境科学学院人文地理学博士研究生。

郝家杰：暨南大学法学院/知识产权学院国际法学博士研究生。

戚师瑜：四川大学法学院国际法学与涉外法治博士研究生。

刘一岑：澳门科技大学法学院经济法学博士研究生。

杨海蕴：深圳大学法学院宪法与行政法学博士研究生。

行桂林：西北政法大学国际法学院（国际仲裁学院）国际法学硕士研究生。

李　燕：西北政法大学国际法学院（国际仲裁学院）法律硕士（涉外律师）研究生。

常艺川：法律硕士（涉外律师），西北政法大学涉外法治研究中心兼职研究人员。

郭亚杰：西北政法大学国际法学院（国际仲裁学院）法律硕士（国际仲裁）研究生。

蔡子路：西北政法大学国际法学院（国际仲裁学院）法律硕士（国际仲裁）研究生。

目　录

国际数字贸易法治 145

国际数字正义法治 195

未来法学观察特稿

数据要素市场治理法治化与数字经济高质量发展
——以贵州省数字法治建设实践为样本

吴大华*

摘　要： 数据作为新时代经济格局中的核心驱动力，具有显著的放大效应。它不仅推动了现代信息技术的商业应用进程，也为数字经济的蓬勃发展提供了助力。尽管全球数据存储能力实现了飞跃性发展，我国在数字经济发展方面取得了诸多成就，但面临的挑战不容忽视，诸如数据资源的市场化配置问题、市场监管的完善性，以及数据跨境流动的安全隐患。在此背景下，贵州省积极探索数据治理的法治化路径，制定并实施多项法规，有效推动了数据资源的市场化进程，尤其在公共数据授权经营和数据权益登记领域实现了突破。为了进一步加快数字经济的成长步伐，建议强化数据场景化管理的法治建设，完善市场竞争的法律规范，并加强对数据跨境流动的安全治理，强化以地方立法为引领的数据要素市场法律治理创新，从而提升数据资源的配置效率和使用效益，激发数字经济的创新活力和融合发展潜力。

关键词： 数据要素　数字经济　法治化　数据治理　市场化配置

数据作为新发展格局下的关键生产要素，具有对其他要素资源的乘数效应，这一特点区别于传统生产要素。数据资产化和市场化的深入发展将进一步挖掘数据的内在价值，促进现代信息技术的市场化应用，推动数字产业的开放与形成，加速数字经济中新产业、新业态和新模式的融合与发展。本文拟就数据要素市场治理法治化与数字

---

* 吴大华，法学博士，教授，贵阳人文科技学院讲席教授，贵州省社会科学院原党委书记、博士生导师，全国第三届十大杰出中青年法学家，国家哲学社会科学领军人才、全国“文化名家”暨“四个一批”人才、全国杰出专业技术人才、新世纪百千万人才工程国家级人选、享受国务院政府特殊津贴专家。本文系作者于 2023 年 5 月 25 日在 2023 中国国际大数据产业博览会由中国社科院数量经济与技术经济研究所、中国社科院信息化研究中心、贵州省大数据管理局、贵州省社会科学院、安顺市人民政府等举办的“场景大数据”理论与实践研讨会上的主旨演讲，本文内容根据 2024 年的情况略作修改。

经济高质量发展问题展开研究，具体主要围绕数据的价值、我国在数字竞争中遇到的挑战、贵州省在数据法治化方面的积极探索，以及未来的思考等方面进行探讨。

一、全球数据要素市场变革：中国的崛起及数据战略资源的竞争

在过去的数十年中，全球信息存储技术经历了革命性的变迁，从早期的磁带到光盘，再到现代的云计算和云存储。这一变革显著提高了数据存储的能力和效率，同时也引入了全新的挑战和机遇。随着云计算的广泛应用，数据存储变得更加灵活和高效，极大地推动了全球数据产业的快速发展，并为各行业的数字化转型提供了坚实的基础。[①] 物联网、电子商务和社交网络等技术的迅速发展，使得全球数据生成量急剧增加，成为促进大数据产业发展的重要驱动力。这些技术进步不仅推动了大数据产业的成熟，也使数据资源迅速成为国家间竞争的战略性资产。

在我国，随着“数字中国”战略的不断深化，国家的数字化转型步伐显著加快，我国已跃居为全球数据产量增长的主要驱动力之一。从全球范围来看，数据产量从2019年的42泽字节（ZB）激增至2022年的81.3泽字节，呈现出指数型增长的趋势。在我国，2021年的数据产量已经达到了6.6泽字节，位居世界第二，仅次于美国。[②] 2023年4月6日，国际数据公司（International Data Corporation，IDC）发布的《2023年全球大数据支出指南》显示，中国大数据市场呈现出强劲的增长态势。该报告指出，2022年我国大数据领域的信息技术总投资达到了170亿美元，并预计到2026年，这一数字将增至364.9亿美元，实现近两倍的增长。在全球范围内，中国市场的比重预计在未来五年内将持续提升，有信心在2024年超过除中国及日本外的亚太地区总和，并在2026年将达到全球市场的约8%，这一趋势不仅彰显了中国在全球大数据领域日益增强的影响力[③]，还凸显出我国在全球数据产业中的重要地位，同时表明我国在全球数据生态系统中的作用日益关键。得益于国家政策的支持和互联网技术的飞速发展，我国数据中心产业得以迅猛发展，成为数字社会的核心支柱。众多企业，包括基础电信服务提供商和第三方数据中心运营商，都在国内进行了战略性的资源部署，积累了丰富的数据中心资源。这些资源为数据的存储、处理和分析提供了坚实保障，也为我国数字经济的持续增长奠定了坚实基础。

数据作为我国的重要战略资源，其带来的挑战不容小觑。数据量的激增使数据的安全存储与传输变得尤为重要，尤其在当今个人隐私保护日益受到高度关注的背景下，

---

① C. Yang et al.，“Big Data and Cloud Computing：Innovation Opportunities and Challenges”，*International Journal of Digital Earth*，Vol. 10，No. 1，2017，pp. 13-53.

② 中商产业研究院：《2023年全球及中国数据产量预测分析》，载中商情报网，https://www.askci.com/news/chanye/20230504/1038362683167916484418 24.shtml，访问日期：2024年7月16日。

③ 《IDC：2026年中国大数据市场总规模预计将达365亿美元》，载国际数据公司（IDC）官网，https://www.idc.com/getdoc.jsp?containerId=prCHC50557923，访问日期：2024年8月12日。

数据安全和隐私保护的复杂性进一步增加。此外，数据治理和法治化建设的不足，限制了数据的有效利用和保护。为了确保数据作为国家战略资源的核心地位，构建完善的数据法律体系是我国亟待解决的问题。在推进数据开放共享的同时，必须消除数据孤岛现象，推动跨行业和领域间的数据流动与整合，以实现数据价值的最大化。在全球化的背景下，数据跨境流通所带来的法律风险越发显著，这就需要通过国际合作与协调，制定有效的规则，以保护我国的数据安全和个人隐私权益。数据中心的快速扩张也带来了环境挑战，尤其是其高能耗和对生态环境的潜在影响。因此，发展绿色数据中心，降低碳足迹，已成为数据产业可持续发展的重要方向。面对这些挑战，我们应在享受数据带来的机遇的同时，积极寻求解决方案，推动数据产业的繁荣和可持续发展，为全球数字经济的长期繁荣奠定坚实基础。

二、构建超前数据要素市场：中国面临的国际竞争与治理挑战

数字经济领域的竞争力已上升为大国战略博弈的关键领域。我国在数据规模和量级方面拥有构建全球领先超大规模数据市场的优越条件。我国庞大的网民基础为消费市场的蓬勃发展奠定了坚实的用户基础，并加速推进了我国互联网经济的发展。尽管如此，我国在全球数字竞争中仍面临许多挑战。

（一）数据要素市场化配置存在三大困难

如何界定数据权利，规范数据使用？目前，我国数据要素市场化治理中存在数据要素与资产确权归责、数据行为规范与场景关系、数据跨境流动和数据安全发展等方面的问题。一是数据要素和资产确权难。在数据要素和资产确权上，现有数据权利认定模式容易导致数据要素流通不畅、静态权属认定困难、归责不清等问题，影响数据要素市场化配置效率。二是行为规范与场景脱离。目前数据流通的行为与实际应用有脱节的地方，数据应用与安全的规范界定比较困难，从“数据”和“数据行为（场景）”两个维度进行规范尤为必要。三是清楚界定产权比较困难。数据产权最核心的问题在于产权难以界定清楚。原因在于：数据特性复杂，数据利益主体诉求多样，界定数据产权的方法存在不足，等等。四是我国数据权属制度立法不足。尽管我国出台了系列政策举措，但在立法层面上，我国关于数据权属的制度设计尚不完善，立法工作任重道远。

在数字化时代，数据的重要性与日俱增，已成为推动经济社会发展的重要动力。然而，数据权属界定的模糊性逐渐成为制约数据资源市场化配置的主要障碍。这不仅降低了数据流通的效率、阻碍了数据潜在价值的实现，还可能引发数据安全和隐私保护方面的风险。[①] 同时，数据应用的行为规范难以跟上技术的快速发展，容易导致数据

① 吕昭诗：《论数字时代下数据产权“三权分置”的制度构建》，载《西昌学院学报（社会科学版）》2024年第3期。

滥用和隐私泄露等问题。因此，我们有必要对数据权利进行明确界定，建立清晰的产权规则，并构建能够灵活应对数字环境变化的行为规范调整机制。[①] 随着技术的持续发展，诸如区块链和人工智能等前沿技术为数据权利的界定提供了新的可能。区块链技术凭借其不可篡改和可追溯的特性，为数据产权的界定提供了可靠的保障。人工智能则在处理复杂的数据权益关系方面发挥着重要的辅助作用。[②] 此外，在国际合作趋向多极化的背景下，国际社会正逐步推动数据跨境流动和数据安全的国际规则制定。这些技术进步和规则制定虽然不能立即解决所有数据权利界定的难题，但为未来的治理提供了有力支持。

面对未来，构建一个可持续的数据管理体系显得尤为重要，这将是应对数据市场化挑战的关键。该体系应包括明确的数据权益界定、科学的数据处理准则、完善的法律框架以及先进的技术保障。同时，提升公众对数据价值的认知，以及社会对数据治理的共识，对于数据治理的长期进步至关重要。在这一体系的支撑下，推动数据要素市场的成熟与完善，确保数据的自由流动和高效配置，将对我国经济社会的全面进步产生积极的推动作用，并为数据产业的可持续健康发展奠定坚实的基础。

（二）数据要素市场竞争治理不足

在我国数据要素市场日益繁荣的背景下，数据作为生产要素的重要性愈加突出。然而，数据供给质量不高、流通机制受阻、应用潜力未能充分释放等问题，限制了数据要素的有效配置和利用，削弱了其对经济社会发展的促进作用。一些掌握数据资源和平台优势的领先企业采取了具有排他性的措施，如“数据封锁”和“屏蔽”策略，构筑数据壁垒，限制数据向竞争对手转移，以此巩固和扩大其市场地位。此外，市场上常见的“二选一”策略或协议迫使商家在多个平台中必须作出选择，实际上限制了市场的自由竞争。这些行为不仅损害了消费者和中小企业的权益，也阻碍了数据要素市场的健康发展和创新能力。

针对上述问题，我国在数据要素市场的竞争治理中，现行法律法规存在明显不足。

---

① 关于数据产权制度的构建，代表性中文研究成果有：汤琪：《大数据交易中的产权问题研究》，载《图书与情报》2016 年第 4 期；朱宝丽：《数据产权界定：多维视角与体系建构》，载《法学论坛》2019 年第 5 期；李刚、张钦坤、朱开鑫：《数据要素确权交易的现代产权理论思路》，载《山东大学学报（哲学社会科学版）》2021 年第 1 期；李爱君、夏菲：《论数据产权保护的制度路径》，载《法学杂志》2022 年第 5 期；刘方、吕云龙：《健全我国数据产权制度的政策建议》，载《当代经济管理》2022 年第 7 期；文禹衡、贺亚峰：《数据产权市场主体的认知调查与矫正》，载《图书馆论坛》2022 年第 3 期；赵磊：《数据产权类型化的法律意义》，载《中国政法大学学报》2021 年第 3 期；包晓丽：《数据产权保护的法律路径》，载《中国政法大学学报》2021 年第 3 期；申卫星：《论数据产权制度的层级性：“三三制”数据确权法》，载《中国法学》2023 年第 4 期；刘文杰：《数据产权的法律表达》，载《法学研究》2023 年第 3 期。

② See Eirini Ntoutsi, Pavlos Fafalios, Ujwal Gadiraju, et al., “Bias in Data-driven Artificial Intelligence Systems-An Introductory Survey”, *WIREs Data Mining and Knowledge Discovery*, Vol. 10, 2020, pp. 1-14.

虽然《反不正当竞争法》对某些涉及数据市场的竞争行为进行了规定，但由于数据要素具有无形性、易复制性和价值不确定性等特点，在实际操作中，现有法律缺乏足够的针对性和可执行性。此外，数据使用和权益界定不明、数据垄断、不正当竞争及数据泄露风险等问题，进一步阻碍了数据要素市场的成熟与完善。在数据领域，反垄断法同样面临挑战。传统的市场分析工具可能难以适用于数据市场，而新的评估方法尚未完全成熟，这限制了反垄断法的有效执行，进而影响了企业在数据交易中的参与度，削弱了市场竞争环境，导致数据流通与价值释放未能达到预期。

近年来，随着平台经济的迅速发展，国家加强了对互联网平台的反垄断执法，尤其是在防止数据垄断和维护市场竞争秩序方面，相关法律的适用逐步深入。然而，面对数据市场的特殊性，进一步完善评估方法和加强执法力度仍然是未来的工作重点。国际上已有一些新的探索，例如通过大数据分析和机器学习来衡量市场控制力和数据集中度的做法，值得我国借鉴。

因此，为推动数据要素市场的成熟与高效发展，我们必须采取全方位的措施来加强竞争治理。首先，应建立完善的法律法规框架，明确数据要素市场的竞争规则，提高法律条文的针对性和可操作性；其次，需要强化反垄断和反不正当竞争的执法力度，加大对违法行为的处罚力度，确保市场公正竞争的秩序；最后，应优化数据流通环境，完善数据供给和流通机制，提升数据应用水平，积极推动数据要素市场的开放共享，促进数据要素的自由流动与高效配置，为我国经济社会的全面进步提供坚实的支撑。

（三）数据流通市场治理不足

“数据主权”“数据隐私”“数据跨境流通规则”等议题正日益受到国际社会的广泛关注。一是数据资源竞争激烈所带来的风险日趋明显。部分西方发达国家凭借在网络空间中的信息不对称和技术门槛，推动形成网络霸权和数据霸权，这给我国网络空间安全带来了显著的风险。[①] 二是网络数据跨境传输风险显著增加。我国在数据安全的制度设计方面仍处于积极探索阶段，针对产业链中不同环节的详细制度设计尚不完善。现有法律规范和监管规则在实践中仍存在可操作性不足的问题。

在全球化背景下，数据要素市场中的数据产权界定与保护正面临与国际规则接轨的挑战。由于各国在数据产权的法律基础、保护机制以及跨境数据监管政策方面存在不一致性，这对我国企业在海外市场维护数据权益造成了诸多困难。因此，我国必须在维护国家数据主权与安全的前提下，积极参与国际规则的制定，推动构建公平合理的国际数据产权保护机制，以应对当前亟待解决的诸多挑战。

随着数据量的迅猛增长和应用领域的不断拓展，传统的数据治理策略已无法满足

---

① 刘黎明、李习宇：《总体国家安全观视域下数字技术对文化安全的风险应对》，载《文化软实力研究》2024年第3期。

市场需求。因此，提升数据治理能力，在数据资源整合、处理分析、安全防护及监管等方面进行全面升级，对确保数据要素市场的健康发展具有关键意义。这就要求我们在技术创新、专业人才培养、法律体系完善等方面持续投入，构建与时代发展同步的现代化数据治理架构。在激烈的市场竞争中，数据伦理和隐私保护显得尤为重要。① 我们应在促进数据流通与共享的同时，确保个人隐私和数据安全不受侵害，防止数据的不当使用和泄露，以满足公众的期待。因此，完善数据伦理规范、强化隐私保护法规、提高企业自我管理能力以及加强监管机构的执行力度，成为保障数据要素市场健康发展的重要措施。

总体而言，为解决数据要素市场的竞争治理问题，我国需要在多个层面采取措施：加强国际合作，完善国内法规，提升数据治理现代化水平，增强数据伦理和隐私保护。同时，我们还需警惕西方国家可能利用其在网络空间和信息技术领域的优势，推动形成网络霸权和数据霸权，以此来保护我国的网络安全和数据主权。在此基础上，我们应积极参与全球数据治理框架的制定，推动形成更加公正、合理的国际规则，为我国企业在全球数据市场中创造公平竞争的环境。

三、数据治理创新与公共数据要素价值释放：贵州省的政策举措与实践探索

（一）出台系列文件，推进数字治理创新

贵州省地处中国西南地区，地理位置至关重要。自 2013 年以来，贵州省敏锐地把握时代发展脉络，将大数据技术定位为推动经济与社会发展的主要驱动力，并纳入省级战略规划的“三大支柱”中，展现了其在新兴技术领域的前瞻性思维。在全面推动数据要素的开发与利用方面，贵州省实施了一系列具体措施：首先，全力构建和完善数据相关的基础性制度框架，明确了数据产权界定、交易规则、数据跨境流通及数据安全保护等方面的规范，为数据要素市场的有序运作奠定了坚实的基础；其次，通过财政补贴、税收减免、金融支持等多元化激励政策，激励企业和个人积极参与数据资源的开发与应用，推动了一个以数据为驱动的创新生态系统的形成；再次，积极推动跨部门、跨行业的数据应用创新，鼓励政府机关、企业以及社会力量共同挖掘数据在提升政务服务效率、优化社会治理结构、加速产业转型升级等方面的潜力，提升了公共数据的服务能力；最后，持续加快数字化治理的创新步伐，运用大数据、云计算、人工智能等前沿技术，推动了政府治理方式的创新，提升了决策的科学性、管理的精准性和服务的效率。

---

① See Ravi Sarathy, Christopher J. Robertson, “Strategic and Ethical Considerations in Managing Digital Privacy”, *Journal of Business Ethics*, Vol. 46, 2003, pp. 111–126; Deny Susanto, “Protection of Personal Data in Business: An Overview of the Perspective of Business Ethics and Its Implications for Regulatory Compliance”, *Indonesian Journal of Contemporary Multidisciplinary Research (MODERN)*, Vol. 2, No. 2, 2023, pp. 109–120.

贵州省自2014年起在促进数据法治化方面取得了显著成就。通过颁布《贵州省大数据发展应用促进条例》[①] 和《贵州省大数据安全保障条例》[②] 等核心法规，贵州省成功填补了国内在大数据领域的法律空白，成为其他地区学习的典范。贵州省不仅注重法规的制定，还强调法规在社会范围内的普及和严格执行。通过构建完备的数据监管体系，贵州省保障了数据安全，维护了个人隐私。近年来，贵州省在大数据发展中的经验也逐渐被国家层面所认可和推广。

展望未来，贵州省计划继续深化其大数据战略，快速完善数据要素市场体系，促进数据与其他生产要素的深度融合，以推动经济社会的高质量发展。此外，贵州省将持续强化数据法治化建设，进一步完善法规体系，为数据要素市场的健康成长提供坚实的法律支撑。总体来看，贵州省在大数据领域的创新实验与实践，展现出巨大的发展潜力，并预示着该省将在新时代的发展道路上取得更加辉煌的成就。

（二）探索公共数据授权运营机制、释放公共数据要素价值的规范

贵州省政府制定了《贵州省数据要素市场化配置改革实施方案》《贵州省政务数据资源管理办法》《关于建设贵州省一体化公共数据资源体系工作方案》等文件，提出建立数据资源持有权、数据加工使用权、数据产品经营权等产权分置运行机制。具体举措如下：

其一，围绕公共数据授权管理、公共数据运营管理、数据管理行为规范、公共数据安全等内容，省大数据发展管理局起草了《贵州省公共数据授权运营管理办法（试行）》，并编制了《贵州省公共数据授权运营与建设指南》，探索公共数据分级分类授权运营机制。目前，《贵州省公共数据授权运营管理办法（试行）》已广泛征求相关单位和企业的意见，并经过多次专题会议研究，正在修改完善。

其二，在数据流通公共基础设施建设方面，贵州省致力于建设省市一体的公共数据平台，形成全省统一标准、分级管理、共享共用的公共数据目录“一本账”。该平台提供数据归集、治理、开发、流通、交付等数据要素全流程服务，设立市（州）专区，并与各市（州）的数据流通基础设施互联互通。同时，优化数据流通交易平台，依托平台为企业提供免费的数据要素登记服务，并颁发数据要素登记凭证，为数据的有序流通提供政府公信力的支持。

其三，在数据确权登记方面，贵州省统筹建设了数据要素登记节点。基于全国首

---

① 《贵州省大数据发展应用促进条例》，贵州省第十二届人民代表大会常务委员会第二十四次会议于2016年1月15日通过，自2016年3月1日起施行。

② 《贵州省大数据安全保障条例》，贵州省第十三届人民代表大会常务委员会第十二次会议于2019年8月1日通过，自2019年10月1日起施行。

个数据要素登记 OID 行业节点，贵州省建设了数据要素登记 OID 服务平台[①]，构建了契合数据要素登记核心业务流程的技术标准体系，面向全国提供市场主体登记、数据产品登记、数据信托登记、数据交易登记等服务。通过这些确权登记工作，贵州省有效支撑了数据要素确权、流通、分配等各环节工作的有序开展。

其四，贵州省进一步加强了专项资金引导。2024 年，省级财政继续加大资金保障，安排省大数据发展专项资金 2.8 亿元。省大数据发展管理局通过奖代补的方式，重点支持数据流通、数据开放、数据安全保障等重点项目和关键配套平台建设，为数据要素市场的健康发展提供了有力的资金支持。

（三）贵州省各级地方政府及部分企业积极探索数据法治化进程

近年来，以场景大数据理论为导向的铜仁市和安顺市开展了一系列促进数据有序流通的实践，逐步探索出一条城市数据运营的“贵州路径”。如通过一系列创新实践，率先探索出推动数据高效、有序流动的“贵州模式”城市数据运营路径。两地政府发布的场景大数据白皮书系列深入剖析了数据在特定应用场景中的价值实现机制，构筑了数据流通的理论框架与实践布局。该布局涵盖了数据使用权界定、数据权属分离、授权流程、利益分配机制、技术支持体系以及政府监管架构等关键环节，并与我国关于建立数据基础制度、增强数据要素功能的政策导向高度契合。这一系列理论探索与实践成果为构建完善的数据基础制度提供了前沿理论支撑与实证依据，树立了行业典范。在这一背景下，贵阳大数据交易所适时成立并快速发展，吸引了众多市场参与者，上架了多种数据交易产品，实现了交易量的显著增长和交易额的持续积累。这一成功实践不仅为贵州省内的数据治理与应用深化注入了强大动力，也为全国乃至全球的数据治理体系构建与应用模式创新提供了宝贵经验。贵阳大数据交易所的崛起，不仅彰显了贵州省在数据要素市场化改革中的积极成效，还为国内外数据治理体系的创新提供了可借鉴的范例。

公开发布的《场景大数据白皮书 1.0》《场景大数据白皮书 2.0》《场景大数据白皮书 3.0》发现了数据来源于场景并在场景中释放价值的显性规律，揭示了数据跨场景应用所带来的倍增价值。[②]《场景大数据白皮书 3.0》中提出了“数据要素流通标的物应

---

① 《贵阳大数据交易所成为全国首个数据要素登记 OID 行业节点》，载贵州省大数据发展管理局官网，https://dsj.guizhou.gov.cn/xwzx/snyw/202301/t20230106_86423914.html，访问日期：2024 年 6 月 10 日。

② 近几年，贵州省铜仁市和安顺市两地人民政府在促进大数据与实体经济深度融合方面采取了诸多措施。2020 年 7 月 29 日，在全国大数据与实体经济深度融合活动中，铜仁市政府首次发布了《场景大数据白皮书 1.0》。紧接着，在 2021 年 5 月 26 日举行的中国国际大数据产业博览会高端对话环节，两地政府共同发布了《场景大数据白皮书 2.0》。2022 年 5 月 26 日，两地政府再次联合在同一博览会上推出更新版的《场景大数据白皮书 3.0》。2023 年 5 月 25 日，在同一博览会“场景大数据”理论与实践研讨会上，两地政府共同宣布了最新版《场景大数据白皮书 4.0》的发布。这一系列举措体现了两地在场景大数据领域的不断突破和深度合作。

是在特定场景下数据要素的使用权”以及“实现数据跨场景有序流通需要具备数权解耦、数据授权机制、数据利益分配机制、技术支撑、政府监管等条件”两大理论成果。这些成果与中共中央、国务院发布的《关于构建数据基础制度更好发挥数据要素作用的意见》高度契合，并率先开展了数据基础制度的探索研究。截至 2024 年 7 月，贵阳大数据交易所吸引了“数据商”“数据中介”等市场主体 956 家，上架交易产品 1612 个，完成交易 1789 笔，累计交易额 37.98 亿元。①

综上所述，贵州省在推动数据法治化进程中展现了显著的前瞻性和执行力。铜仁市和安顺市以场景大数据理念为指导的实践，以及贵阳大数据交易所的成立，充分展示了数据作为现代生产要素的关键地位及其流通属性，并通过地方特色的政策塑造了独特的数据管理与流通模式。这些举措不仅为国内外数据治理体系的构建提供了宝贵借鉴，也预示着贵州省将在数字经济时代继续扮演重要角色，在数据管理和应用领域持续引领新风向。

四、数据要素市场治理的法治化路径

通过对数据市场化配置改革的深入理解与洞察，我们逐渐认识到法治化在维持数据市场稳定与繁荣中的核心作用。法治不仅要求我们在数据权属、市场规则以及跨境数据交换等关键领域建立一个系统化、公正的法规框架，还要求我们针对数据的特性，不断推动法律实践创新，以适应数字时代的发展需求。

（一）以“数据场景”为基准设计动态权属规则

各地方政府及企业在推进数据要素市场化配置改革过程中，针对建立健全数据产权制度问题进行了大量探索。借鉴安顺市、铜仁市的经验，许多企业也借鉴了“数据宝”的经验，提出以“数据相关行为”为基准设计动态权属制度。目前，私法赋权的静态保护范式导致了数据保护分析的单一化与绝对化现象，客观上加大了数据要素流转的制度成本。应根据数据主体（如个人、企业、政府等）的不同数据权益需求，以精细化、差异化、场景化的方式科学合理地分配数据权益，实现“一场景一授权”或“双授权”。依据法律规定，数据使用的行为规范应根据具体场景进行。例如，铜仁市通过场景大数据实践，构建了公共数据综合服务平台；安顺市通过“安心干”平台应用实例，搭建了城市数据流通基础设施。

（二）建立完善数据要素市场的竞争法律规范

为有效推动数据要素市场的健康发展，必须建立健全与之相适应的竞争法律规范。

---

① 《交易额达 47 亿余元！贵阳数据交易空前活跃全国领跑》，载贵州省大数据发展管理局官网，https://dsj.guizhou.gov.cn/xwzx/snyw/202408/t20240814_86423571.html，访问日期：2024 年 8 月 14 日。

一是建立新的数据要素市场竞争规范地方体系。各级地方政府应结合数据要素市场的具体应用场景和运行特征，建立地方性的竞争规范体系，以促进市场的公平竞争。二是加强对数据不正当竞争行为的认定与管理。在制定数据反不正当竞争行为规则时，应着眼于竞争行为对数据要素市场整体竞争情况的影响。通过法律手段加强对不正当竞争行为的规范管理，确保市场秩序的公正性。三是加强对数据垄断行为的规制与管理。在规制数据垄断行为时，应对数据全生命周期各环节进行综合分析，精准界定相关市场范围。企业是否具有垄断行为，需基于其数据采集、传输等各环节的行为进行判定，确保在数据要素获取和使用过程中公平竞争。

（三）统筹数据跨境流通安全与发展协同治理

数据作为一种重要的资源，其跨境流通的安全至关重要，需要在发展和安全之间进行协同治理，平衡数据应用场景中的安全与发展需求。一是重视数据在国际层面的流通与开放共享。数据的开放与共享、发展与保护是一对天然的矛盾，需制定清晰的规则，构建评估指标体系，根据不同应用场景确定数据开放共享的范围和流通的安全性。二是细化国际数据跨境流通的各项安全规则。应严格遵循新出台的《数据出境安全评估办法》，加强对数据出境的安全评估工作。在安全层面，需要进一步细化数据跨境流通各环节的具体安全细则。三是促进数据跨境流通的同时，加强全方位、多层次的国际合作。在确保数据安全的前提下，推动数据跨境流通和交流，并积极参与和组织国际数据传输安全标准体系的制定，充分释放数据要素的价值。

（四）以地方立法为引领的数据要素市场法律治理创新

贵州省在数据要素市场法律规范建设方面，率先通过制定地方性法规，填补了国内法律在某些领域的空白，从而为数据市场的公平竞争奠定了坚实的法治基础。为应对数据领域的垄断和不公平竞争行为，贵州省创新性地建立了一套全新的法律体系，这一体系不仅强化了市场的规范性和竞争性，还保障了数据资源的公正分配和有效流通。此外，贵州省在数据跨境流动的安全与发展协同治理方面，通过与国际社会的合作和规则制定的有机结合，强化了数据主权与安全的保护，积极推动了全球数据管理体系的优化。

贵州省在公共数据的授权运营和数据权益登记领域取得的显著成就，展现了其在推动数据市场化配置中的深刻洞察力和实践能力。这些成就不仅证明了法律手段在数据治理中的关键指导作用，还显著提升了数据资源的市场化效率，为数字经济的持续增长注入了动力。总体来看，贵州省在数据要素市场治理方面的成功实践，为地区经济的高质量发展带来了新的活力，同时也为全球数据治理提供了宝贵的经验和启示。这些成功的探索和创新思路，为数据治理的未来发展指明了方向，对完善国内外数据治理体系具有重要的借鉴价值。

结 语

在数字化经济时代，数据作为核心生产要素，其高效配置和标准化管理对国家经济与社会发展具有至关重要的作用。随着全球数据产业的迅猛扩张，我国作为重要的数据产出国，正处于一个历史性机遇与挑战并存的关键时期。作为国内数据治理的领军者，贵州省通过实施前瞻性的政策和措施，构建了完善的数据管理体系，为世界数据治理提供了宝贵的中国经验。

贵州省在数据治理领域的创新实践，尤其是在公共数据的授权运营和权益登记等方面，凸显了法治在数据市场化运作中的关键作用。通过明确界定数据产权、制定合理的交易机制以及实施严格的跨境数据监管，贵州省实现了数据资源的自由流动与高效配置，为数字经济的高质量发展奠定了坚实基础。此外，贵州省还通过财政、税收和金融等激励政策，激发了各类社会主体积极参与数据治理，共同营造了多元化的参与和创新生态系统。

展望未来，随着数字经济的深入发展，数据治理必将面临更多新的挑战。在这些挑战面前，我们必须进一步加强国际合作，完善国内相关法规，强化《数据安全法》和《个人信息保护法》的执行力度，提升数据治理的现代化水平。同时，我们还需强化数据伦理和隐私保护，确保数据流动和共享的安全性与合规性。另外，数据场景化管理的法治化建设也应受到更多关注，应进一步完善市场竞争的法律环境，以激发数字经济的创新活力和发展潜力。贵州省在数据治理方面取得的成功经验，已为全球数据治理提供了重要借鉴。我们坚信，在法治的正确引导下，持续推进数据要素市场的治理与创新，将为数字经济开启更加繁荣和可持续发展的未来。

“双碳”目标下促进新质生产力法治保障研究

潘晓滨[*]　郭炳宏[**]

摘　要：新质生产力本身就是绿色生产力，发展新质生产力是加快能源绿色低碳转型的重要抓手。“双碳”目标赋予新质生产力更丰富的理论内涵，新质生产力为“双碳”目标的实现提供坚实基础和新动能，二者之间具有密切的内在联系。发展新质生产力需要形成与之相适应的新型生产关系，反映新型生产关系的法律为经济基础服务，是深度推进低碳经济和社会转型的重要保障。我国应当明确“双碳”目标下法治保障新质生产力发展的着力点，从立法路径和制度安排等层面着手，建构促进新质生产力发展的法治保障体系，以实现环境目标、经济目标和社会目标为指引，形成促进新质生产力发展的法律实施体系，以高水平法治为发展新质生产力提供切实保障。

关键词：新质生产力　“双碳”目标　法治保障　低碳发展

实现碳达峰、碳中和是贯彻新发展理念、构建新发展格局、推动高质量发展的内在要求，“十四五”是碳达峰的关键期、窗口期，我们应当锚定目标，坚定不移走生态优先、低碳发展之路。2023年9月，习近平总书记在黑龙江考察调研期间创造性地提出“新质生产力”这一概念，要求整合科技创新资源，加快形成新质生产力。2024年1月，习近平总书记在中央政治局会议上进一步阐述了新质生产力的概念、内涵以及特征等基本理论问题，指明发展新质生产力的重大理论意义与实践意义，提出发展新质生产力的具体思路。[①] 2024年2月，习近平总书记在二十届中共中央政治局第十二次集体学习中，围绕“新质生产力本身就是绿色生产力”进行了深入阐述，指出能源技术

---

* 潘晓滨，法学博士，天津财经大学法学院副教授、硕士生导师。研究方向：国际环境法、气候变化与能源法。本文系国家社科基金一般项目“人权法视角下国家适应气候变化的治理策略研究”（批准号：19BFX207）阶段性成果。

** 郭炳宏，天津财经大学法学院硕士研究生。

① 参见习近平：《习近平在中共中央政治局第十一次集体学习时强调　加快发展新质生产力　扎实推进高质量发展》，载《人民日报》2024年2月2日，第01版。

及其关联产业是新质生产力的重要组成部分，我们要加强关键核心技术联合攻关，强化科研成果转化运用，把能源技术及其关联产业培育成带动我国产业升级的新增长点。[①] 新质生产力是符合新发展理念的先进生产力质态，是低碳发展的重要支撑。“双碳”目标是我国为实现可持续发展作出的重大战略部署，是实现低碳发展的关键引擎。有学者指出，新质生产力具有鲜明的生态属性[②]，“双碳”目标与新质生产力具有密切联系[③]。当前理论界主要围绕新质生产力助力“双碳”目标的内在逻辑、现实困境和实践方略展开研究[④]，也有学者聚焦于高水平法治保障新质生产力发展的路径选择[⑤]。但是在“双碳”目标下，有关如何通过法治保障促进新质生产力发展的研究还有待深入。低碳发展理念进一步丰富了新质生产力各要素的内涵，应结合以高水平法治保障新质生产力发展的必要性，从立法、执法、司法和守法四个层面，提出“双碳”目标下促进新质生产力发展的法治路径，运用法治思维和法治方式凝聚共识，以良法善治塑造和发展新动能新优势，积极稳妥推进碳达峰碳中和。

一、“双碳”目标下新质生产力的理论内涵

气候变化给人类生存和发展带来严峻挑战，中国作为世界上最大的发展中国家和碳排放大国，明确提出了“双碳”目标，积极应对气候变化。新质生产力代表绿色、低碳、循环的先进生产力质态，形成和发展新质生产力是推动实现“双碳”目标的关键所在。

（一）“双碳”目标下新质生产力的概念

生产力是马克思主义政治经济学中的一个核心概念，劳动者、劳动资料、劳动对象三大要素共同构成了生产力的基本形态，在不同的经济发展阶段和历史时期，人们对生产力要素有不同的解读。最初的生产力概念可以表述为，人类在生产实践中形成的改造和影响自然以使其适合社会需要的物质力量。邓小平同志首次提出“科学技术是第一生产力”的重要论断，将科学技术同生产力各要素紧密结合，科技人员利用科学技术改造传统劳动工具，将自然科学及其转化的物质成果应用于社会生产生活的各个领域，使我国的社会生产力得到极大提高。

正如马克思所言，“劳动生产率是随着科学和技术的不断进步而不断发展的”[⑥]，面

① 参见习近平：《习近平在中共中央政治局第十二次集体学习时强调 大力推动我国新能源高质量发展 为共建清洁美丽世界作出更大贡献》，载《人民日报》2024 年 3 月 2 日，第 01 版。

② 参见方世南：《习近平生态经济观蕴涵的新质生产力理念研究》，载《北京航空航天大学学报（社会科学版）》2024 年第 2 期。

③ 参见董丝雨、王云杉：《积极稳妥推进碳达峰碳中和》，载《人民日报》2024 年 4 月 30 日，第 010 版。

④ 参见徐政等：《新质生产力赋能碳达峰碳中和：内在逻辑与实践方略》，载《青海社会科学》2023 年第 6 期。

⑤ 参见周佑勇：《以高水平法治助力新质生产力发展》，载《浙江人大》2024 年第 6 期。

⑥ ［德］马克思、恩格斯：《马克思恩格斯文集》（第 5 卷），中共中央马克思恩格斯列宁斯大林著作编译局译，人民出版社 2009 年版，第 698 页。

对新一轮科技革命和产业变革，习近平总书记创造性地提出新质生产力，进一步丰富和发展了马克思主义生产力理论。在全球进入碳排放约束背景下，新质生产力是以低碳发展为重要特征的当代先进生产力质态，其在本质上也包括了低碳生产力要素。以“双碳”目标为指引，能源技术和新型低碳技术的革命性突破、碳排放资产等新兴生产要素的创新性配置、传统高排放产业的深度转型升级以及新兴绿色低碳产业的迅速壮大，为形成和发展新质生产力提供了新动能。

（二）新质生产力赋能低碳发展的理论基础

新质生产力赋能低碳发展具有坚实且多元的理论基础。环境库兹涅茨曲线与隧道理论（见图1）从宏观上揭示了经济发展与环境质量间的动态关系；卡娅恒等式理论用数学表达式清晰地揭示了二氧化碳排放与人口、经济等因素的联系，为低碳发展提供了逻辑支撑；“两山”理论面向我国现实的发展问题，强调绿水青山与金山银山并重的可持续发展理念，为形成和发展新质生产力提供了具体的方向指引。

1. 环境库兹涅茨曲线与隧道理论

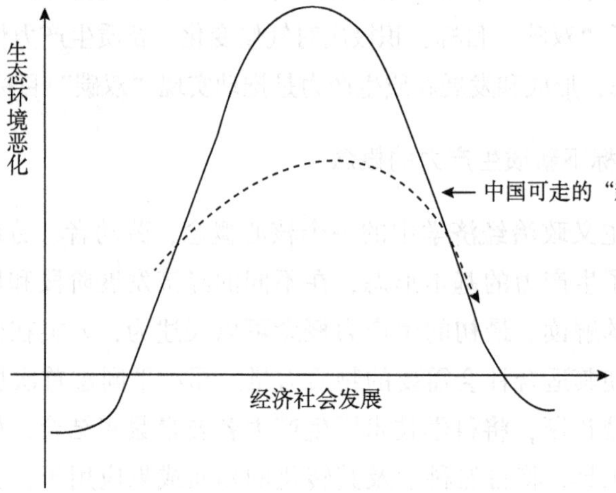

图1　环境库兹涅茨曲线与隧道理论

环境库兹涅茨曲线（Environmental Kuznets Curve，EKC）由库兹涅茨倒“U”形曲线假说发展而来，用来分析生态环境质量与经济社会发展的关系。该曲线认为一国的生态环境质量与其经济社会发展状况密切相关，当某国处于较低经济发展水平时，其生态环境质量相对较好，随着经济发展水平的提高，生态环境恶化的程度逐渐加剧；当经济发展到达某个临界点后，该国的生态环境状况会随着经济发展水平的继续提高而得到改善。如果将发达国家工业化进程中的碳排放曲线看作一座高山，那么发展经济就是在“翻山”。政府间气候变化专门委员会（IPCC）的历次报告均显示，当前的全球气候变暖主要是工业革命以来发达国家过量排放二氧化碳等温室气体导致的。以此为鉴，我国应当从环境库兹涅茨曲线中寻找资源节约、环境友好的新路，将“翻山”变成“穿山”，这也被称为低碳发展“隧道效应”。[①] 形成和发展新质生产力，是我国实现低碳发展“隧道效应”的最佳路径。通过低碳技术创新和颠覆性能源技术突破，提升能源利用效率，促进资源整合和生产要素创新性配置，进而推动产业低碳转型。这不仅能够大幅缩短我国从“碳达峰”到“碳中和”的时间，更能显著降低碳排放峰值，有助于我国平稳越过环境库兹涅茨曲线的临界点，实现社会经济的可持续发展。

2. 卡娅恒等式理论

IPAT 模型通过量化分析人口数量（Population）、人均财富水平（Affluence）和技术水平（Technology）三个关键因素及其相互作用，来评估人类活动对环境的影响（Impact）。日本学者茅阳一（Kaya Yoyichi）在此基础上提出了卡娅恒等式，进一步揭示了二氧化碳的排放量取决于人口、人均国内生产总值、单位国内生产总值能耗和碳强度四个影响因素，这为我们制定有效的低碳发展策略提供了理论依据。具体来说，卡娅恒等式可以表述为：$CO_2=\frac{CO_2}{PE}\times\frac{PE}{GDP}\times\frac{GDP}{POP}\times POP$。能源结构碳强度反映能源的碳排放特性，化石能源均具有不同的碳含量，而生物质能、太阳能、风能等可再生能源则可以实现较低排放甚至零碳排放。单位国内生产总值的能源强度反映了经济活动的能源效率，该效率与能源消耗的结构和能源利用的技术水平有关。人均国内生产总值反映了一国的经济发展水平，通常与能源消耗和碳排放量呈正相关关系。国内人口总量也是影响能源消耗和碳排放量的重要因素。根据卡娅恒等式的简洁表达形式可以得出，提高能源效率和完成从高碳能源向低碳甚至零碳能源的结构转型，在理论上可以实现人口和经济增长与碳排放脱钩。[③]

3. “两山”理论

“两山”理论中“绿水青山就是金山银山”的重要论述，揭示了人与自然之间和谐价值的重要性，破除了传统观念中发展经济与保护环境之间的对立关系，是习近平总书记对经济发展和生态环境保护辩证统一的生动阐释。[④] 2020 年 9 月，习近平主席在第七十五届联合国大会上正式提出，“我国二氧化碳排放力争二〇三〇年前达到峰值，

---

① 参见鲁丰先等：《低碳发展研究的理论基础》，载《中国人口·资源与环境》2012 年第 9 期。

② CO_2：二氧化碳排放量；PE：一次能源消费总量；GDP：国内生产总值；POP：国内人口总量；$\frac{CO_2}{PE}$：能源结构碳强度；$\frac{PE}{GDP}$：单位 GDP 能源强度；$\frac{GDP}{POP}$：人均国内生产总值。

③ 参见唐杰等：《基于 Kaya 模型的碳排放达峰实证研究》，载《深圳社会科学》2022 年第 3 期。

④ 参见潘晓滨：《论“双碳”目标下“两山”理论的内涵发展及其对生态文明法治的路径指引》，载《贵州省党校学报》2023 年第 1 期。

力争二〇六〇年前实现碳中和”。① “双碳”目标的提出进一步丰富了“两山”理论的内涵，在社会主义现代化建设进程中，要同时遵循经济发展和自然界发展的规律，始终把生态文明建设放在突出地位。② 新质生产力理论再一次将生态环境保护与发展经济紧密地结合起来，形成和发展新质生产力必须践行“绿水青山就是金山银山”的理念，同时融入更多的低碳发展元素，推动经济社会发展全面绿色转型。

（三）“双碳”目标下新质生产力要素分析

作为发展新质生产力的核心要素，能源技术与新型低碳技术等领域科技的革命性突破推动低碳产业创新，与碳排放等新型生产要素的创新性配置与产业深度转型升级共同推动新质生产力的发展，孕育出高质量发展新动能，为“双碳”目标的实现提供助力（见图2）。

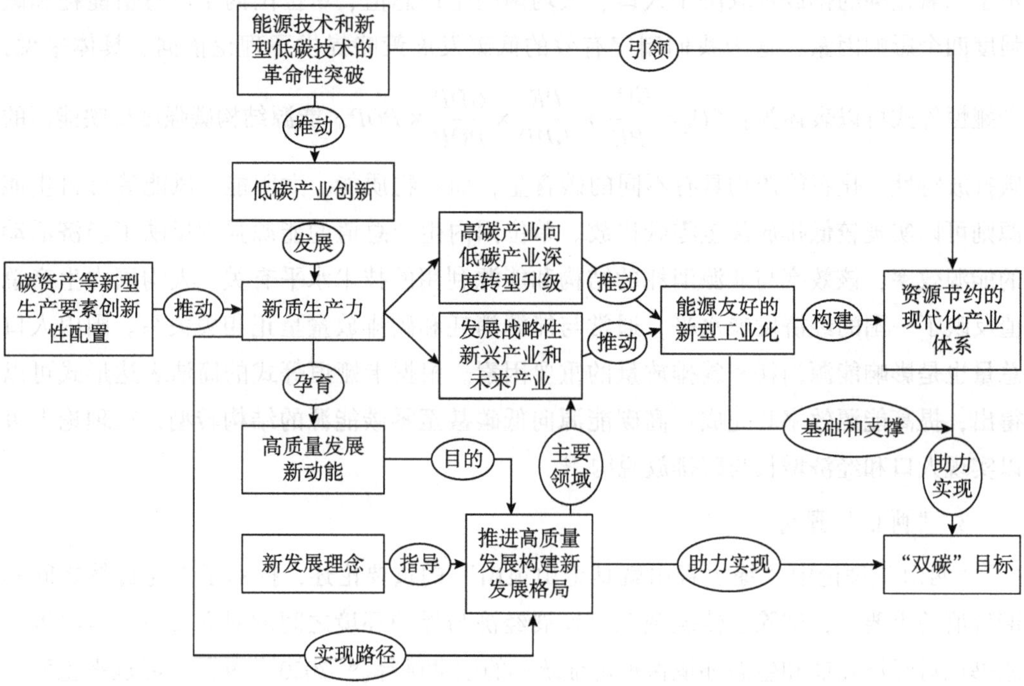

图2 “双碳”目标下新质生产力要素分析

发展新质生产力坚持生态优先，其内涵特征与低碳发展具有内在逻辑性。适应低碳发展的战略型人才和应用型人才作为新型劳动者，广泛采用绿色低碳的创新技术和新型劳动工具，实现碳排放等新型生产要素的创新性配置，将利用和改造自然的范围扩展到深空、深海、深地。新质生产力以原创性、颠覆性科技创新为核心驱动力，能

① 习近平：《论坚持人与自然和谐共生》，中央文献出版社2022年版，第252页。

② 参见陈向阳：《环境库兹涅茨曲线的理论与实证研究》，载《中国经济问题》2015年第3期。

源技术和新型低碳技术的革命性突破，促进经济社会的绿色转型。在能源生产阶段，氢能等清洁能源技术的应用和可控核聚变等颠覆性技术的开发，可以从源头降低生产生活中的碳排放量。在能源利用阶段，通过大力发展节能技术、智能电网技术和储能技术，可以提高能源利用效率，实现全要素生产率大幅提升。在末端治理阶段，科学家们提出了一系列强化型解决方案来缓解全球变暖，包括直接空气捕获（DAC）、碳捕获利用与封存（CCUS）、生物质能源碳捕获和封存（BECCS）等二氧化碳清除技术（CDR），以及平流层太阳辐射管理（SRM）等直接干预地球气候系统的颠覆性技术。

生产要素涵盖进行生产活动所必需的一切要素资源及其环境条件。① 减少碳排放、实现碳达峰碳中和已经成为全球议题，尽管碳排放很大程度上和能源使用联系在一起，但由于同样的能源当量会因能源结构不同而产生不同数量的碳排放，甚至有些不使用能源的生产活动也会产生碳排放，因此在研究生产行为、度量生产率时，将碳资产作为生产要素引入经济体系，是低碳发展语境下生产要素创新性配置的应有之义。根据应对气候变化的需要确定年度碳排放总量，同时清晰界定碳排放配额的法律属性，使其变成一种可以进行市场配置的稀缺有价生产要素，以便于其流向促进新质生产力发展的产业。

构建资源节约的现代化产业体系是形成新质生产力的关键，坚持缓解能源供给压力与培育能源竞争优势并重的战略部署至关重要。在能源部门，通过提升风能和太阳能产业的市场份额，为扩大绿电交易范围提供可能。在工业部门，大力发展低碳制造业和推进钢铁、水泥等传统工业低碳转型两手抓是极其必要的。在交通部门，新能源汽车在新型替代燃料技术的研发应用、低碳与零碳燃料的制取等方面积累有益经验，可以加快民用航空与海运的脱碳转型。在建筑部门，建筑能源利用效率的提升、建筑用能结构的优化以及新造绿色建筑比例的增加，均有助于实现建筑领域节能降碳。

二、“双碳”目标下促进新质生产力法治保障的必要性

在“双碳”目标的指引下，新质生产力的形成与发展成为推动经济社会低碳转型的关键，确保在法治轨道上实现我国低碳发展目标具有现实必要性。首先，高水平法治能为形成与新质生产力相适应的经济基础提供有利的制度环境。其次，低碳发展是我国履行国际环境法律义务的重要路径，有助于提升我国在全球环境治理中的影响力和话语权。最后，法治是构建我国“双碳”目标“1+N”政策体系，确保各项政策措施落地、落实、落细的重要保障。

（一）形成与新质生产力相适应经济基础的需要

生产力决定生产关系，经济基础是指由社会一定发展阶段的生产力所决定的生产

① 参见白雪洁：《优化要素资源配置　加快形成新质生产力》，载《天津日报》2024年5月20日，第12版。

关系的总和，其决定着包括法律制度在内的上层建筑，上层建筑对经济基础产生能动的反作用。法律对经济基础的反作用，表现为两种情况：当生产关系适合生产力发展时，反映这种生产关系的法律为经济基础服务，其对社会的发展起促进作用；反之，当生产关系不适合生产力的发展，甚至成为生产力发展的桎梏时，服务于经济基础的法律很有可能成为阻碍社会发展的因素。习近平总书记指出："发展新质生产力，必须进一步全面深化改革，形成与之相适应的新型生产关系。"① 发展新质生产力要求推进国家治理体系和治理能力现代化，法治保障可以为新质生产力的形成和发展提供稳定、可预期的制度环境，通过法治手段引导优质生产要素向新质生产力领域倾斜，加快新质生产力与传统产业融合发展，实现对低碳经济与社会转型的深度推进。

（二）我国履行国际环境法律义务的需要

环境领域是国际政治交往的战略要地，制定符合我国国情的生态环境保护战略是中国参与全球环境治理的关键所在。2015 年，《巴黎协定》首次提出"自下而上"的气候治理模式，正式启动 2020 年后全球温室气体控制进程。② 在《巴黎协定》框架下，我国政府立足基本国情，提出"双碳"目标，积极承担温室气体的减排义务，向全球明确承诺减排时间点。在"双碳"目标的指引下，我国采取更加有力的措施，加快推动新质生产力的形成与发展，进一步提高资源利用效率，减少温室气体排放，积极稳妥推进碳达峰碳中和。高水平法治是新质生产力发展的"压舱石"，将新质生产力发展过程中的实践经验制度化、规范化、程序化，可以实现稳中求进、以进促稳的发展态势。加强新质生产力的法治保障是我国履行国际环境法律义务的需要，同时为全球低碳发展和经济繁荣提供中国方案。

（三）我国有效实施"双碳"目标"1+N"政策体系的需要

2021 年 10 月发布的《中共中央 国务院关于完整准确全面贯彻新发展理念做好碳达峰碳中和工作的意见》对指导和统筹"双碳"工作起到纲领性作用。《2030 年前碳达峰行动方案》是"N"系列政策中的首要文件，其中指出要加快实现生产生活方式绿色变革，推动经济社会低碳发展，确保如期实现 2030 年前碳达峰目标。在"双碳"顶层设计框架明确之后，各有关部门制定了分领域分行业实施方案和支撑保障政策。在能源领域，《"十四五"现代能源体系规划》要求加快推动能源低碳转型，提升能源产业链现代化水平。在科技领域，《关于推动未来产业创新发展的实施意见》中提出要以前沿技术突破引领未来产业发展，加强原创性、颠覆性技术创新。在市场领域，要

① 习近平：《发展新质生产力是推动高质量发展的内在要求和重要着力点》，载《求是》2024 年第 11 期。

② 参见杜群、张琪静：《〈巴黎协定〉后我国温室气体控制规制模式的转变及法律对策》，载《中国地质大学学报（社会科学版）》2021 年第 1 期。

建立健全促进可再生能源规模化发展的价格机制，完善能源价格市场化形成机制以及优化能源供需资源配置等。与此同时，各省、自治区、直辖市也制定了本地区碳达峰实施方案，目前碳达峰碳中和“1+N”政策体系已经建立起来。

新质生产力本身就是绿色生产力，“1+N”政策体系充分发挥生态环境保护的引领、优化和倒逼作用，推动新质生产力加快发展。要确保上述政策能够得到充分有效的实施，就必须建立相应的法律保障体系。在形式上，有必要构建以法律为指引、行政法规为主体、地方性法规为补充的框架体系，形成常态化的法律保障机制；在内容上，有必要进一步完善碳排放总量管制与配额分配、碳排放权交易和碳税征收等涉碳法律规范，为打造更加有效、更有活力、更具国际影响力的碳市场提供助力。

三、“双碳”目标下促进新质生产力发展的法治路径

法治是治国理政的基本方式，新质生产力必须在法治轨道上朝着预期的目标平稳发展。在“双碳”目标的指引下，我们要牢牢把握法治保障新质生产力发展的总目标，坚持科学立法，构建促进新质生产力发展的法治保障体系；全面推进严格执法和公正司法，引导民众普遍守法，加快形成促进新质生产力发展的法律实施体系。

（一）明确法治目标的着力点

“双碳”目标引领我国生态文明建设进入以“降碳”为重点战略方向的新阶段，形成和发展新质生产力对于促进经济社会发展和全面低碳转型具有重要作用。在设计法律制度和构建法律实施体系时，要牢牢把握法治保障新质生产力发展的总目标，即促进“双碳”目标下全要素生产率的提升，低碳经济的转轨与各要素之间的协同。在实施过程中，可以将总目标分解成三个具体目标，以便采取措施逐个实现。

首先，要实现能源与低碳技术革命性突破。打造清洁低碳、安全高效的能源体系是低碳发展的基础，要持续推进化石能源与新能源融合发展，推动碳排放强度持续下降。能源行业应以技术创新为突破口，加快自主创新步伐，围绕能源生产和能源利用两大领域，加快化石能源高效清洁利用技术、可再生能源技术和固碳增汇技术等关键核心技术的研发，推进成果转化。在重点领域，提升电网智能化水平，建立以新能源为主导的新型电力系统；全面推进氢能“制备、储存、传输、应用”全链条技术创新，为构建“零碳”能源供应体系打好基础；通过技术攻关将直接空气捕获技术与地质封存技术相结合，实现相对永久性固碳①，改善我国碳排放的末端治理。

其次，要实现碳资产等生产要素的创新性配置。习近平总书记强调，“要将碳排放权、用能权、用水权、排污权等资源环境要素一体纳入要素市场化配置改革总盘子，

① 参见罗晓梅等：《深度脱碳研究：内涵特征、主题演进与启示》，载《中国人口·资源与环境》2023年第9期。

支持出让、转让、抵押、入股等市场交易行为”。[①] 针对大型排放源，实施强制性碳市场建设，通过设定碳排放总量控制与交易制度，促进排放成本内部化，激励企业技术创新和节能减排。针对小型排放源，可采取扩大自愿减排市场的覆盖范围等方式，激励其参与到碳减排活动中。针对社会公众，通过碳积分、碳账户等机制，可以提升其对碳减排的参与度，为构建公众参与的碳普惠制度准备条件。加快碳排放权交易与用能权交易、新能源汽车积分交易以及绿电绿证交易等其他环境权益市场的衔接，形成环境权益市场的协同效应。

最后，要实现从高碳产业向低碳产业的深度转型升级，坚持守住传统产业和发展新兴产业两手抓。一方面，加快传统产业深度转型升级。推动能源部门转型，大力发展绿色电力交易，进一步扩大可再生能源的利用规模；推动工业部门转型，促进清洁化利用技术的发展，同时积极寻找产业链上新兴产品可能出现的“绿色溢价”；推动建筑部门转型，在稳步推进既有建筑节能改造的同时，持续扩大可再生能源建筑应用；推动交通部门转型，保持新能源汽车“快车道”发展态势，大力发展绿色航运，通过提升新建船舶的能效设计来降低其碳强度等。另一方面，积极培育战略性新兴产业和未来产业，重点推进包括未来制造、未来材料、未来能源等六大方向产业发展，实施国家科技重大项目和重大科技攻关，打造十类创新标志性产品。

（二）构建促进新质生产力发展的法治保障体系

在进行制度设计时，我们要将法治思维与经济思维、生态思维相融合，以科学的法律制度体系为新质生产力的形成与发展提供保障。在立法路径选择层面，2024 年颁布的《中华人民共和国能源法》（简称《能源法》）于 2025 年 1 月 1 日起施行，应当尽早出台“中华人民共和国碳达峰碳中和促进法”，实现能源碳排放和全领域碳排放管理的功能衔接，确保能源碳排放管理和全领域碳排放管理的一体化推进。《能源法》第 5 条明确规定，国家完善能源开发利用政策，优化能源供应结构和消费结构，积极推动能源清洁低碳发展，提高能源利用效率。国家建立能源消耗总量和强度双控向碳排放总量和强度双控全面转型新机制，加快构建碳排放总量和强度双控制度体系。能源领域的碳排放管理是碳达峰碳中和工作的重要组成部分，我们应当加紧制定“中华人民共和国碳达峰碳中和促进法”，赋予全领域碳排放峰值目标、总量和强度控制目标法律地位，强化低碳目标引领，加强全领域碳排放的监督管理。[②]

在关键制度安排层面，首先，要完善能源与低碳技术革新的科技促进制度。我们应当立足于能源转型发展对技术创新的需求，完善能源技术创新机制的顶层设计，探

① 习近平：《以美丽中国建设全面推进人与自然和谐共生的现代化》，载《求是》2024 年第 1 期。

② 参见孙佑海、王甜甜：《推进碳达峰碳中和的立法策略研究》，载《山东大学学报（哲学社会科学版）》2022 年第 1 期。

索建立能源领域创新激励机制，提前布局前瞻性、战略性、颠覆性技术的研究。其次，要建立涵盖能源与碳市场等领域的碳定价制度。相较碳税，碳市场具有减排效果确定、价格发现机制完善和不同碳市场互联互通等一系列优势。碳排放权交易市场可以分为一级市场和二级市场，一级市场是由省级生态环境主管部门根据生态环境部制定的碳排放总量限额与分配方案确定具体的碳排放配额指标，二级市场中纳入强制碳市场特定行业范围内的企业可以进行碳配额交易。① 最后，要加快设计重点产业转型的宏观调控制度，制定能源价格政策、财政税收政策、金融支持政策等配套政策，以推动能源转型和碳减排。

在保障体系建立层面，要打破国家能源管理与碳排放管理的体制藩篱，形成统一管理协调体系。碳排放管理工作的核心是降低碳排放量，其最主要路径是提高能源利用效率、促进能源技术低碳转型，这也是国家能源管理工作的主要目的。我们应当将能源管理工作作为碳排放管理工作的重要方面，建立统一规范的碳排放统计核算体系。由国家统计局统一制定全国及省级地区碳排放统计核算方法，明确有关部门和地方对碳排放基础数据，尤其是能源排放数据的统计责任，在全国和各省级地区积极开展年度碳排放总量核算工作。同时要强化能源等领域相关统计信息的收集和处理能力，提高核算能力和水平。我国国家能源局主要负责全国的能源管理与监督，确保能源的供应与安全，生态环境部则专注于全领域碳排放的监管。这两个部门在履职过程中，应当保持密切的沟通和协作，形成统一协调的能源与碳排放管理体系。

（三）形成促进新质生产力发展的法律实施体系

只有在法治的框架下，新质生产力才能得以充分释放和健康发展。完善的法律实施体系涉及执法、司法和守法三个关键层面的协同推进，构建促进新质生产力发展的法律实施体系，是实现经济社会发展全面绿色转型的必然要求。

形成和发展新质生产力对我国环境执法提出更高的要求。我们应当切实规范地方政府碳排放行为治理职责，探索建立与实现“双碳”目标相适应的政务人员政绩水平评价机制。坚决制止政府人员违规干预碳排放监管执法行为，将行政处罚和行政强制措施落到实处，依法严肃追究相关人员责任。高度重视并切实做好碳排放数据质量监督管理工作是完成环境目标的重中之重，构建推动新质生产力发展的法律实施体系，必须完善公私领域“双碳”目标落实机制，强化严格执法。一方面，需要落实地方政府责任，将地方“双碳”目标的完成情况纳入行政首长的政绩考核中，并在该领域引入离任审核与追责制度。与此同时，应将“双碳”目标的完成情况列入环保督察的工作重点，督导地方政府在碳排放数据质量监督管理工作中的履职情况。另一方面，需

① 参见潘晓滨、刘韦廷：《我国用能权与碳排放权交易制度衔接问题研究》，载《华北电力大学学报（社会科学版）》2024 年第 2 期。

要加大对控排企业的执法力度。要切实做好全国碳市场数据质量监督管理工作，尤其要重视发电行业重点排放单位碳排放核算报告的审查，同时要做好发电行业控排企业温室气体排放报告专项监督执法工作，以期建立碳市场排放数据质量管理长效机制。发现有关数据虚报、瞒报的，应当在相应年度履约量与配额核定工作中予以调整，同时依法予以处罚，并将有关情况及时向社会公开。

形成和发展新质生产力的重要驱动因素之一是高碳产业向低碳产业的深度转型升级，在产业低碳转型过程中会产生诸多涉碳利益纠纷，这对我国环境司法在审判中实现经济目标提出了更高的要求。我们应当将低碳发展理念融入司法审判中，实现环境资源审判专门化、专业化。《环境资源案件类型与统计规范（试行）》将节能减排案件和碳汇交易案件划归到“气候变化应对类”案件项下的气候变化减缓类案件中，并在第五大类“生态环境治理与服务类”案件中引入环境资源税费案件、环境容量利用案件以及绿色金融案件等类型。由此可见，我国已经具备环境资源审判专门化的制度基础，在具体实施过程中可以分为两个阶段。第一阶段是2030年前的碳达峰阶段，主要审理企业因低碳转型而产生的各种利益纠纷，同时可以考虑发挥环境公益诉讼的作用，由检察机关和社会组织对碳排放企业以及公权力机关所从事的不利于实现“双碳”目标的涉碳排放、涉能源开发利用行为进行监督。第二阶段是2030年至2060年的碳中和阶段，我们在此阶段应当进一步完善涉碳集中管辖体制机制，构建有利于实现“双碳”目标的案件归口审理制度；准确适用以购买碳汇的方式承担生态修复责任，将能动司法的理念融入新时代环境司法中；完善以注册登记机构为核心的涉碳司法执行体制机制，保证碳市场稳定健康发展。

法治的最终目标是促进全民守法，在“双碳”目标的社会背景下，构建促进新质生产力的法律实施体系，其社会目标就是让低碳发展理念深入人心。加大对低碳社会、低碳生活和低碳法治的宣传力度，促进社会公众积极主动参与到低碳转型进程中，为形成和发展新质生产力的各项举措提供更加有力的外部环境支撑。我们应当积极培育公众绿色消费理念，推广低碳的生活方式，提升公众绿色消费的意识水平。政府部门应当深入推进低碳产品标准、认证和标识工作，探索建设全国性绿色消费信息公开平台和绿色积分平台。此外，还应当充分发挥社会公众的能动性，在全国范围内广泛实施碳普惠制度，鼓励全社会共同减少碳排放，以绿色低碳的生产生活方式推动产业深度转型升级。[①]

结　语

在全球气候变化的背景下，中国提出“双碳”目标不仅是国家层面的战略决策，

---

① 参见潘晓滨、都博洋：《“双碳”目标下我国碳普惠公众参与之法律问题分析》，载《环境保护》2021年第Z2期。

更是承担全球环境责任的有力承诺。新质生产力本身就是绿色生产力，其强调通过能源与低碳科技创新、碳资产等生产要素创新性配置、高碳产业向低碳产业深度转型升级等手段推动经济发展模式向更加绿色、低碳、循环、高效的方向转变，为实现“双碳”目标提供了新的动力和路径。在把握法治保障总目标的前提下，构建科学的法治保障体系和严密的法律实施体系，通过法治手段有效保障“双碳”目标下形成和发展新质生产力的稳定性与可预见性，以高水平保护支撑高质量发展，实现经济发展与生态保护的协调统一。

环球人工智能法治

机器人的民法构造

——以《欧洲议会机器人民法规则》为样本

文永辉[*]　刘　琳[**]

摘　要：人工智能的快速发展，使人类站在新工业革命时代的门槛前，对人类社会的政治、经济、文化、生活方式产生着革命性的影响，同时对传统的法律与伦理也构成极大挑战。《欧洲议会机器人民法规则》从广义的民事法律角度提出相关建议和准则，对探讨人工智能如何影响民事法律具有全球性示范意义。本文结合我国《民法典》及相关理论研究，通过解读《欧洲议会机器人民法规则》，探索该规则在机器人的法律定位、民事责任、知识产权、隐私和个人信息保护等问题上的理念与态度，以期为我国人工智能时代民事立法的变革提供一些指引。

关键词：人工智能　《欧洲议会机器人民法规则》　民事主体　侵权责任

近年来，随着人工智能的快速发展，人工智能（鉴于本文研究对象主要为《欧洲议会机器人民法规则》，后文中“人工智能”一词也可用“机器人”替代）对传统民法的挑战逐步成为学界关注的热点问题。目前相关案例并不多见，实践中也多是将机器人作为民事主体的辅助附属物加以认定，没有大幅度突破传统民法的规则体系。随着人工智能向高阶化方向发展，具有自主意识和学习能力的机器人越来越多，使用人对机器人的训练和开发活动会越来越普遍，机器人与生产者、销售者、所有人、使用

---

* 文永辉，贵州财经大学法学院教授、硕士生导师。研究方向：民商法学、法人类学。本文系 2020 年贵州省哲学社会科学规划重点课题“贵州加快推进《民法典》相关法规制度建设研究”（课题编号：20GZZD25）、2024 年贵州财经大学在校学生科学研究项目“数字时代弱势群体数字消费权益保障的研究——以老年人为例”（课题编号：2024ZXSY064）阶段性成果。

** 刘琳，贵州财经大学 2023 级硕士研究生。研究方向：经济法学。

人之间的关系会越来越复杂，人工智能对民法典中的合同编、侵权责任编以及信息保护等民事规则产生着深刻的影响。2017 年《欧洲议会机器人民法规则》对此进行了浓墨勾勒，为设定相关机器人民事规则的发展提供了一定的指引作用。本文结合我国《民法典》及相关理论研究，对《欧洲议会机器人民法规则》的内容特别是侵权责任这方面的规则加以解读，以期为我国有关此方面的研究作出贡献。

一、《欧洲议会机器人民法规则》的基本情况

《欧洲议会机器人民法规则》（也有译作《欧洲机器人技术民事法律规则》①）由欧洲议会法律事务委员会于 2016 年提出立法动议草案，征求意见后，2017 年 1 月 12 日法律事务委员会表决通过，2017 年 2 月 16 日欧洲议会全体会议表决通过。根据《里斯本条约》对欧盟内部各机构权力的划分，欧盟委员会享有欧盟立法的提案权，欧洲议会和其他欧盟机构可以通过决议要求欧盟委员会启动立法程序，欧盟委员会可以拒绝对此进行立法，但需向欧洲议会说明拒绝的理由。因此，在性质上，《欧洲议会机器人民法规则》并非正式的立法，只能算是“施压性”的决议草案，目的是促使欧盟委员会尽快提出相应的立法提案。尽管如此，由于其前瞻性的视野，该决议案在机器人相关规则构建方面仍然具有全球性的示范意义，为多个国家的机器人技术和人工智能政府规划以及联合国教科文组织《机器人技术伦理报告》所借鉴。②

《欧洲议会机器人民法规则》由“决议”和“决议附件：关于提案内容的建议”两部分构成。决议部分由导言、基本原则、责任、关于民用机器人技术和人工智能发展的基本原则、研究与创新、伦理原则、欧洲机构、知识产权和数据流、自动运输工具、护理机器人、医疗机器人、人体修复和增强、教育和就业、环境影响、责任、国际方面、最后方面等构成，决议文共 68 条。决议附件包含“智能机器人”的定义和分类、智能机器人的登记、民事责任、互操作性、代码获取和知识产权、机器人技术章程、机器人技术工程师伦理行为准则、研究伦理委员会准则、设计者准则、使用者准则等内容。可以看出，决议文虽然名为“民法规则”，但其内容并非局限于传统意义上的“民法”范畴，而是涵盖了以下几方面的内容：一是机器人发展、生产、使用所应遵循的基本法律原则和伦理规则；二是机器人设计、生产、使用中的法律责任、知识产权保护、隐私保护、数据保护；三是机器人登记、管理和国际合作；四是机器人所带来的教育、就业和环境保护等方面的问题。由此可见，《欧洲议会机器人民法规则》实际上试图构建未来机器人从设计、生产、使用到管理的全方位民事、行政法律规则和伦理规则，而非单纯的“民法”规则。从传统“民法”的视角来看，《欧洲议会机

① 本文中《欧洲议会机器人民法规则》的版本，主要参考下注中朱体正等人的译注版本，同时参考其他中译版本和英文版本。

② 朱体正、童颖、陈梦飞译注：《欧洲议会机器人民法规则》，载《民商法论丛》（2019 年第 2 期），社会科学文献出版社 2019 年版，第 359—386 页。

器人民法规则》着眼于未来，特别是在机器人自主性越来越强的情况下，对传统民法在民事主体、民事责任、知识产权和数据保护等方面可能面临的挑战进行了系统探索，对人工智能时代民事法律的发展具有示范和指引作用。当然，《欧洲议会机器人民法规则》更多是在提出问题，而不是构建解决具体问题的明确规则。具体的规则只能随着研究的深入和机器人自主化发展逐步明确。着眼于此，本文在我国《民法典》的视角下，探索在人工智能时代，《欧洲议会机器人民法规则》对我国民法研究和立法、司法实践所带来的影响与启示。

二、未来机器人的人格认定

我国《民法典》第2条规定，“民法调整平等主体的自然人、法人和非法人组织之间的人身关系和财产关系”，明确我国的民事主体包括自然人、法人和非法人组织三类，没有为机器人等其他事物留下成为民事主体的余地。当然，学界和实践中没有完全裹足不前，在2005年松花江污染事件中，北京大学法学院六位师生与自然物（鲟鳇鱼、松花江、太阳岛）作为共同原告向黑龙江省高级人民法院提起诉讼，请求人民法院判令中国石油天然气集团公司等被告消除对松花江的未来危险并承担恢复原状责任、赔偿100亿元人民币用于治理松花江流域污染和恢复生态平衡。该案虽然未获法院受理，但是引起了人们对自然物可否作为民事主体的思考。罗马法律和文化整体上没有放弃构建基于人和非人动物相似性的生灵命运共同体的努力，成为我们今天反思非人动物法律地位的重要智识来源。[①] 近年来，反对虐待动物逐步成为人类共识，进而动物是否具有权利也逐步成为学界讨论的热点问题，1988年修订的《奥地利民法典》在关于物的定义的第285条之后增加了第285a条，规定“动物不是物，它们受到特别法的保护”。此后1990年《德国民法典》新增的第90a条和2002年《瑞士民法典》新增的第641a条作了与《奥地利民法典》第285a条同样的规定，在现代法律“主体—客体”的框架内，虽然没有直接将动物认定为民事主体，但逐步走向了将动物去客体化的路径。在美国夏威夷等州的法律中，动物可以成为遗产继承人[②]，这对动物成为民事主体和享有民事权利打开了法律之门。

关于未来机器人的人格认定，也是目前学术界讨论的热点问题，有肯定说、否定说和折中说三种观点。持肯定说的学者认为未来机器人具有民事主体资格。关于这一学术观点，可细分为“电子代理人”说、“电子人”说和“拟制”说。持“电子代理人”看法的学者认为人工智能虽然不能被视为人类，但是我们可以将其视为“代理人”，使其具备民事主体地位。这一理论的思路是，机器人处理具体事务或进行某种活

---

① 李飞：《罗马法中非人动物的法律地位》，载《华侨大学学报（哲学社会科学版）》2022年第1期。

② 鲁梦园：《夏威夷新法令动物受益　允许宠物继承主人的遗产》，载新浪网，https://news.sina.com.cn/o/2005-06-29/09446298998s.shtml，访问日期：2024年6月29日。

动的一系列程序，都依赖于人的指示，它是人类行为的代理人。因此，拥有代理人身份的机器人应当具有一定的法律主体地位。① 支持“电子人”观点的郭少飞认为，回顾法律主体的演变历史，可发现其是随着时代的发展而不断扩充的。而且已有一部分地区乃至国家都认同了“电子人”这一概念，无论是出于现实需求还是法律需求，“电子人”都有其作为法律主体存在的合理性。② 关于“拟制”说，随着技术发展，智能机器人不再只是单一听从指令的输出工具，而是可以借助与外界互动获得所需知识、拥有应变能力的输入输出结合的智能工具。支持这一学说的易继明认为，拥有“类人”思维的智能机器人可以参照法人制度，以法律拟制的方法赋予人工智能等同于自然人的法律地位。③ 张绍欣指出，人工智能的拟制人格，是通过“位格加等”的方式，赋予其主体资格。④ 持否定说的学者认为未来机器人不具有民事主体资格。该学说以“工具”说和“特殊物”说为主要代表。持工具说的学者认为，人工智能本质上是人们劳动的工具。它是功能性替代，而非主体性替代。⑤ 持特殊物说的学者认为，智能机器人虽具有“类人”思维，但其行为受人类操纵，具有物的属性，应当定位其为一种“特殊物”。⑥ 也有部分学者认为根据民事法律主体、客体和人、物二分法的理论，智能机器人属于民事法律关系的客体，不具有康德哲学意义上的实践理性，亦不具有伦理价值⑦，本质上就是法律关系中的“物”。⑧ 持折中说的学者认为智能机器人具有有限民事主体资格。学者袁曾认为，根据现有的条件，将智能机器人认定为可做出独立意识的特殊主体比较妥当。它可根据独立意识做出一定行为，但因其所承担的责任有限，故其具有有限民事主体资格，应当专门制定适用于其的法律规制。⑨

《欧洲议会机器人民法规则》没有对机器人作出“主体抑或客体”的明确法律定位，但从众多表述来看，该规则对机器人具有独特的法律人格持高度认可的态度。比如“导言”明确提到，“目前的趋势是开发具有独立的训练和决策能力的智能自动化机器”，以及“从长远来看，人工智能最后有可能超越人类的智力”。“责任”部分提及“鉴于过去十年里令人印象深刻的技术进步，如今的机器人不仅能够完成过去通常只能由人类才能做到的活动，而且其自主性和认知能力也得到了发展，例如具备从经验中学习并且能独立作出决定的能力，这使其越来越像可与周围环境相互作用并能明显改

① 陈吉栋：《论机器人的法律人格——基于法释义学的讨论》，载《上海大学学报（社会科学版）》2018年第3期。

② 郭少飞：《“电子人”法律主体论》，载《东方法学》2018年第3期。

③ 易继明：《人工智能创作物是作品吗?》，载《法律科学（西北政法大学学报）》2017年第5期。

④ 张绍欣：《法律位格、法律主体与人工智能的法律地位》，载《现代法学》2019年第4期。

⑤ 刘云生：《民法典文化解读》，中国民主法制出版社2021年版，第68页。

⑥ 刘洪华：《论人工智能的法律地位》，载《政治与法律》2019年第1期。

⑦ 张童：《人工智能产品致人损害民事责任研究》，载《社会科学》2018年第4期。

⑧ 管晓峰：《人工智能与合同及人格权的关系》，载《法学杂志》2018年第9期。

⑨ 袁曾：《人工智能有限法律人格审视》，载《东方法学》2017年第5期。

变环境的智能体”，该规则也高度认同未来机器人有发展为具有独立意识和拥有自主学习能力的潜力。在此情况下，“责任”部分提到，“越是自主性的机器人，它们就越少被其他人（如生产者、所有者、使用者等）视为手中的简单工具”，“机器人的自主性使其具有自身的一些特征和意义，从而产生了机器人如何定性的问题，是属于既有法律类别的一种，还是说应当为其创设一个新的类别”，并认为“从长远来看，应当为机器人创设一个特殊的法律定位，至少可以将最精密的自主式机器人设立为具有电子人的法律地位，以便对可能造成的损害负责，并可能在机器人自主作出决策或以其他方式与第三人独立交往的案件中适用电子人格”。可见，对于高度自主性的机器人打破传统“主体—客体”的认知逻辑，《欧洲议会机器人民法规则》对此持高度开放的态度，更倾向于“电子人说”，即认为机器人成为特殊的民事主体具有可能，需要对自主决策或独立交互导致的损害承担责任。当然，该规则所持有的“电子人说”本质上是责任社会化机制的极端延伸，而非对民事主体制度的根本颠覆。同时，这一思路为机器人未来成为特殊民事主体预留了制度接口。

三、机器人的民事责任

在我国现行《民法典》及“主体—客体”的分类逻辑下，机器人无疑是被作为民事主体的工具来考虑其民事责任问题。随着智能机器人自主性和认知能力的不断增强，其与周围环境的相互影响越来越大，给现行法律带来了艰巨考验。在《欧洲议会机器人民法规则》中，特别关注了自动驾驶汽车、无人机、护理机器人、医疗机器人等几类应用前景较广的机器，探讨了其可能存在的民事责任的复杂性，在“责任”第AB条目中明确“鉴于越是自主性的机器人，它们就越少被其他人（如生产者、所有者、使用者等）视为手中的简单工具”。可见，传统的民事责任可能越来越需要被检视。而且与传统工具相比，机器人不仅可以独立完成重复性的单调劳动，还可能会做出与原定程序不同的行为。若这些行为对他人造成伤害，是否构成侵权？如果构成侵权，谁是责任主体？侵权行为如何界定？归责原则是什么？责任形式是哪些？关于这一系列问题，目前学界暂无统一解释，我国也没有具体相关法律的规定。

（一）机器人侵权事件中的责任主体

支持机器人具有民事主体资格的学者认为“人工智能具有的法律人格有限，其无法完全独立承担侵权责任”，“人工智能研发具有高度的秘密性与分散性、不连续性及不透明性，任何一个拥有电脑或者智能手机的个体都可能参与到人工智能的开发或研制中去”等[①]，因此在人工智能侵权事件中，应该存在多个责任主体，而不是完全由机器人承担责任。根据不同的实际情况，在人工智能侵权事件中，机器人的使用者、程

---

① 袁曾：《人工智能有限法律人格审视》，载《东方法学》2017年第5期。

序员或者生产商等责任主体应与机器人一起承担连带责任，这样能够促进人工智能行业的发展和最大限度降低受害者的损失。另有学者类比借鉴监护制度，认为可对智能机器人设立监护，监督者是自然人或法人，以便实施预防性救济，实现损害最小化。持相反观点的学者指出，人工智能机器人本质上具有物的属性，其行为结果可受人类控制。根据这一看法，有学者认为可以根据现行的《产品质量法》《民法典》等法律对机器人侵权的责任主体作出规定。按照这一思路，如果是机器人本身的出厂设置问题，则被侵权人可以向机器人的制造商主张产品存在缺陷，无须证明其存在过错。如果是人机互动导致的侵权，那么被侵权人可以向使用者追偿。以上不同观点的相似之处在于并未将拥有民事主体资格的人或法人完全豁免，这从被侵权者的角度来看是较为合理的，均将其受损利益置于首位。在以上观点的基础上，参考《欧洲议会机器人民法规则》“导论”中“自主性强的机器人不适用于一般责任规则，需要去制定新的责任规则，以便于追溯侵权事件中各行为者的法律责任”，“在现行法律框架下，机器人本身是不承担损害赔偿责任的，需要机器人的生产者、所有者或使用者去承担相应责任”和“目前可以参考产品责任法，将生产者和使用者作为责任主体，去承担损害赔偿责任”可知，在现下处理机器人侵权事件时，我们可以根据《产品质量法》的规定明确相关民事主体。但一直依赖于旧法是远远不够的，需要专门制定适用于机器人技术的责任规则，我们可以根据不同情况将民事主体范围扩大到自然人与法人。因为该规则对机器人未来可能成为民事主体的可能性持高度肯定态度，所以在此基础上，它建议设立机器人登记制度。虽然《欧洲议会机器人民法规则》暂未规定该制度的具体条目，但是决议附件中对未来登记制度的适用范围、涵盖地区、谁负责作了明确规定。比如“为了实现可追溯性和便于实施将来的计划，应根据为机器人分类确定的标准，实施高级机器人的登记制度。登记制度和登记册应适用于全联盟范围，涵盖内部市场，并可由将来设立的欧盟机器人和人工智能机构进行管理”，机器人登记制度的建立是与其独立地位相匹配的。

（二）机器人侵权中的因果关系认定与归责原则

按照传统的民事责任制度，认定机器人侵权事件中的必然因果关系是比较困难的，因为人工智能的侵权原因有多种，可能是人工智能本身的产品缺陷导致的，也可能是人工智能机器人与终端用户的不当互动导致的，或是设计师设计程序失误导致的，甚至可能是人工智能机器人错误判断周围环境，独立作出的错误决策导致的。同时，智能机器人运行程序存在的“黑箱”机制也加大了认定难度。最重要的是，现行法律也无具体的规范指引。根据以上原因，有学者认为，可将事实推定作为机器人侵权案件中因果关系证明的主要方式，以降低受害者举证难度。目前法律尚未明确规定智能机器人的民事权利能力，因此无法判断人工智能在侵权关系中适用哪条归责原则。学者张童提出实施差别化的归责原则[①]，生产者承担严格过错责任，销售者与生产者承担有限的过错责任。但也有学者认为应适用于无过错责任[②]，该观点的核心目的在于提高设计者、生产者和销售者的注意义务。笔者认为以上观点并非完全适用于所有机器人技术领域。例如在护理机器人这一领域中，若使用者因自身使用不当导致侵权事件的发生，则将责任承担完全交由生产者、销售者与设计者是不公平的。

关于这一问题，《欧洲议会机器人民法规则》的应对规则在“决议”第58条中提出是否应适用严格责任或风险管理方案。对何为“风险管理方案”，《欧洲议会机器人民法规则》没有给出明确的解释，仅从字面意义上而言，应是确定机器人的生产者、所有者、销售者和使用者在管理机器人方面的义务并进而分配责任的规则，与机器人智能化发展的分级制度密切相关。虽然没有具体的“风险管理方案”可供参考，但《欧洲议会机器人民法规则》提供的一些配套规则可以为未来确定“风险管理”的规则提供依据，一是强调在确定责任人时，并不关注有“过失行为”的责任人本人，而是关注某些情况下，谁更有责任减少风险和处理风险所带来的负面影响；二是关注责任当事人在对机器人的训练中所起的作用，“机器人的学习能力和自主性越强，受训时间越长，训练者的责任就越大”（“决议”第51条），同时应注意区分是机器人“训练”所掌握的技能还是严格依赖机器人的自学能力所产生的技能导致了有害行为，即区分责任的承担；三是强调“透明度原则”，为技术识别“风险管理”的责任提供依据，即“始终可以提供在人工智能的协助下作出的一切可能对一人或数人的生命产生实质性影响的决定的依据；建议必须始终将人工智能系统的计算减少到人类可以理解的形式”，并建议“高级机器人应当配备‘黑匣子’，记录机器的每次数据交换，包括支持其决策的逻辑过程”，这样一来，在机器人侵权事件中，无差别归责原则的适用主体涵盖设计者、生产者、销售者、使用者和作为第三人的黑客。关于使用者是否承担责任，需要追溯“黑匣子”的实时数据，判断侵权事件中因果关系是否与使用者存在一定联系，若有，则二次判断使用者的归责事由是否存在主观上的故意或过失，是否需承担过错责任；若是黑客导致的，则有权向黑客追偿。

（三）机器人侵权事件中的责任形式

我国《民法典》第197条规定了11种承担民事责任的方式，即（1）停止侵害；（2）排除妨碍；（3）消除危险；（4）返还财产；（5）恢复原状；（6）修理、重做、更换；（7）继续履行；（8）赔偿损失；（9）支付违约金；（10）消除影响、恢复名誉；（11）赔礼道歉。若应对传统的民事侵权，则上述责任形式没有问题，但对于一些新型侵

① 张童：《人工智能产品致人损害民事责任研究》，载《社会科学》2018年第4期。

② 杨立新：《人工类人格：智能机器人的民法地位——兼论智能机器人致人损害的民事责任》，载《求是学刊》2018年第4期。

权行为，上述责任形式可能有所缺失。如在环境污染和生态破坏案件中，传统的恢复原状、赔偿损失等责任承担往往难以取得很好的实践效果，司法实践创新了大量的责任形式，在江苏泰州江苏常隆农化有限公司等6家化工企业环境污染公益诉讼案件中，法院判决允许被告通过技术改造费用抵扣环境修复费用等责任承担形式。[①] 理论上也有学者提出了将异地修复作为环境侵权的责任承担方式[②]，将参与公益活动作为消费公益诉讼的责任承担方式[③]，知识产权诉讼中应明确“侵权物品处置”这一责任承担形式的条件、标准等。[④]

人工智能侵权在责任形式方面也面临更多不同于以往的情况，有学者认为应增设更改程序、删除数据、召回销毁和停止生产等责任形式。[⑤] 这些责任形式的承担方式呈现出一定的递进性，灵活应对了智能机器人导致损害的不同侵权后果，有效满足了受害人的不同救济需求。针对侵权的责任形式，《欧洲议会机器人民法规则》持高度开放态度，强调“由于损害是由人类以外的智能体造成的，无论适用于除财产损害赔偿以外的其他情况下由机器人造成的损害的民事责任的法律解决方案是什么，未来的立法文书都不应以任何方式限制可弥补的损失的类型或者范围，也不应限制可向法院提出的赔偿形式”。由此，在传统的民事责任承担形式之外，更改程序、删除数据、召回销毁和停止生产等新型责任承担方式成为可能，考虑到机器人完全有可能对人体修复和增强等产生影响，要求对特定系统（如融入人体的信息物理系统）进行重点保护、提供源代码、对机器假肢等进行维护和增强，强制自然更新等新型民事责任承担方式也是适当的。

与对侵权责任的关注相比，《欧洲议会机器人民法规则》对合同责任的关注较少，其原因可能是合同责任更多依赖于当事人的意思自治而非法律的强制性规定。基于机器人可能成为交易主体，会深刻地改变交易规则，因此《欧洲议会机器人民法规则》在决议的“责任”部分指出，“鉴于对被设计为选择交易对象、协商合同条款、签订合同、决定是否履行以及如何履行合同义务的机器而言，传统规则难以适用，目前的合同责任法律框架明显不足，制定与时俱进的新规则势在必行，这些规则应当与市场上最新出现和采用的技术进步与创新水准保持一致”。其虽然未明确提出具体规则，但对于制定相关新规则持支持态度，同时也指出新规则需要紧随市场技术革新步伐。

---

① 江苏省高级人民法院（2014）苏环公民终字第00001号。

② 吕智祥、付秋池：《异地修复作为环境侵权责任形式的合法性逻辑》，载《昆明理工大学学报（社会科学版）》2021年第6期。

③ 傅贤国、张力苹：《“参与公益活动”作为民事责任承担方式之可能与实现路径——基于消费民事公益诉讼司法实践的分析》，载《河北法学》2024年第9期。

④ 王国柱：《知识产权“侵权物品处置”责任承担方式的私法逻辑》，载《政治与法律》2022年第4期。

⑤ 朱静洁：《智能机器人致人损害民事责任的困境及其破解》，载《理论月刊》2020年第1期。

四、机器人民事责任的社会化问题

损害赔偿观念的社会化是现代侵权法的发展趋势之一，侵权行为之外的各种损害补偿机制纷纷建立，侵权法之外的其他损害补偿机制如各种社会保险及商业保险开始建立并取得巨大发展，与侵权法相互辅助，有效实现对受害人的补偿并分摊损害。[①] 我国《民法典》第1216条规定的道路交通事故社会救助基金即侵权责任社会化的体现。随着机器人技术的不断发展和创新，机器人完全可能带来人类难以认知的大规模侵权活动或者其他不可预知的民事责任。在扩大适用严格责任的同时，如何利用侵权责任的社会化机制，也是《欧洲议会机器人民法规则》对机器人民事侵权提供的思路。

（一）机器人保险

“让人工智能对自己的侵权行为承担赔偿责任，能够更加准确地反映事故发生的真实原因，同时有助于鼓励制造商革新人工智能技术、保护消费者和充分及时地救济受害人。”[②] 有学者指出，可将保险金、责任基金视为机器人侵权损害填补的“准责任财产”。[③]《欧洲议会机器人民法规则》提出了机器人保险制度的设定，并给出了具体相关建议。比如第59条a款提到了“借鉴既有的机动车保险制度，针对特定类别的机器人建立相关和必要的强制性保险计划，机器人的生产者或拥有者被要求为其机器人可能造成的损害提供保险”。它提出的强制责任保险方案是实现智能机器人社会化分担的重要方式，具有创新性和引领性。但是笔者认为其中存在一些值得思考的问题，首先，欧盟有27个成员国，在未来立法文书上很难做到协调统一。而且人工智能侵权事件可能会涉及跨界问题，每个国家或地区针对某些技术可能有不统一的限制要求，会出现执行困难的情况。其次，它提出的强制责任保险方案适用范围是特定类别的机器人，而不是所有范围，那么是否需要对特定类别机器人进行详细的分类分级规定？针对这些问题，笔者认为未来在中国设定机器人强制责任保险制度时，应该考虑坚持相互承认的原则和明确该制度保险的适用范围。

（二）机器人基金

考虑到侵权损害赔偿诉讼期漫长、支付不及时[④]等问题，《欧洲议会机器人民法规则》在提出机器人强制责任保险方案的同时，也提出将损害赔偿基金作为补充。关于这一方案，其第59条c款规定：“如果机器人的生产者、编程者、所有者或使用者向赔偿基金出资或参与机器人损害赔偿的保险计划，应允许其从有限责任中受益。”指出

---

① 参见程啸：《侵权责任法》（第3版），法律出版社2021年版，第49—50页。

② 约翰·弗兰克·韦弗：《人工智能机器人的法律责任》，郑志峰译，载《财经法学》2019年第1期。

③ 郭少飞：《主体论视域下人工智能侵权责任承担构想》，载《地方立法研究》2023年第3期。

④ 郭少飞：《主体论视域下人工智能侵权责任承担构想》，载《地方立法研究》2023年第3期。

赔偿基金的资金来源，同时也建议对投保人给予有限的豁免权，以此降低赔偿基金的资金匮乏风险。第59条e款是将上文所说的机器人登记制度与赔偿基金相结合，这一建议可以实现对受害人的及时救助，也可以有效缓解生产商可能面临的诉讼压力。

五、机器人所涉知识产权、隐私和个人信息保护

习近平总书记指出，《民法典》“是一部具有鲜明中国特色、实践特色、时代特色的民法典”。[①] 民法典的时代特色，主要体现为其充分回应了科技爆炸和科技进步所带来的时代问题，如保护隐私权的内涵较为宽泛，扩张了个人信息的内涵，将可以直接或者间接识别的个人信息均纳入个人信息的范畴，将数据、网络虚拟财产作为财产加以保护，规定人体基因、人体胚胎医学和科研活动的底线等。人工智能时代方兴未艾，民法典除对其中所涉知识产权、个人信息保护和隐私保护进行了原则性规定之外，尚无具体规则可循。而且，从经验和外界交互中自我学习的智能机器人，其行为具有一定程度的不可预测性，因此其行为所产生的内容也是不可预测的。其创造物的构成可能会产生诸如机器人知识产权保护、隐私和个人信息保护等相关方面的问题，这些问题都是未来世界各国高度关注的。《欧洲议会机器人民法规则》对此也提供了一些指引性的内容。

人工智能知识产权保护问题，例如AI绘画、写作产生的作品应否得到知识产权保护，引起了全社会的极大关注。关于机器人知识产权保护，有学者建议适当扩大避风港原则的适用范围，将人工智能服务提供者看作特殊的“平台角色”，并允许遵循“通知+删除”的简化流程来运作。[②] 该建议旨在降低维权者的申诉成本。还有学者主张，针对机器人作品，应完善授权使用制度。[③] 该观点意在提升机器人作品的使用率和提高科研人员的科技创新动力。毕竟作为工具生产出来的机械，被利用就是其使命，否则生成式机器人便失去了存在的意义。在《欧洲议会机器人民法规则》中，虽并未明确提出相关方法，但从部分阐述中能看出其对建立适用于机器人的知识产权保护法持支持态度，且提及现有法律暂可利用。如在“知识产权和数据流”这一部分的第18条提到“现有的法律和法理可以很容易地加以适用；吁请欧盟委员会支持对机器人应用的各领域涉及的知识产权，采取确立一个水平相当、技术中立的知识产权保护方法”。然而，对于何为“水平相当、技术中立”的知识产权保护方法，《欧洲议会机器人民法规则》语焉不详。一般认为，“水平相当”可理解为知识产权保护方法应紧跟机器人发展水平和步伐，不能因知识产权保护拖了AI技术发展的后腿；“技术中立”是指技术提

---

① 习近平：《充分认识颁布实施民法典重大意义，依法更好保障人民合法权益》（2020年5月29日），载习近平：《论坚持全面依法治国》，中央文献出版社2020年版，第279页。

② 参见郑志峰、罗力铖：《论生成式人工智能的“避风港”规则》，载《智能论坛》2024年第1期。

③ 杨延超：《人工智能对知识产权法的挑战》，载《治理研究》2018年第5期。

供的中立，意在鼓励技术创新，推动社会经济发展。[①] 一般被认为来源于美国联邦最高法院 1984 年判决的索尼案，其含义为：若被告提供的某种商品同时具有合法和非法用途，则可以免除其侵权责任。[②] 技术中立被更多地作为版权法的基本原则，即无论是权利的保护还是权利的限制，其适用并不考虑其背后所使用的技术。[③] 当然，每一个新的重大技术的运用，都可能改变权利人和使用者之间的控制平衡，从而使原有的法律标准受到挑战，并最终产生新的法律标准。因此，随着技术的迅猛发展，司法实践中对技术中立原则的运用非常谨慎，有学者认为需要注意两点：一是技术中立原则需要区分技术提供行为和恶意使用行为；二是技术提供者的合理注意义务。[④]

加强对隐私和个人信息的保护为我国《民法典》的重要亮点，其第 1032 条明确了隐私权的内涵和范围，第 1033 条明确了侵害隐私权的具体方式，第 1034 条明确了个人信息的范围及其受法律保护的属性，第 1035 条明确了不得过度处理个人信息，并须遵循公开处理、征得同意等原则，第 1037 条、第 1038 条分别确定了个人信息决定权、个人信息安全权等内容，以回应信息技术大爆发给民事法律带来的时代之问。随着机器人的广泛运用，其自主收集信息能力的增强，隐私和个人信息保护遭到威胁与侵害成为必须面对的问题。为纾解这一困境，有学者提出要对同意机制进行制度上的改良。[⑤] 目前大数据的收集方式具有引导性，在很多情况下，用户的同意机制是摆设，以致个人信息易被泄露。对其进行改良，可以实现真正的信息保护。另有学者主张，可以让设计者增加设置隐私这一系统[⑥]，以便使用者有自主选择保护隐私的权利。关于隐私保护问题，《欧洲议会机器人民法规则》“知识产权和数据流”这一部分的第 20、21 条和自动运输工具（自动驾驶车辆、无人机、护理机器人、医疗机器人）及决议附件“机器人技术工程师伦理行为准则”等部分都给予了关注，所提出的建议主要包括：一是吁请明确关于机器人摄像机和传感器的适用规则与标准；二是呼吁机器人的数据保护原则符合欧盟数据保护法的规定，对默认情况下的隐私设计、数据最小化、极点限制、数据透明控制机制、补救措施等建立适当的标准；三是在强调数据自由流动至关重要的情况下，强调内部数据系统和数据流的高度安全同样重要；四是强调个人数据的高度安全与保护以及人、机器人和人工智能之间通信隐私的重要性，在此情况下，机器人和人工智能设计者应对此负有高度的责任。

---

① 李慧敏、孙佳亮：《论爬虫抓取数据行为的法律边界》，载《电子知识产权》2018 年第 12 期。

② 参见张今：《版权法上“技术中立”的反思与评析》，载《知识产权》2008 年第 1 期。

③ 梁志文：《云计算、技术中立与版权责任》，载《法学》2011 年第 3 期。

④ 李慧敏、孙佳亮：《论爬虫抓取数据行为的法律边界》，载《电子知识产权》2018 年第 12 期。

⑤ 王苑：《具身智能体的隐私风险及法律应对——以“人形机器人”为例的展开》，载《东方法学》2024 年第 3 期。

⑥ See M. Ryan Calo, Robots and Privacy, in Patrick Lin et al. eds., *Robot Ethics*: *The Ethical and Social Implications of Robotics*, MIT Press, 2012, pp. 187, 195.

结　语

人工智能正处于蓬勃发展的阶段，要在具有相当稳定性的法律和伦理上对其进行完整规范，在目前看来并不现实。基于此，我国《民法典》在制定过程中虽然考虑到了高科技发展带来的法律问题，但在人工智能的法律定位、侵权责任的承担方式和归责原则等方面还是保留了传统民法的逻辑框架，并未作大的突破。《欧洲议会机器人民法规则》通过了具有“施压性”的决议案，其虽然没有法律效力，但对促进人工智能时代的民法规则发展作出了指引，对我国民事立法与研究都具有极大示范意义。我国可以效仿《欧洲议会机器人民法规则》，通过国家发展改革委、科技部、工信部、司法部等相关部门联合“指引”的形式，制定符合我国国情的机器人发展指导规则，为未来人工智能立法和伦理规则的构建做好准备。在此过程中，除了原则性规范，还应加强具有适用价值的具体规范的制定，为世界人工智能立法和伦理规范的制定提供示范性指引。

人工智能社会的社会结构流变与制度因应

李　毅[*]　杨武松[**]

摘　要： 人机共存与人机互动是人工智能社会的独特特征，两者融合发展的“主体性”特征越发凸显，传统社会治理主体结构将迎来新的流变。在这一过程中需要厘清人工智能时代可能存在的以人类为社会治理主体、人类和人工智能“共治”的社会治理主体格局，以及以人工智能为治理主体的异变格局。人工智能立法忽视了人工智能价值规范、科技伦理规范表达、协同治理机制建构等问题，导致人工智能社会治理制度构造呈现碎片化特征，亟须立足于人工智能社会显著特征进行规范构造，从人工智能社会治理认知思维更新到制度建构等层面寻找答案，制定符合人工智能社会特征的社会治理制度体系。

关键词： 人工智能社会　人机共存　人机互动　制度因应

一、问题的提出

自20世纪中期美国达特茅斯学院举办“如何用机器模拟人的智能”研讨会首次提出“人工智能”（AI）概念以来，学界便开始从不同学科领域、不同认知维度展开“人工智能”研究，虽然至今对“人工智能”这一概念仍未达成共识，但是从核心构成要件来看，皆一致认同是与人类智能相对应的机器智能。① 随着人工智能在技术开发、医疗护理、社会治理等方面发挥着越发重要的作用，其客观上将使生产生活各个方面的虚拟化程度日益加深，人类社会交往过程中新增了人工智能中介，即由最初的

---

* 李毅，贵阳人文科技学院法学院副教授，法学博士。研究方向：知识产权法。本文系贵州省哲学社会科学2023年度后期资助项目“知识产权行政保护与司法保护协同研究”（项目编号：23GZHQ04）阶段性研究成果。

** 杨武松，贵阳人文科技学院法学院院长，教授，法学博士，博士生导师。研究方向：知识产权法、环境法。

① 成素梅、张帆：《人工智能的哲学问题》，上海人民出版社2020年版，第2页。

"人—人"交往模式，向"人—机—人"与"人—机—物"的模式转变。[①] 人类社会交往已然由传统单一的"人"向多维的"人""机""物"多向度转变。

现代科学技术的超速发展及其与人类社会的融合速度已超出了人类的一般认知范畴，给人类生活和工作带来深刻影响，标志着人工智能时代的"未来已来"[②]。从全球人工智能的发展以及世界各国对人工智能的态度看，尤其是近年在人工智能领域出现的"拟人化"研究，提前人为授予机器"准人格"的现象屡见不鲜。比如，沙特阿拉伯甚至已经授予了机器人索菲亚公民身份，对当今世界的科技伦理产生了重要影响。又如，欧盟于2024年4月正式通过了《人工智能法案》，成为全世界首部专门针对人工智能领域立法的法律文本，该法案始终强调"风险"防控，"监管"贯彻整个法案的始终，凸显了对人工智能技术开发及应用的规范与约束。因此，在以大数据、信息、算法、算力新科技为典型特征的人工智能与人们生产生活日益深度融合的时代语境下，尤其是以人工智能"横空出世"广泛应用，深刻地影响和改变着人类对自身的反省：人工智能"拟人化""准人格"意味着我们承认人工智能社会的到来，并认可人工智能的法律地位，但我们也在时刻关注它的另一面，并试图通过法律解决人机共存和人机互动的问题。从个体的视角看，我们可能会更多关注歧视权和隐私权的保护实现问题；但从社会治理的视角看，我们可能需要更多地关注"人""机""物"多向度转变引起的社会治理主体结构的变革，以及这种变革引起的现代法律制度体系的改变及其影响，才能实现未来社会治理维护人机共存与人机互动的良性循环。因此，本文写作目的在于，通过厘清人工智能社会的社会主体结构流变，检视传统社会向人工智能社会转变过程中社会治理存在的制度性缺失问题，探索未来社会治理领域的法治建构问题，以应对人工智能时代社会治理主体结构流变的挑战，从未来法学的视角回应未来社会治理的制度建构问题，塑造一个负责任的人工智能社会。

二、人机分离到人机共存的社会治理主体结构流变及其挑战

（一）人机分离到人机共存的社会治理主体结构流变

数千年来，人类社会一直围绕"人"进行制度设计，开展社会治理。"人"成为制度设计和实施的核心要素，国家权力和权利义务的构建均以人的主体地位保障为归属。但是，人工智能和算法大模型的横空出世，类脑智能研究及其社会应用在短短十几年的时间内就彻底改变了传统的人类社会主体结构，从过去几千年的人机分离开始走向人机共存与人机互动。从来没有一个时代像我们这个时代这样，人与机器如此接近、如此相似。尽管人工智能是人类创造的产物，但其在某些方面的优势已经超越了

① 参见赵龙：《主体性危机与对策：人工智能时代人类何以自处》，载《理论导刊》2023年第5期。

② 参见刑冰：《人工智能批判绪论——兼论人工智能时代的主体性问题》，载《湖北社会科学》2024年第3期。

人类。这种结构性变化引发了人们对人工智能与人类智能二者之间的关系及其最终走向的讨论，进而形成了人类主体论和人类与人工智能共治论两种认知。

（1）人类主体论：以“人类为主体、人工智能为辅助工具”的社会治理。虽然人工智能已经从思维、技术、平台消费等领域对人的主体性带来了挑战，但由于其本身不具有建构社会关系的能力和主观思维意识，而这方面只属于人类所特有，因此，人才是主体[①]，人工智能仍然只能根据人类的指令和设定程序开展工作。从本质属性上讲，“人工智能”有一个基础前提——人工，即始终只能在人工的前置要件下进行智能化活动。即使在未来出现所谓的“人形机器人”，那也仅仅是对“人”这一特殊生物属性的智能化模仿，其所获得的知识储备信息及其应用（包括语言表达、交流互动、肢体动作、行为规范等），也仅仅是对人脑的模拟，按照人类的指令所进行的“加工”“优化组合”，它不可能以新的“人脑”生物机制再现，更遑论超越于“人脑”而出现新进化。因此，在未来的社会治理中，人工智能的“先天缺陷”无法再产生或进化出独立的意识活动，不具备人类意识的主观能动性和独立思考的能力，只能是更好地、更精准无误地接受人类的指令，并按照人类设定的程序开展各项工作，充其量也只是无限地接近于“人脑”，其智能居于从属性的地位。但是，由于人工智能的独特优势，在未来的社会治理中，其将会成为人类在低端重复性领域更好推动社会治理的有力“助手”。

（2）人类与人工智能共治论：以人类和人工智能“共治”的社会治理。人作为特定的生物性主体，其本身具有自然和社会双重属性。当然，人的社会属性，既是人的本质属性，也是人类区别于其他社会主体的显著特征。伴随着人工智能的深入发展和广泛应用，其凭借智能化、自动化、集约化等优势正加速渗透至各行各业。然而，一个极有可能的情形是，一旦新人工智能具有“意识”，那么整个人类不得不面对的现实是，人类与人工智能将实行“共治”社会。如若按照《赛博格宣言》所言，赛博主体性的主要特征是交互性，则后人类时代的人机交互、人与人的交互将呈现出新的特点，并且呈现出观念电子人、功能电子人和植入电子人三种样态。[②] 在此语境下，纯粹的“自然人”已然不再是世界上唯一具有“主观意识形态”和“社会活动关系”能力的主体，而不得不与其他“类人形态”共存，进而实现人工智能社会的人与人工智能“共治”状态。

（二）人机共存对社会治理制度的挑战

在人机共存格局下，传统的社会治理主体制度正受到挑战。进入人工智能社会，

---

① 参见卢卫红、杨新福：《人工智能与人的主体性反思》，载《重庆邮电大学学报（社会科学版）》2023 年第 2 期。

② 参见黄鸣奋：《新媒体时代电子人与赛博主体性的建构》，载《郑州大学学报（哲学社会科学版）》2009 年第 1 期。

人们从主观上的思想认知到客观上的生活行为，都开始出现被智能化算法所“绑架”，人的主体性地位逐渐被削弱等困境，期待制度建构实现人与技术的“和解”[①]。

其一，人工智能的技术发展应否装上法治“安全阀”。人工智能的快速发展对人类社会治理产生了广泛而深刻的影响。一方面，人工智能以其算法的精准性与复杂性提高了社会治理的效率和效果，展现出美好的治理前景；另一方面，算法权力膨胀、个人价值迷失和人类责任缺位等现象凸显，导致治理中面临人类被边缘化的风险。[②] 近年来，以百度萝卜快跑、小马智行等为代表的自动驾驶企业纷纷进入武汉、上海、广州等地，开展“无人驾驶”网约车和汽车租赁等城市出行服务，引发了社会各界的高度关注。[③] 其给传统的广大网约车司机群体带来不小冲击，其“无人驾驶”特质与我国现行道路交通安全法律规范的调适，以及造成交通事故后如何归责及处理等都是当前所面临的现实问题。因此，在人工智能快速发展的当下，应否给其装上法治“安全阀”，防止其因“放养式”发展而破坏应有的社会秩序，成为亟待思考的问题。从目前“无人驾驶”网约车交通事故处理案例看，实践中主要还是沿用传统的交通规则进行处理，并借助先进技术录取相关证据，人工智能尚不能像驾驶员一样智慧性避让或预防交通事故的发生。目前的案例显示，人工智能在重复性工作领域可以实现高效工作，但是技术与人脑的智慧差距也非常明显：技术能够解决后端问题，但无法解决前端的预防性或避让性事件的发生。这会导致机械执法问题出现，很难实现真正的智慧法治效果。因此，在发展人工智能技术及投入使用时，需要在法治识别系统方面做出相应的建设。

其二，人工智能深度运用对人类社会结构的伦理价值冲击。一是弱化人的社会关系和结构。长期以来，人类社会一直以“群居”“熟人”作为聚居和社会关系处理的重要形态。但是，随着人工智能的快速发展，重构人类社会关系的定义容易使人类陷入“无独立自主思考意识”的困境中，一切皆有被人工智能这一特定载体所“代替”的可能。比如，在婚姻家庭关系中，人们完全可以按照自己的审美观和具体要求，设计、制造出自己的“理想伴侣”，避免“彩礼”之忧、“养育”之愁。随着元宇宙的纵深发展，还可以在“虚拟世界”中塑造一个另外的“自我”，使自己完全生活在“自我世界”。二是取代人类成为社会治理的新“主宰”。每一次人工智能对于人的超越都难免引发人们的大讨论和大恐慌，人工智能技术的发展给人类带来了整体性的巨大的精神压力，只要人工智能超越人类的可能性存在，这种精神压力就会一直存在。“超人类主义者预言的赛博人、电子人正成为现实，智能时代人类的主体性也亟须重新审视与重构。”[④] 倘若未来“奇点”真的来临，人工智能全面超越人类并对人表现出“不友

① 参见刘艳红：《人工智能法学的“时代三问”》，载《东方法学》2021 年第 5 期。

② 参见郑颖瑜：《重塑人工智能治理中人的主体性》，载《江汉大学学报（社会科学版）》2022 年第 2 期。

③ 参见刘亚宁：《武汉“无人驾驶”加速跑》，载《经济观察报》2024 年 7 月 15 日，第 24 版。

④ 参见韩敏、赵海明：《智能时代身体主体性的颠覆与重构——兼论人类与人工智能的主体间性》，载《西南民族大学学报（人文社会科学版）》2020 年第 5 期。

好"，那将是人类历史上全人类第一次真正的全面异化。倘若未来"奇点"真的来临，人工智能全面超越人类并对人类表现出"不友好"，这将可能导致人类社会前所未有的异化和风险。有学者对此警示，鉴于人工智能效能的几何级数式跃升，人类或将面临丧失对其支配权的风险，甚至可能遭受其替代或操控。对此，社会必须保持高度戒备，预先构建伦理准则与监管框架，否则，随着对人工智能系统的依赖性日益增强，人类极有可能丧失主体地位，甚至遭遇生存层面的严峻挑战。①

其三，人机共存将法律人单一定义向二元结构演化。长期以来，许多国家，如美国、英国、德国、中国、日本、澳大利亚、新西兰等国家的知识产权管理部门和司法部门，都认为只有人类本身才是法律意义上的权利人，人工智能因为不属于自然人，所以不具有法律意义上的权利人资格。但是2024年6月11日德国联邦法院（BHG）在人工智能DABUS案中作出判决，确认人工智能发明的专利权人地位。该案裁判打破了传统意义上的只有自然人才具有法律人的身份及其权利资格的限制，使人工智能在满足一定条件的情况下，具有法律身份并享有法律权利。这种法律人从单一定义向二元结构转变，要求设置配套的法律规范构造，确保其享有权利并予以保护，否则会产生一系列外溢性法律风险。例如，人工智能的知识产权及其保护；人工智能参与社会治理并作出贡献时，其参与权及其保护；等等。

三、人工智能立法对社会治理主体制度的忽视

从人工智能1.0时代到人工智能4.0时代，是人工智能技术公司争夺科技发展"话语权"的生动写照。欧美等国家和地区关于人工智能的立法则显示了人类对其人工智能产物通过法律实现社会控制的自信。尽管欧盟已经制定了世界上第一部《人工智能法案》，部分国家也明确了人工智能立法计划，但整体上人工智能立法体量还明显不够，碎片化特征较为明显，亟须建构人工智能法律体系。

（一）人工智能立法对人工智能发展风险预防不足

欧盟《人工智能法案》遵循风险监管原则，意在对欧盟区域内的人工智能发展"立规矩"，但是从世界各国人工智能发展整体趋势看，当前的人工智能立法依然对可能产生的风险研判不足、预防不够。有学者以生成式人工智能为研究样本，认为生成式人工智能存在准备阶段的数据安全风险、运算阶段的算法偏见风险与生成阶段的知识产权风险。② 人工智能能否和人类一样获得刑法意义上的"主体性"地位，从法学学科专业本身无法获得答案，需要以"相关的认知科学为基础，否则就会陷入循环论证

---

① Roland T. Rust, Ming-Hui Huang, "Beyond the Feeling Economy", *Feeling Economy*, Palgrave Macmillan, 2021, pp. 163-170.

② 参见刘艳红：《生成式人工智能的三大安全风险及法律规制——以ChatGPT为例》，载《东方法学》2023年第4期。

的困境”。“人工智能对刑法理论的影响主要在于其导致传统社会风险加剧，刑法理论的应对模式仍应当在现有刑法理论体系内。”①

（二）人工智能立法对人工智能主体法律责任规制缺失

如何保障和促进人工智能的可持续发展，是未来法学面临的课题，也是研究的重点和难点。从人工智能发展的阶段性来看，当下的人工智能发展与应用，更多的是扮演了人的“助理”角色，这决定了人工智能当下并无明确的“主观认知”能力。从本质上讲，人工智能属于人类认识和改造世界的“工具”，其本身没有是非对错之分，主要在于人类如何正确地使用。基于此，需要切实加强对人工智能研发及应用的全过程监督，并着力从法律维度加以明确规范，实现以良法善治助力人工智能的可持续发展。人工智能社会治理应当坚持维护人的主体地位价值原则和多元利益协调的动态利益平衡原则，着力思考未来社会中的风险防范制度、法律主体制度，以及能够保障自然人在未来社会实现自由平等的制度等体系建设问题。

从人机交互关系的维度看，未来万物皆可智能化的时代，意味着“人机共存”“人机互动”将成为一种社会常态。然而，在这个人机共存的时代，人类与人工智能之间的关系网络将通过各种介质联系起来，呈现出人类社会之间、人工智能之间、人类社会与人工智能之间更加复杂的治理主体关系。由此带来的一个必然后果是，人工智能一旦成为“人”，其享有和承担的法律权利与责任应该在法律规范中呈现。遗憾的是，世界各国现存的人工智能立法均缺乏相应的规范构造，人们很容易陷入“究竟是销毁人工智能这一客观有形实体，还是修改、删除已设定程序，抑或令其原初研发者、权利人承担连带责任”等论争中，进而加剧技术与法律的割裂。

（三）人工智能立法对科技伦理的规范反应还不够充分

在国家制度还未形成之前，对人工智能发展与运用最具有影响力和约束力的可能是科技伦理。科技伦理作为科学界的“帝王原则”，如同诚实信用原则在法律界那样享有至高荣誉。遗憾的是，目前除了少数国家通过立法强调人工智能如何以伦理和负责任的方式使用，如阿联酋内阁于2024年6月10日通过人工智能发展与使用宪章确立了12项原则，其他国家对科技伦理的规范表述极为少见，这除了容易使这项“帝王原则”陷入虚置，还很难据此确立人工智能治理的基本价值准则和责任体系，容易导致人工智能治理陷入个体歧视性规范和隐私权保护规范的过度关注中，进而很难建立起体系性的人工智能法律体系。

① 参见甄航：《人工智能刑法“主体性”否定：缘起、解构、反思——以认知科学的五个层级为基础》，载《重庆大学学报（社会科学版）》2024年第3期。

四、人工智能社会治理制度应对

人工智能社会作为一种新的社会形态，人工智能立法需要立足于其显著特征进行规范构造，制定与之相符的社会治理机制，需要从社会治理认知思维更新、制度建构等层面寻找答案。

（一）更新人工智能社会治理制度构造的理念认知

在新一轮科技革命浪潮中，人工智能、生物技术、量子科技、算法大模型、新能源、新材料等新兴前沿技术领域得到快速发展，并以前所未有的方式重塑生产方式、产品形态以及服务模式。相适应的生产关系能够促进新质生产力、生产要素等产生最优的社会效应。因此，人工智能社会治理制度构造需要在理念认知层面率先作出新的反应：一是需要确立新的人工智能社会治理制度构造的基本价值遵循。传统意义上的社会治理制度构造是为了维护社会秩序，实现社会治理安定和公平公正的价值目标。但人工智能的技术特性决定了它的应用价值具有全人类性，关乎人类命运共同体的安全与未来发展。因此，人工智能社会治理制度构造应该优先考虑人类福祉和进步，这是其最根本的伦理要求。二是以最高的安全标准作为人工智能社会治理制度构造的伦理观，这是其最负责任的表现。以此为指导，制定“最严格、最严密”的人工智能社会治理制度体系的基本原则，从而确保人工智能对社会产生积极和持久的影响，增进人类福祉。和所有工具一样，人工智能作为人类改造和认知客观世界的“利器”，不论其发展多么高端和先进，其作为服务人类的工具属性都不会改变，一切工具使用的最终目的，都在于使人类认知和改造客观世界的能力更强，在于使人类从客观世界中获取生产生活资料的成本更低、效率更高，使人类能获得更好更全面的发展，从而避免人工智能超越人类的危险出现。

（二）人工智能社会治理制度构造需聚焦未来产业发展的经济法体系构造

人工智能为经济社会发展注入了新动能。据麦肯锡《2024 技术趋势展望》报告分析，未来社会发展将聚焦于五大类技术发展：人工智能革命、构建数字化未来、计算和连接前沿、尖端工程、可持续世界。这些技术发展构筑了未来产业发展集群。2024 年 7 月 5 日，在国务院新闻办公室举行的“推动高质量发展”系列主题新闻发布会上，国家工信部明确表示，将围绕“未来制造、未来信息、未来材料、未来能源、未来空间、未来健康”等六大方向布局未来产业，特别聚焦人形机器人、脑机接口、元宇宙、下一代互联网、6G、量子科技、原子级制造、深海空天开发等领域的产业创新发展。这也意味着，未来世界各国的产业发展及其经济体制改革，未来经济法律体系创新构筑均将聚焦于这些重点领域，这也决定了人工智能社会的立法重心是这些新兴的关系到未来社会高质量发展的经济领域。人工智能社会治理必须面向该现实，从经济法律制度体系创新构造入手，实现经济领域治理和社会治理的平衡与融合。具体路径有：一是围绕《新一代人工智能发展规划》，采用类型化的方式，围绕“未来制造、未来信息、未来材料、未来能源、未来空间、未来健康”六大未来产业，总结《深圳经济特区人工智能产业促进条例》等地方性条例制定和实施经验，制定“人工智能产业促进法”，初步建成人工智能的经济私法保障体系；二是围绕“未来制造、未来信息、未来材料、未来能源、未来空间、未来健康”六大未来产业发展过程中的市场监管和公平竞争问题建构监管规则，构造人工智能的经济公法保障体系，确立人工智能社会监管制度。

（三）实现人工智能伦理法律化

科技伦理是人工智能治理的重要手段，也是约束科技行为的最高原则。人工智能伦理规范化始于欧盟委员会发布的《人工智能伦理准则》（2019年4月8日），随后我国也于同年5月发布了《人工智能北京共识》。2023年科技部等单位颁布的《科技伦理审查办法（试行）》开始了我国人工智能伦理法治化。但从总体上看，全球人工智能伦理规则的内容还不具体，且缺乏实施空间。“在全球范围里，人工智能伦理治理实务中普遍存在注重原则层次的价值宣言但缺乏执行力度的问题。”[①] 因此，需要从不同视角探视人工智能伦理法治化路径：一是从人格权保护的视角在立法层面对科技伦理进行规范；二是从合规审查的视角将人工智能伦理原则转变为合规实践；三是从人工智能社会特征的视角，将科技伦理视为最高原则，贯穿于所有的人工智能应用场域，并结合人工智能社会特征进行情景分析或合理性判断，以此作为法律适用原则。总体而言，笔者认为第三种路径更适合人工智能社会治理的伦理要求和场景，但它需要执法者和司法裁判者具有较为丰富的人工智能技术知识、法律知识以及实践知识储备，才能在实践中作出合理且客观的判断，进而作出公平公正的司法裁判。

（四）创建人工智能社会协同治理机制

创建人工智能社会协同治理机制有三个方面的思考：一是人工智能的技术价值具有全人类属性，关系全人类的福祉和进步，它的安全问题和伦理问题是全人类的。2024年世界人工智能大会暨人工智能全球治理高级别会议上发布的《人工智能全球治理上海宣言》中明确指出：“随着人工智能技术快速发展，我们也面临前所未有的挑战，特别是在安全和伦理方面。”“我们强调共同促进人工智能技术发展和应用的必要性，同时确保其发展过程中的安全性、可靠性、可控性和公平性，促进人工智能技术赋能人类社会发展。我们相信，只有在全球范围内的合作与努力下，我们才能充分发

---

① 参见李学尧：《人工智能伦理的法律性质》，载《中外法学》2024年第4期。

挥人工智能的潜力，为人类带来更大的福祉。”① 二是人工智能的社会属性决定了其社会治理需要面对“人—机—物”多元维度，需要解决技术与法律割裂现象，只有通过“法律+政策+市场+科技”的协同机制，才能实现良好的人工智能社会治理效果。但是，这种多元协同治理模式必须借助政府部门与部门之间、政府与社会组织之间、政府与社会公众之间的多元协同关系才能完成协同治理目标。因此，人工智能社会治理协同治理机制的建构路径可考虑：一是从伦理视角形成人工智能国际伦理规范，为跨国人工智能协同治理提供伦理基准；二是在国内层面建立政府部门与部门之间、政府与社会组织之间、政府与社会公众之间的多元协同机制，发挥“法律+政策+市场+科技”的“组合拳”协同机制作用。

任何事物的发展都具有正反两方面的特质。当前，人工智能的运用对人类社会的发展既产生了积极效应，又有消极影响，如何趋利避害地利用好人工智能造福人类社会是一个亟须解决的时代课题。整个人类社会应当理性审慎地加强对人工智能发展全过程的监督，并着力建构协同监督治理的体系，一方面要努力规避新兴科学技术的发展，始终恪守人类正向进步原则，避免因受资本奴役而迈入失范的风险；另一方面要坚持鼓励创新，积极支持正常的科技创新活动。只有如此，才能把好科学技术造福人类社会的关卡，共同促进友好人工智能时代的到来。②

在当今人工智能技术快速进步并深度融入社会的关键时期，我们面临着一个具有深远影响的转折点。面对这一挑战，全社会需要团结一致，采取包容的态度迎接人工智能带来的变革，同时以审慎的态度开展人工智能社会治理制度体系建设，保证技术发展与伦理道德相和谐，共同勾画一个人文关怀、包容共进、持续发展的未来人工智能图景，让科技进步的光辉照亮人类文明的每一个角落，让每个主体都获得制度保障。

① 《人工智能全球治理上海宣言》，载新华网，http://www.news.cn/world/20240704/c81954a4e9d744a59162fc384e858e59/c.html，访问日期：2024年7月8日。

② 参见赵龙：《主体性危机与对策：人工智能时代人类何以自处》，载《理论导刊》2023年第5期。

人工智能国际合作的监管挑战及其软法应对

郝家杰*

摘　要：人工智能正以前所未有的速度、广度、深度嵌入国际经济社会中，人工智能国际合作日渐成为多方利益攸关者的共同诉求。在这一趋势下，人工智能监管的理论缺陷与现实困境越发明显，主要体现为单一主体监管失灵、传统法律监管困囿以及标准化工作不顺畅等特有难题，这意味着对人工智能监管的重新理解。质言之，软法因其灵活性、多元性等特征可成为人工智能监管的主要抓手之一。鉴于此，需要通过多元主体参与的理念来避免单一主体的刚性监管模式，适用软、硬法的双向互动方式来保证人工智能在法律框架内得以健康发展，借助软法硬化及硬法化的路径来促进人工智能监管的统一与协调，进而破除人工智能国际合作的监管壁垒。

关键词：人工智能　竞合关系　监管挑战　软法规制　多元价值观

人工智能因具有重大战略价值而成为重塑国际政治经济格局的关键维度。这一发展趋势的背后实际上隐藏着诸多值得注意的社会稳定、经济发展以及国家安全等全球性考量。综观实践，国际法层面的利益协调路径仅有硬法与软法两种。① 面对科技迭代速率更快、利益更加多元的智能社会，刚性的、界限森严的且数量单一的硬法难以匹配人工智能的迭代发展。质言之，软法因其灵活性、多元性等特点可在更大程度上整合多元价值，成为体现全球共识的主要抓手之一，对人工智能监管提供统一指引或补充作用。② 鉴于此，本文拟基于人工智能对全球格局的重大影响，探讨未来该领域的软

---

* 郝家杰，暨南大学法学院/知识产权学院博士研究生。研究方向：人工智能法治。本文系陕西省教育厅2022年度重点科研计划项目（协同创新中心项目）“通用航空数字贸易平台发展与创新的法律保障机制研究”（编号：22JY064）阶段性成果。

① 参见沈伟、冯硕：《全球主义抑或本地主义：全球数据治理规则的分歧、博弈与协调》，载《苏州大学学报（法学版）》2022年第3期。

② “软法”，指不具有法律约束力但有法律效果的规则。参见郝家杰：《人工智能国际协同监管“软法”机制研究》，载《全球科技经济瞭望》2023年第9期。

法发展，分析人工智能国际合作的监管挑战，进而从软法规制的视角出发，以期为人工智能国际合作提供理论支持与实践参考。

一、人工智能国际合作的软法现实需求

作为具有战略意义的全球性技术，人工智能逐渐在适用方面不受多方界限的限制，势必需要价值多元的国际监管规则进行调整。然而，若由某个主权国家来掌握人工智能国际规则的塑造主导权，则这些规则可能因关涉国际关系动态化、利益诉求多元化以及文化价值冲突等因素而难以出台。是故，具有灵活高效、适应性强、价值多元化等特点的软法将成为全球人工智能监管的较优选择。①

（一）人工智能软法的呈现样态

依据既有文献，软法现代性兴起的主要原因在于，迟缓、固定的硬法难以解决因经济、科技全球化而产生的新问题，反观软法因其灵活性、简便性等特征而能提供现实可能性。② 历史证明，各国政府往往预先颁布倡议指南、行为准则等软法来规范、引导科技的有序发展，且“软法因其制度变革的回应性、创制过程的协商性、制度安排的合意性、实施方式的温和性等特征，能够明显降低法律创制、实施与遵守的成本”。③

综观实践，人工智能软法主要表现为，国际组织、多边外交会议等通过的宣言指南、伦理规范以及国际标准等可能产生某些间接法律影响的非条约协议。④ 譬如，2020年10月，14个欧盟国家积极督促欧盟委员会适用软法治理手段，并且丹麦、法国、芬兰以及爱沙尼亚等国家一同签署了立场报告，指明“我们应当转向软法治理模式……并将其作为现有立法中保障符合安全性标准内容的补充”。⑤ 在伦理方面，2021年11月，联合国教科文组织（United Nations Educational, Scientific and Cultural Organization, UNESCO）发布《人工智能伦理问题建议书》，2023年3月，UNESCO呼吁各国全面实施《人工智能伦理问题建议书》，鼓励公布国家和国际层面的政策，以确保人工智能造福全

① 参见朱明婷、徐崇利：《人工智能伦理的国际软法之治：现状、挑战与对策》，载《中国科学院院刊》2023年第7期。

② 参见姜明安：《软法的兴起与软法之治》，载《中国法学》2006年第2期。

③ 参见方桂荣：《集体行动困境下的环境金融软法规制》，载《现代法学》2015年第4期。

④ 参见沈伟、冯硕：《全球主义抑或本地主义：全球数据治理规则的分歧、博弈与协调》，载《苏州大学学报（法学版）》2022年第3期。

⑤ Samuel Stolton, “EU Nations Call for ‘Soft Law Solutions’ in Future Artificial Intelligence Regulation”, https://www.euractiv.com/section/digital/news/eu-nations-call-for-soft-law-solutions-in-future-artificial-intelligence-regulation/, 2020-10-08.

人类。[①] 在国际标准层面，由中国牵头编制的ISO/IEC TS 8200：2024《信息技术 人工智能 自动化人工智能系统的可控性》、电气与电子工程师协会标准协会（Institute of Electrical and Electronics Engineers Standards Association，IEEE-SA）发布的IEEE P3129《人工智能图像识别服务鲁棒性测试和评估标准》与IEEE P2840《责任化人工智能许可标准》等。[②] 可见，人工智能软法更利于各国政府、国际组织以及跨国企业等多元主体达成共识，协调各方利益与关切。

（二）人工智能软法的发展需求

在全球范围内，由于专业技术资源分布不均，主权国家、行业组织以及科研机构等主体对人工智能技术的掌握程度存在差异化。面对科技的迭代发展，欧盟官方公报于2024年7月12日正式公布《人工智能法案》（*Artificial Intelligence Act*，AI Act），但该法案能否形成“布鲁塞尔效应”（Brussels effect）[③]，进而影响全球人工智能立法难以遽下结论，但在人工智能国际合作领域仍需结合强制性的硬法和灵活性的软法才能有效支撑人工智能双方、多边以及区域性等合作形式。一方面，硬法具有严格的法律约束力，可提供宏观的强制性框架，并通过设立共识性的权利和义务来约束国家行为。比如，《联合国海洋公约》对内水、领海以及大陆架等重要概念进行了界定，并规定了明确的权利和义务，因而其成员国需严格遵守。但当面对技术性突出的全球问题时，硬法可能较为僵化，各国在短期内难以形成具有强制力的国际法，从而造成“监管滞后”。另一方面，软法的关键缺点在于其自愿性等特征，部分受此约束的数字企业、行业组织等实体可能不同意或不愿意遵守软法，致使公众对软法失去信心。[④] 比如，脸书、大众汽车以及波音等公司的自我监管失败，进一步挑战了公众信任度，并对科技公司造成了“技术冲击”。[⑤]

---

① 2023年3月30日，联合国教科文组织总干事奥德蕾·阿祖莱（Audrey Azoulay）指出，“世界需要更强大的人工智能伦理规则：这是我们时代的挑战。UNESCO关于人工智能伦理的建议书设定了适当的规范框架，各成员国都批准了这项建议。现在需要在国家层面实施，我们必须言出必行，确保实现建议的目标”。See UNESCO，“Artificial Intelligence：UNESCO calls on all Governments to implement Global Ethical Framework without delay”，https://www.unesco.org/en/articles/artificial-intelligence-unesco-calls-all-governments-implement-global-ethical-framework-without?hub=701，2023-03-30.

② 参见朱红儒、静静、彭骏涛等：《人工智能治理国内外政策与标准分析》，载《中国信息安全》2023年第5期。

③ 布鲁塞尔效应（Brussels effect）一词最早由芬兰裔哥伦比亚大学法学院教授阿努·布拉德福德（Anu H. Bradford）于2012年提出，主要指在无须其他国家、国家机构等协作的情况下，欧盟凭借市场力量对全球市场进行单边监管的能力，制定出全球市场遵循的规章制度。

④ See Shank Craig，“Credibility of Soft Law for Artificial Intelligence—Planning and Stakeholder Considerations”，*IEEE Technology and Society Magazine*，2021，Vol. 40，p. 25.

⑤ See The Economist，“Scandals Suggest Standards Have Slipped in Corporate America”，https://www.economist.com/business/2019/04/06/scandals-suggest-standards-have-slipped-in-corporate-america，2019-04-04.

尽管如此，笔者仍认为软法是人工智能监管的主要抓手之一，其有效性和可信度可通过市场机制、社会机制等间接机制来提高，以此鼓励各实体遵守这些措施，提升公众的信心。[①] 2022 年 8 月，美国国家标准与技术研究院（National Institute of Standards and Technology，NIST）发布的《人工智能风险管理框架（二稿）》强调，软法不仅是一种可行的替代方案，且能补充或替代以人工智能为中心的监管；鉴于硬法监管的缺乏，目前软法为人工智能提供了主要的治理机制。[②] 同时，软法虽不具备正式约束力，但能在国际法的空白领域发挥其优势，产生间接的法律影响力。[③] 又如，联合国教科文组织于 2021 年 11 月发布的《人工智能伦理问题建议书》是首份全球范围内的人工智能伦理协议，它由价值观、伦理原则和政策指导三部分构成，聚焦于多元观念与利益的平衡，倡导可持续发展和协同共治的理念。这种倡议性的软法文件不仅能以示范法、一般法律原则等形式引导各国的人工智能监管实践，甚至可能推动形成人工智能领域的国际立法。

二、人工智能国际合作的监管挑战究因

伴随人工智能的变革式发展，其与监管规制、创新发展及行业应用等多个层面高度互动。而后，人工智能的内涵意蕴逐渐超出科学范畴，并被赋予了政治、发展以及经济等扩展性意义。[④] 质言之，人工智能国际合作在单一主权国家监管、传统法律监管规制以及法律与标准融合等方面的特有难题，成为全球人工智能监管所面临的不可避免的理论缺陷与现实困境。

（一）单一主体监管失灵

作为一种新兴的颠覆性技术，人工智能天然存在着知识壁垒，因而单一主权国家难以在监管方面独善其身。目前，人工智能已被广泛应用于医疗、经济、政治等领域，但各国的人工智能技术水平存在差异化。掌握人工智能核心技术的国家与缺乏人工智能核心技术的国家在国际话语权上的鸿沟，降低了达成国际共识的可能性。同时，地缘政治竞争的加剧使掌握人工智能核心技术的国家不愿意分享其前沿科技成果。比如，部分霸权国家采取压制、打压他国核心技术的方式进行国际合作，导致全球范围内呈现紧张和对立的局面。进言之，人工智能发展的不均衡性将加剧其技术背后的数据流

---

① Stephen M. Maurer，*Self-Governance in Science*，Cambridge University Press，2017，p. 147.

② NIST，“AI Risk Management Framework：Second Draft”，https://www.nist.gov/system/files/documents/2022/08/18/AI_RMF_2nd_draft.pdf，2022-08-18.

③ See Thomas Burri，“International Law and Artificial Intelligence”，*German Yearbook of International Law*，Vol. 60，2017，p. 106.

④ 参见庞祯敬、薛澜、梁正：《人工智能治理：认知逻辑与范式超越》，载《科学学与科学技术管理》2022 年第 9 期。

动性与主权治理排他性之间的冲突，从而产生数据隐私的“巴尔干化/割据”（balkanization）现象。[①] 此现象将在一定程度上重塑全球格局。另外，科技巨头因颠覆性的科技革命获得了与国家类似的法律规制话语权，但在国际立法制定过程中，它们却难以发声。比如，2018 年 7 月，麻省理工学院著名物理学家马克斯·泰格马克（Max Tegmark）在瑞典斯德哥尔摩举办的国际人工智能联合会议上发布了《禁止致命性自主武器宣言》，呼吁各国政府及其领导人减少军备竞赛，提倡建立反对致命性自主武器的国际法律规范。尽管宣言的声势浩大，但并未达成任何具有共识性的人工智能致命武器公约。[②] 同时，现行国际法对于致命性自主武器系统（Lethal Autonomous Weapon Systems，LAWS）的研究开发与使用存在分歧。事前规制推进派认为，现行国际法的应对措施不充分，需预先规制；而事前规制慎重派则认为，现行国际法的应对措施已经足够充分，无须提前规制。[③] 鉴于不同国家的利益诉求各不相同，政策制定者未必能在权衡自身利益的同时，采取符合共同利益及价值追求的措施。可见，真正的人工智能国际合作模式尚未成型，各国监管体系的行动独立性较强。

（二）传统法律监管困囿

随着科技发展的日新月异，监管机构的专业素养与监管效能等面临严峻挑战，亟待提升，同时传统的监管框架难以规制人工智能等新兴技术[④]，因而出现了“步调问题”，即传统监管措施跟不上科技演进的步伐。[⑤] 究其原因，主要在于人工智能产生的新型风险具有弥散性、动态性等特点，使传统的治理模式难以有效应对。[⑥] 根据德勤咨询公司（Deloitte Consulting LLP）发布的研究报告，新兴技术的发展周期正急剧缩短，从过去能够稳定存在两年周期，到现在迅速缩减至仅六个月且可能面临着被淘汰的局面，变化的步伐并未显示出任何放缓的迹象。[⑦] 可见，这一趋势加剧了人工智能监管挑

---

① See Fernanda G. Nicola，“Oreste Pollicino，The Balkanization of Data Privacy Regulation”，*West Virginia Law Review*，Vol. 123，No. 1，2020，p. 61. 沈伟、赵尔雅：《数字经济背景下的人工智能国际法规制》，载《上海财经大学学报》2022 年第 5 期。

② 《AI 杀人武器又惹联名抗议，这次由马斯克领衔、AlphaGo 之父参与》，载微信公众号“量子位”，https://mp.weixin.qq.com/s/JWcw8GBEWqLYf9e-P1X0DA，访问日期：2018 年 7 月 19 日。

③ ［日］弥永真生、［日］宍户常寿修订：《人工智能和法律的对话 3》，郭美蓉、李鲜花、郑超，等译，上海人民出版社 2021 年版，第 269 页。

④ See Wendell Wallach，“Gary Marchant，Toward the Agile and Comprehensive International Governance of AI and Robotics”，*Proceedings of the IEEE*，Vol. 107，No. 3，2019，p. 505.

⑤ See Marchant G. E.，“The growing gap between emerging technologies and the law ［J］. The International Library of Ethics”，*Law and Technology*，Vol. 7，2011，pp. 19-33.

⑥ 参见曾雄、梁正、康辉：《人工智能软法治理的优化进路：由软法先行到软法与硬法协同》，载《电子政务》2024 年第 6 期。

⑦ See Shrupti Shah，“The Regulator of Tomorrow：Rulemaking and Enforcement in An Era of Exponential Change，https://www2.deloitte.com/us/en/insights/industry/public-sector/us-regulatory-agencies-and-technology.html，2015-06-11.

战，要求法律在更短的时间内适应并监管新兴技术。

当新兴技术需要被管制时，却没有相应的法律进行监管，这可能导致监管上的漏洞和法律对技术发展的阻碍。[①] 随着人工智能汹涌而来，传统法律关系结构得到重塑，进而引发法律变革。一般而言，人工智能因其技术瓶颈、固有缺陷等增加了内部风险的不确定性，导致用户或算法开发者难以理解、解释算法决策过程中的运算逻辑，即“算法黑箱”。[②] 同时，人工智能因其全球性、可解释性等特征加剧风险的不确定性向内部、外部拓展，故其国际合作面临着跨部门、跨领域以及多主体监管等现实难题。可见，固定模式的硬法难以契合人工智能监管的弹性需求。另外，随着人工智能的变革式发展，其迭代周期将越来越短，可能导致监管硬法供给滞后于技术迭代。按照全国人大常委会的立法程序，立法一般须经 3 次会议审议，现有记录中的最快立法周期是 2 年，通常需要 3—5 年才能获得通过。[③] 然而，根据摩尔定律，科技的更新换代周期平均为 1.5 年。可见，基于法律规范的硬法规制难以与科技发展同频共振。比如，若按原定立法计划，则欧盟《人工智能法案》早已通过，但因 ChatGPT 的出现使该法案延后公布其最终版本。[④]

（三）标准化工作不顺畅

人工智能作为一个新兴领域，其国内外的标准化工作仍处于初始阶段，法律与标准之间存在“空白区域”或融合协同的力度不足。尽管法律与标准属于不同的范畴，但二者之间存在一种趋向融合的共性因素——规范性。值得注意的是，融合发生在具有某种共性的不同事物之间。因此，标准存在技术性、科学性及合理性等特征，而规范性是其与法律——一种以权利义务配置为规范方式的制度——融合的共性基础之一，其主要特征包括技术性、科学性、合理性等。随着社会经济的发展，法律与标准在各自的规范领域内持续扩展，特别是当法律触及科学技术问题时，两者逐渐呈现出协同互动和融合重叠的趋势。[⑤]

然而，法律虽然承认标准的重要性，且使标准获得认同，但标准未能被实质采纳或较少援引。因此，标准缺乏法律支持，难以与法律衔接融合而沦为“空中楼阁”。比如，在能源电力领域，人工智能的应用有助于识别绝缘不足、管线故障等缺陷，从而进行预防性维护，以便最大限度地利用管理资源。同时，随着电网的去中心化和数字

---

① ［德］托马斯·威施迈耶、［德］蒂莫·拉德马赫修订：《人工智能和法律的对话 2》，韩旭至、李辉，等译，上海人民出版社 2020 年版，第 326 页。

② Frank Pasquale, *The Black Box Society*, Harvard University Press, 2015, pp. 1-24.

③ 参见吴志攀：《“互联网+”的兴起与法律的滞后性》，载《国家行政学院学报》2015 年第 3 期。

④ 参见张凌寒、于琳：《从传统治理到敏捷治理：生成式人工智能的治理范式革新》，载《电子政务》2023 年第 9 期。

⑤ 参见柳经纬：《标准与法律的融合》，载《政法论坛》2016 年第 6 期。

化程度的提高，电网运行的预测和评估数据日益复杂，亟须人工智能进行高效处理。然而，国际电工委员会尚未专门在该领域建立人工智能相关标准的编制，致使标准化工作难以展开。① 再如，数据表明，除欧盟以外的120个国家中，约67个国家遵循了欧盟《通用数据保护条例》（*General Data Protection Regulation*，GDPR）的框架②，而数据监管需要强大的监管资源、监管能力等，否则容易阻碍数据产业创新、产生高额监管成本以及引发数据保护主义等风险。③ 可见，当人工智能的标准化工作存在阻力时，法律与标准的融合难以和谐，即法律可能缺乏实施效果，而标准可能丧失其合理性。

三、人工智能国际合作的软法应对策略

与传统技术有所不同，人工智能具有跨域性、全球性以及发展迭代性等特征，需要从国际层面展开系统性、多元性、适时性等监管努力。④ 具体而言，软法因非强制性、灵活性以及国际适用性等特点而可以解决科技发展引起的大部分问题⑤，并通过多元主体参与的理念，借助软、硬法的双向互动与软法的硬化及硬法化等策略进行应对。放眼未来，一个核心议题在于区分哪些监管问题更适宜用软法来调控，哪些问题应由硬法来主导。这不是一个简单的、静态的平衡状态，而是一个动态的、随技术进步和监管经验共同增长的变化过程。⑥

（一）多元主体参与的理念

在现代公共治理体系中，非政府组织与国家、政府间的国际组织等形成了全球治理中三足鼎立的新格局⑦，但国家之间存在大小强弱之分，大国可任意解释规则，小国则只能屈服，真正平等的国际秩序仍未出现。⑧ 为此，建议容纳政策制定者、国际司法机构、科技企业、算法开发者以及普通公众等利益攸关者参与规制，通过多方努力实现多元化主体的主导与平等。⑨ 尽管主权国家仍是国际软法的主要制定主体，但软法的

---

① 参见佘骏：《电力行业人工智能技术标准分析》，载《中国科技信息》2022年第22期。

② See Committee of Experts under the Chairmanship of Justice B. N. Srikrishna，“A Free and Fair Digital Economy：Protecting Privacy，Empowering Indians，Ministry of Electronics and Information Technology，Government of India，2018”，https://www.meity.gov.in/writereaddata/files/Data_Protection_Committee_Re port.pdf，2022-12-16.

③ 参见金晶：《欧盟的规则，全球的标准？数据跨境流动监管的“逐顶竞争”》，载《中外法学》2023年第1期。

④ 参见张欣、宋雨鑫：《全球人工智能治理的格局、特征与趋势洞察》，载《数字法治》2024年第1期。

⑤ See Jobin A.，Ienca M.，Vayena E.，“The global landscape of AI ethics guidelines”，*Nature Machine Intelligence*，Vol. 9，2019，pp. 389-399.

⑥ See Gary Marchant，Carlos Ignacio Gutierrez，“Soft Law 2.0：An Agile and Effective Governance Approach for Artificial Intelligence Artificial Intelligence”，*Minnesota Journal of Law*，*Science & Technology*，Vol. 24，No. 2，2023，p. 390.

⑦ 参见沈岿：《自治、国家强制与软法——软法的形式和边界再探》，载《法学家》2023年第4期。

⑧ 参见何志鹏、孙璐：《国际软法何以可能：一个以环境为视角的展开》，载《当代法学》2012年第1期。

⑨ 参见陈殿兵、朱鑫灿：《风险与规制：人工智能伦理准则框架构建的国际经验》，载《比较教育学报》2024年第1期。

发展并不排斥非政府组织。[①] 面对主权国家利益诉求的差异，开放与合作仍是持久议题，多元主体的参与可推动人工智能技术在公平、良好的环境中不断寻求突破，有助于促进人工智能软法的多方参与模式成型，意味着跨国企业、跨国科学家共同体以及国际组织等非政府主体的积极参与，将加快推进国家间的紧密合作与良性竞争，缓解国家间的利益分歧，满足多方利益诉求。

与此同时，软法本身具有共识性、多元性等特征，其法源除了伦理指南、宣言等，还包括跨国企业、行业组织以及科研机构等多元主体制定的规范，人工智能软法的内容因此更加平等、更为多元、更具影响力。比如，上文提到的《禁止致命性自主武器宣言》虽未达成正式公约，但该宣言随后得到了2400多名AI领域学者包括马斯克、DeepMind的三位联合创始人以及Skype的创始人等知名人士在内的支持，成为全球首个影响力最大的反对AI武器系统开发的民间宣言。[②] 可见，经过多元主体——行业组织、主权国家、国际组织充分的利益博弈，具体参与直接互动关系的主体在一定程度上能分享最佳实践，以此支撑人工智能软法的规制工作。另外，多元主体参与还意味着当人工智能发展不平衡时，软法可在不引起治外法权的情况下产生间接的法律影响力，尽可能满足多元主体的共识价值与利益诉求，以此减小软法规范实施的不平等阻力，进而实现协同共治。诚然，人工智能软法没有法律约束力，即不遵守也谈不上违背，但软法本身能够重构观点、塑造行为，获得国家实践与法律的认同，遵守国际软法便使多元主体的行为以及地位更具正当性。[③] 实践中，欧盟通过《欧洲网络安全技能框架》《违反欧盟法报告人指令》等政策，将政府、企业以及社会公众等多元主体纳入人工智能政策的制定与实施中。[④]

（二）软、硬法的双向互动

人工智能国际合作因其跨领域、跨文化以及跨国家等全球属性，在国际层面需要统一、灵活的指引，故应坚持从维护全球整体利益的角度出发，探寻跨国或全球法律问题的解决路径，通过软、硬法的互动方式，充分展现各自的灵活性和稳定性、框架性和强制性等特征，在监管过程中相互补充、正向互动，有效支撑人工智能国际合作，逐步构建动态的、包容的人工智能法律环境。

软法虽并不具备正式的约束力，却能在国际法的空白领域发挥其优势，产生间接

---

① 参见张明：《软法视域下中国推进数字贸易全球治理的国际标准路径》，载《上海对外经贸大学学报》2024年第1期。

② 《AI杀人武器又惹联名抗议，这次由马斯克领衔、AlphaGo之父参与》，载微信公众号“量子位”，https://mp.weixin.qq.com/s/JWcw8GBEWqLYf9e-P1X0DA，访问日期：2018年7月19日。

③ See A. H. Qureshi, A. R. Ziegler, *International Economic Law 2nd ed.*, Sweet & Maxwell, 2007, p. 29.

④ 参见肖红军等：《欧盟数字科技伦理监管：进展及启示》，载《改革》2023年第7期。

法律影响力。[①] 譬如，联合国教科文组织呼吁世界各国尽早实施其于 2021 年 11 月发布的人工智能伦理全球性协议——《人工智能伦理问题建议书》——由价值观、伦理原则和政策指导三部分构成，聚焦于多元价值与利益的平衡，倡导可持续发展和协同共治的理念。可见，人工智能软法结合国内硬法的互动方式逐渐兴起。[②] 其一，推动人工智能软法向国内立法渗透。国内立法的规范性与法律效力需借助软法增强其正当性、灵活性，以此匹配科技的迭代速度。在立法起草过程中，应充分吸纳软法规范中的共识理念和实践经验，将软法中的原则、规范渐进转化为具有法律约束力的法律规范。同时，要注重立法的针对性和可操作性，确保立法能够充分解决实际问题。另外，为确保立法的有效实施，需完善相关配套制度与措施，包括执法保障机制、司法救济机制以及监督检查机制等，确保立法在实际中得到有效执行和推广。比如，《国家知识产权局办公室、工业和信息化部办公厅关于组织开展创新管理知识产权国际标准实施试点的通知》便是为了推广实施《创新管理——知识产权管理指南（ISO 56005）》国际标准。[③] 其二，推动国内立法向人工智能软法渗透。人工智能软法的规范实效依赖于国内立法的强制性保障。政府可制定一系列关于人工智能发展的政策，其中折射出的发展理念、重点任务以及保障措施等，对人工智能的行业标准、技术规范等进行指引和支持。比如，欧盟出台的《算法责任与透明治理框架》（*A Governance Framework for Algorithmic Accountability and Transparency*）更倾向于借助硬法来保障软法实施。质言之，单一的人工智能监管范式难以契合人工智能监管的弹性需求。因此，应通过软、硬法的双向互动方式，对人工智能国际合作的监管框架进行实时更新。

（三）软法的硬化及硬法化

软法可以是硬法的“摆渡人”。软法向硬法的演变过程涵盖了法律维度与事实层面的双重转变。在法律层面，体现为将软法规范直接升华至具备法律强制力的硬法范畴，使之正式成为法律体系中具有约束性的组成部分。在事实层面，软法的转化则侧重于其在实践中所展现的影响力，特别是借助激励机制、惩罚措施等间接手段，促使组织内部成员自发遵循并践行软法所倡导的原则与规范。[④] 2021 年 6 月，经济合作与发展组织（Organization for Economic Co-operation and Development，OECD）发布的《经合组织

① See Thomas Burri，“International Law and Artificial Intelligence”，*German Yearbook of International Law*，Vol. 60，2017，p. 106.

② See UNESCO，“Artificial Intelligence：UNESCO calls on all Governments to implement Global Ethical Framework without delay”，https://www.unesco.org/en/articles/artificial-intelligence-unesco-calls-all-governments-implement-global-ethical-framework-without?hub=701，2023-5-30.

③ 《国家知识产权局办公室　工业和信息化部办公厅关于组织开展创新管理知识产权国际标准实施试点的通知》，载中华人民共和国中央人民政府网，https://www.gov.cn/zhengce/zhengceku/202305/content_6875632.htm，访问日期：2023 年 5 月 28 日。

④ 参见漆彤：《国际金融软法的效力与发展趋势》，载《环球法律评论》2012 年第 2 期。

法律文书》(*OECD Legal Instruments*) 指出,"非约束性标准更容易采用,并在实施方面提供更大的灵活性,可以帮助解决创新带来的监管挑战"。[①] 然而,软法因不具有法律拘束力而较少被国内立法实质性采纳或援引,标准化工作难以展开。究其原因在于签署国可自由决定是否以及如何实施国际软法,对此最有效的解决方式或许是重新审视多边条约,以强化软法的实施效果与执行力度。[②] 随着时间的推移,人工智能软法可体现为走向硬法道路上的过渡形式,即国际软法硬化,而一旦时机成熟,国际软法便会经硬法化而渐变成具有法律约束力的多边条约。[③] 简而言之,软法硬化是指非国家组织要求增强软法的约束力或执行力,而软法硬法化则指当时机成熟时通过立法程序使软法获得强制力。

一方面,通过市场机制、社会机制等替代机制来间接加大软法执行力度,实现人工智能的软法硬化。其一,以市场机制推动软法执行。在现代经济社会中,只有通过市场机制有效配置社会经济资源,企业才有意愿选择市场、提高生产力,从而自觉遵守人工智能软法规范。[④] 同时,建立人工智能产品或服务的质量标准体系,将软法相关规范的要求融入其中,通过市场机制淘汰不符合标准的产品和服务。其二,建立软法遵守的激励机制。通过政府补贴、税收优惠以及市场准入优先等政策措施,对表现突出的企业或个人给予表彰和奖励。其三,加强社会监督与公众参与。鼓励社会各界积极参与人工智能软法的监督和实施,通过媒体曝光、公众举报等方式揭露违规行为。同时,建立公众参与机制,如听证会、座谈会等,让公众了解并参与人工智能软法的制定、实施过程。实践证明,若软法能得到世界上多元主体的认同,则反映出成员国普遍一致的国家实践和法律确信,因而软法可以作为国际法规范得以存在的证据,助益软法硬法化的形成。[⑤]

另一方面,提倡人工智能部分软法渐进硬法化,明确硬法化的软法内容。比如,在数据隐私保护方面,将关于数据获取、分析以及使用等方面的软法规范转化为硬法,明确企业的法律责任和用户的权益保护。再如,在算法透明度方面,算法开发者须提供算法的透明度报告,确保算法的公平性和无偏见性,并将相关要求纳入硬法范畴。又如,在人工智能伦理规范方面,应将关于人工智能伦理的软法原则转化为硬法条款,禁止对人工智能进行欺诈、威胁以及盗窃等滥用行为。随着全球新一代人工智能的发展逐步迈入技术突破的新阶段,未来仍需时刻关注人工智能的法律人格、自动驾驶的责任追究以及生成式人工智能的内容监管等维度,适时借助国际硬法以法律规范的形

---

① See OECD Legal Instruments, "Recommendation of the Council for Agile Regulatory Governance to Harness Innovation", https: //legalinstruments. oecd. org/en/instruments/OECD-LEGAL-0464, 2021-10-06.

② 参见蔡从燕:《中国行政机关与"非正式国际法"的实施》,载《行政法学研究》2023 年第 2 期。

③ 杨文云:《金融监管法律国际协调机制研究》,上海财经大学出版社 2011 年版,第 231 页。

④ 参见刘学文、朱京安:《中国贸易和环境的理论同构与制度革新》,载《现代管理科学》2016 年第 3 期。

⑤ 参见王铁崖:《国际法引论》,北京大学出版社 1998 年版,第 116—122 页。

式将相关规则明确，以促进人工智能全球共识的形成，防止人工智能国际合作的不稳定性。

结　语

随着国际关系和国际法的发展，各主权国家逐渐意识到“人类命运共同体”的重要性，争相向共同的利益和价值方向发展，整体主义方法论将逐步取代个体主义方法论。[①] 在此过程中，人工智能国际合作不可忽视，但在单一主权国家监管、国际协同监管规制以及法律与标准融合等方面存在现实难题。为此，人工智能国际合作需坚持多元主体参与的理念，从社会需求、经济利益以及国家战略等多元视角出发，动态研判多元主体的竞合关系，避免单一主体的刚性监管模式；适用软、硬法的双向互动方式来充分展现各自的灵活性和稳定性、框架性和强制性等特征，在监管过程中使人工智能在法律框架内得以健康发展；借助软法的硬化及硬法化来增强法律的明确性和可操作性，强化法律的约束力和执行力，进而促进国际监管规则的统一和协调。

① 参见张辉：《人类命运共同体：国际法社会基础理论的当代发展》，载《中国社会科学》2018 年第 5 期。

自动驾驶车辆交通肇事的刑事归责

邓燕虹[*]

摘　要：根据车辆自动化等级划分，自动驾驶可以分为轻度辅助驾驶、人机共驾和完全自动驾驶三类。自动驾驶车辆在交通肇事中面临犯罪主体分散化、因果关系复杂化等问题。应否定将自动驾驶车辆（系统）作为犯罪主体的人工智能地位，构建以客观归责理论为基础，明确自动驾驶车辆制造者及驾驶员作为刑事责任主体的归责体系。应根据自动驾驶车辆在生产、销售、流通等各个环节中的不同情形，分别认定由制造者或驾驶员承担刑事责任。在适用罪名时，除了通过教义学合理解释现有罪名，还应结合立法论，创设专门针对人工智能安全事故的新罪名“人工智能产品安全事故罪”，以追究制造者在车辆进入流通环节后的刑事责任。

关键词：自动驾驶　交通肇事　客观归责　人工智能产品安全事故罪

人工智能是我国实现技术超越的重要产业。2023 年 4 月 28 日召开的中共中央政治局会议强调，要重视通用人工智能的发展，营造创新生态，同时重视防范风险。“人工智能+”已经成为当前的热门话题。然而，尽管人工智能为人类生活带来了诸多便利，其潜在风险也日益显现，尤其是在自动驾驶领域，面临着新的社会治理挑战。我国首起自动驾驶交通肇事案发生于 2016 年。据统计，截至 2023 年 5 月，仅特斯拉汽车在自动驾驶模式下发生的致死事故已在全球范围内累计 30 起，导致 33 人死亡。① 可以预见，随着我国人工智能技术的不断进步，自动驾驶车辆将越来越多地出现在公共道路上，因此，如何在自动驾驶车辆交通肇事导致法益侵害的场合中进行刑事归责，具有现实重要性。

---

* 邓燕虹，贵阳人文科技学院法学院讲师，法学硕士。研究方向：刑法学。

① 参见贾济东、岳艾洁：《人工智能事故过失犯认定的中国方案：规范型塑与理论因应》，载《河北法学》2023 年第 10 期。

一、自动驾驶车辆分类标准

“构建合理的自动驾驶汽车法律责任规制体系的前提是结合技术特征对其进行合理分级。”① 目前汽车自动化分级标准分为国际标准和国内标准。

（一）国际标准

国际上广泛采用的车辆自动化分级标准由美国高速公路安全管理局（National Highway Traffic Safety Administration，NHTSA）和国际自动工程协会（SAE International）发布，将自动驾驶分为 L0 至 L5 6 个等级。其中，L0 级（无自动化）是最低级的，即车辆基本不具备自动驾驶功能。L1 级（驾驶辅助）仅提供警示或短暂的辅助操作。L2 级（部分自动化）在 L1 级的基础上增加了一些辅助功能，但这些功能要求驾驶员在可控情况下使用，车辆的主要驾驶任务仍由驾驶员完成，车辆仅提供辅助。L3 级（有条件自动化）允许驾驶员在某些情况下作为乘客坐在驾驶席上，但当车辆遇到特殊情况并要求人工接管时，驾驶员需要立即接管驾驶。L4 级（高度自动驾驶）即车辆可以在特定条件下完全承担驾驶任务，但可能在某些复杂情况下需要驾驶员的介入。L5 级（完全自动化）则是自动驾驶的终极形态，车辆可以在所有情况下自动驾驶，无须驾驶员的任何操作。

（二）国内标准

我国的车辆自动化标准由工业和信息化部于 2020 年 3 月 9 日报批并于 2021 年 1 月 1 日起正式实施，名为《汽车驾驶自动化分级》，这是我国认定车辆自动化等级的重要依据。该文件将驾驶自动化分为 6 个等级。0 级（应急辅助）并不属于驾驶自动化，0 级系统可以感知环境，并提供警示信息或短暂介入车辆控制以协助驾驶员避险，车辆仍完全由驾驶员掌控。1 级（部分驾驶辅助）是驾驶员与自动化系统共同执行动态驾驶任务，驾驶员需实时监控系统行为并作出适当的响应。2 级（组合驾驶辅助）与 1 级类似，但自动化系统承担更多的驾驶任务。3 级（有条件自动驾驶）允许系统在设计的运行条件下持续执行驾驶任务，但当系统发出接管请求时，驾驶员必须及时接管车辆。4 级（高度自动驾驶）允许系统在特定条件下执行全部驾驶任务，并具备在紧急情况下采取最小风险策略的能力，即使驾驶员不作出响应，系统也能自动将车辆引导至安全状态。5 级（完全自动驾驶）是完全的自动化状态，驾驶员无须干预任何驾驶操作。

从以上标准可以看出，SAE 的自动驾驶分级与我国的分级标准在本质上并无显著差异。两者均可以归为三类：轻度辅助驾驶、人机共驾和完全自动驾驶。具体而言，

① 参见刘艳红：《自动驾驶的风险类型与法律规制》，载《国家检察官学院学报》2024 年第 1 期。

轻度辅助驾驶对应SAE的L0和L1，以及我国的0级和1级。在此级别中，车辆系统仅提供基础辅助功能，驾驶员仍是主要的驾驶者。人机共驾对应SAE的L2和L3，以及我国的2级和3级。在这一类别下，驾驶任务由驾驶员与车辆系统共同承担，自动驾驶技术的参与程度随自动化等级的提升而增加，但驾驶员仍需在某些情况下接管驾驶。完全自动驾驶对应SAE的L4和L5，以及我国的4级和5级。在这一类别下，车辆能够完全自主完成所有驾驶任务，驾驶员无须执行任何操作，甚至在某些情况下可以完全脱离驾驶过程。L5级自动驾驶代表了自动驾驶技术的最终形态，是完全的自动化。

二、自动驾驶车辆交通肇事归责困境

当前，学界提出了许多关于自动驾驶车辆交通肇事引发的归责难题，包括但不限于算法不透明性导致因果关系难以厘清、涉人工智能的犯罪引发对刑罚体系的冲击、现有罪名无法适用及犯罪主体扩展到非生命体是否合理等问题。归责的根本困境在于犯罪主体的分散化及因果关系的复杂化，其他难题大多是由这两个问题衍生出来的。

（一）犯罪主体的分散化

传统交通肇事案件中的犯罪主体通常是驾驶员，而自动驾驶车辆交通肇事的归责问题则需根据自动化级别的不同加以讨论。争论主要集中在人机共驾和完全自动驾驶的情形中。

例如，当驾驶员将驾驶任务交给自动驾驶系统，而事故发生时驾驶员未进行驾驶操作，自动驾驶车辆系统未能准确识别前方车辆，因此未能作出避让或刹车等决策与行动，成为导致该事故的主要原因。此时，是否将自动驾驶车辆系统作为犯罪主体承担责任？在人机共驾模式中，仍可能存在“人”的过失，例如，驾驶员应接管却未及时接管车辆，或制造者本应采取措施避免事故发生但最终未能有效避免。在这类情形下，责任方相对明确。然而，在完全自动驾驶情形下，驾驶员已经成为乘客，不再承担驾驶任务，如果制造者无主观过错，则事故发生时应由谁承担责任？

对于这一问题，学界已有部分观点主张应赋予人工智能刑事责任主体的地位。有人认为，自动驾驶汽车凭借其强大的数据处理能力、极快的反应速度和精准的操控能力，能够满足刑法对行为主体辨识与控制能力的要求，因此可以作为交通肇事罪的责任承担者。[①] 另有学者指出，现有的罪责理论并不排斥人工智能承担责任，未来甚至有可能发展出更为合理的客观标准来评估其罪责能力。在此基础上，至少将人工智能作为一种拟制法律主体纳入刑法体系是可行的，甚至可以在道德层面考虑其作为行为主

---

① 参见卢有学、窦泽正：《论刑法如何对自动驾驶进行规制——以交通肇事罪为视角》，载《学术交流》2018年第4期。

体的合理性。[①]这些观点突破了传统思维，将犯罪主体的范围扩展至人工智能系统，如自动驾驶车辆系统，这也带来了犯罪主体分散化的讨论。

将人工智能视为犯罪主体进行惩戒，能够简化责任追究过程、快速锁定责任对象，在操作上较为便捷。然而，此类主张能否获得伦理和法理上的支持？若排除人工智能作为犯罪主体，则在上述情形下又应如何准确辨别责任方？是否会因此陷入无人承担责任的困境？

（二）因果关系的复杂化

承担刑事责任的前提之一，是行为与结果之间存在明确的因果关系。传统的交通肇事通常由驾驶员的不当操作引发，在判断因果关系时较为简单，责任界定也相对明确。然而，自动驾驶车辆的肇事情况则更为复杂，通常涉及自动驾驶系统、车辆制造者和驾驶员三方，因此引发了一系列关于因果关系认定的问题。

首先，生产和销售自动驾驶车辆的一方是否存在明知或应知车辆存在识别障碍却未采取措施的故意或过失？既然系统未能准确识别前方障碍是导致事故的主要原因，那么驾驶员是否也需要对事故承担责任？如果车辆未能准确识别前方障碍属于系统的过失，且驾驶员未能及时接管车辆也构成过失，则二者的共同过失可能会引发自动驾驶交通肇事中的过失竞合问题。然而，在我国法律不承认共同过失犯罪的情况下，应如何在刑事归责中认定因果关系？

其次，自动驾驶车辆（系统）中存在所谓的“黑箱”问题。出于商业保护或其他原因，自动驾驶车辆的算法通常不公开，缺乏可解析性，并且容易被更改。这导致实行行为与危害结果之间的关系难以证立，从而造成因果关系回溯的困境。具体来说，在算法“黑箱”的情况下，如何确定事故是由生产者的故意或过失导致的程序代码缺陷，还是由于当时的技术水平无法发现的缺陷而引发的？易言之，如何判断制造者是否具备预见事故的可能性，以及是否具备避免事故发生的能力？

三、归责体系构建首要前提之自动驾驶系统法律人格否定

人工智能是一个广泛的概念，自动驾驶车辆（系统）则是其具体应用之一。因此，在探讨人工智能是否具备法律主体资格时，自动驾驶车辆（系统）能否作为犯罪主体承担责任的问题也随之浮出水面。根据人工智能的发展现状及未来可预测趋势，从刑法的客观理性角度出发，人工智能不应具备刑事主体地位。

首先，从刑法发展的历史脉络来看，西方历史上出现过“动物审判”的奇特现象，即将动物视为“犯罪者”进行审判。尽管“‘动物审判’有着悠久的历史，非人类动物在教会和世俗法庭都曾受到审判，面临与人类相似的惩罚”，但这并不意味

① 参见江溯：《人工智能作为刑事责任主体：基于刑法哲学的证立》，载《法制与社会发展》2021年第3期。

着非生物体也能成为法律主体。[①] 随着社会的发展和法律体系的完善，人们逐渐认识到，只有“人”才能充当犯罪主体。即使法律通过拟制使“单位”成为犯罪主体之一，但最终承担刑事责任的仍然是“人”。换句话说，只有“人”才能作为刑事责任的主体。

其次，从有责性即非难可能性的角度来看，由于不具备自由意志，人工智能不因其行为而产生法律上的归责可能。在自由意志的决定下实施犯罪行为的主体才能成为承担刑事责任的主体。一方面，人工智能具备自主性，但自主性并不等同于自由意志，也不等同于刑法意义上的辨认与控制能力。人工智能在运行中的所有决策和执行均依附于人类编写的程序代码，通常只有程序代码才能决定人工智能“怎么想”和“怎么做”（在一些情形下还需考虑环境、人工智能硬件设施等外在因素造成的影响），而无法产生“我自己怎么想”以及“我想要怎么做”的自主意识。另一方面，人工智能受制于程序代码的限制，无法辨认其行为是否违法，是否对人类有害，是否侵犯法益。易言之，人工智能的所有行为在程序代码的世界中是“中立的”，不掺杂任何可被非难的感情因素，不具有任何“人格性”。综上，人工智能不具备刑法意义上的辨认及控制能力，其理解能力也在一定程度上受限于程序代码，不具备自由意志以及人之理性，不具有非难可能性，不应当负刑事责任。

最后，从刑罚承担的角度来看，让人工智能承受刑罚的所有提议都无法达到刑罚承担的目的。有学者在赋予人工智能刑罚主体地位的同时，提出增设新型刑罚方法，包括删除数据、修改程序、永久销毁等。[②] 刑罚的目的是特殊预防，并伴随着一般预防的效果。一方面，特殊预防是预防犯罪人再次犯罪，通过刑罚对犯罪人造成的痛苦阻却其再犯意图。人工智能既不具备肉体和精神，也不具备传达痛苦信息的神经，因此，无论是删除数据还是彻底销毁，都无法向人工智能施加痛苦情感。相同场景再次出现时，未更改程序指令的人工智能依旧会做出相同的举动，毫无特殊预防效果。另一方面，一般预防也不可能发挥作用。前文论述了人工智能并不具备自由意志，不具有辨认、控制能力，因此，在一个人工智能遭受刑罚时，其他人工智能并不会从中感到震慑。综上，赋予人工智能主体地位并对其施以刑罚毫无意义。

法学研究需要具备前瞻性，但前瞻性的实现不应忽视现实情况，变成天马行空的想象。2021 年公安部公布的《道路交通安全法（修订建议稿）》第 155 条第 2 款指出：“发生道路交通安全违法行为或者交通事故的，应当依法确定驾驶人、自动驾驶系统开发单位的责任，并依照有关法律、法规确定损害赔偿责任。构成犯罪的，依法追究刑

---

① See Melanie Flynn., Matthew Hall., “The Case for A Victimology of Nonhuman Animal harms”, *Contemporary Justice Review*, Vol. 20, No. 3, 2017, pp. 299-318.

② 参见刘宪权、胡荷佳：《论人工智能时代智能机器人的刑事责任能力》，载《中国检察官》2018 年第 11 期。

事责任。”该条款虽未获通过，但将刑事责任承担主体限定在传统的自然人与单位中，可在一定程度上表明现行主流观点。

不应赋予人工智能刑法主体地位，则自动驾驶车辆（系统）这一在交通领域延伸运用的人工智能成果也不应具备刑法主体地位。在自动驾驶车辆交通肇事场景中，除车辆本身外，归责的讨论还聚焦于制造者以及驾驶员之间。

四、以制造者及驾驶员为主体的刑事归责体系构建

无论采用何种过失犯理论，自动驾驶车辆交通肇事中的“过失”都难以准确认定，尤其是当车辆进入流通领域后，自动驾驶车辆制造者的过失应如何辨明便是一大理论难题。因此，以客观归责理论为基础，以教义学与立法论的联动为手段，构建以自动驾驶车辆制造者和驾驶员为主体的自动驾驶车辆交通肇事刑事归责体系，不失为一个可行的方案。

（一）客观归责理论的应对

尽管在传统过失理论、现代过失理论以及后现代过失理论中，对结果可预见性的重要性和具体内容的认识有所差异，但这些理论普遍认为结果可预见性是构成过失犯罪不可或缺的基本要素。① 自动驾驶车辆（系统）能够基于预先编写的程序代码和深度学习自动完成任务，此过程由于具备一定的自主性而难以被生产者等相关主体完整且全面地预见。否认结果预见的可能性，就难以对制造者追责。

客观归责理论在德国发展并壮大，成为德国刑法理论的通说，其内容为，如果某一行为与特定结果存在因果联系，并且该行为产生了法律禁止的风险（即创造了风险），同时这种风险在实际发生的损害结果中得到了具体体现（即风险的实现），那么可以将该结果客观地归因于该行为。② 其归责评判思路是：首先，须确立行为与伤亡结果间的因果联系。本研究从存在论视角判定所述行为是否构成杀人或伤害行为。在此基础上，结合法律规范进行评估，以确定可否将伤亡结果归责于该行为。③ 可以看出，客观归责理论从法律规范而非纯粹事实角度作解释，避开了预见可能性的判断阻碍，可以有效摆脱自动驾驶车辆交通肇事的归责困境。

首先，风险的创设。在处理自动驾驶汽车责任归属问题时，采用客观归责理论，关键是确立在自动驾驶模式下谁是车辆的实际操作者，这是风险评估中的一个重要判定。只有明确了控制权的归属，我们才能进一步评价该控制主体是否履行了必要的注

---

① 参见贾济东、岳艾洁：《人工智能事故过失犯认定的中国方案：规范型塑与理论因应》，载《河北法学》2023 年第 10 期。

② 参见陈家林：《外国刑法理论的思潮与流变》，中国人民公安大学出版社 2017 年版，第 178 页。

③ 参见陈家林：《外国刑法理论的思潮与流变》，中国人民公安大学出版社 2017 年版，第 176 页。

意义务。[①] 从逻辑推断的角度而言，在风险已经实现的情形下，准确认定其创设者并确定该创设者是否履行了注意义务，等同于认定在一场自动驾驶车辆交通肇事中应被归责的刑事责任主体。

其次，风险的实现。交通事故的发生，即风险的实现，证明了注意义务被违背并且创设了法所不允许的风险，因此，对损害结果和自动驾驶车辆交通肇事所涉各行为主体的行为进行规范判断，从其创设风险的高低、避免风险实现的可能性、替代性义务行为的采取等角度对各主体进行检视，从而辨明应由哪一方对事故承担责任。[②]

（二）自动驾驶车辆交通肇事刑事责任分配与罪名适用

自动驾驶车辆的自动化类别不同，以及所处的生产销售流通环节不同，均会对刑事归责造成影响，以下逐一说明。其一，生产销售环节。在生产销售环节中，无论自动驾驶车辆是哪一种自动化类型，由于此时驾驶员尚未介入，自动驾驶车辆处于制造者的完全掌控之下，因此，若自动驾驶车辆交通肇事是由于车辆不符合有关产品标准，且制造者本可以避免交通肇事的发生而未采取任何避免措施，则均由制造者承担刑事责任，适用生产、销售不符合安全标准的产品罪。其二，流通环节。在流通环节，与普通商品一旦投入使用便完全由消费者掌控不同，弱人工智能产品虽缺乏独立意志和自主意识，但通过预设程序及持续的程序更新和系统升级，生产者仍能在使用过程中对其决策和行动进行控制，从而部分削弱用户的支配力。[③] 简而言之，自动驾驶车辆进入流通后并不意味着车辆制造者的义务与责任的终结，制造者的责任应延伸至自动驾驶车辆的流通环节。本部分的讨论以自动驾驶车辆制造者不持主观故意为前提。

（1）若是自动化类型为轻度辅助驾驶的自动驾驶车辆，则因车辆（系统）仅仅提供基础的辅助作用，自动驾驶车辆本身仍由驾驶员全面主导，故此时的刑事归责判断与传统车辆并无二致，即由驾驶员承担刑事责任，适用交通肇事罪。

（2）若是自动化类型为人机共驾的自动驾驶车辆，则驾驶员的注意义务在一定程度上减少，但并不消失。因此，应视不同情况区别看待刑事责任的归属。第一种情形，自动驾驶车辆（系统）未出现故障，事故由驾驶员的行为所导致，则由创设风险的驾驶员承担刑事责任，适用交通肇事罪。第二种情形，自动驾驶车辆（系统）出现故障，驾驶员及时接管，且尽了最大努力仍未能避免交通事故的发生，则驾驶员不承担刑事责任，由制造者承担。理由在于此情景下的风险创设者是制造者，除非能够有效证明

① 参见袁佩君：《自动驾驶汽车交通肇事的归责困境及刑法应对》，载《华南理工大学学报（社会科学版）》2023 年第 2 期。

② 参见袁佩君：《自动驾驶汽车交通肇事的归责困境及刑法应对》，载《华南理工大学学报（社会科学版）》2023 年第 2 期。

③ 参见贾济东、岳艾洁：《人工智能事故过失犯认定的中国方案：规范型塑与理论因应》，载《河北法学》2023 年第 10 期。

以当时的科学技术水平该故障无法被识别并修正。但是，除非自动驾驶车辆事故的被害人当场死亡，否则驾驶员在确保自身安全的情况下应对被害人实施必要的救助行为，否则可能构成不作为犯罪，如遗弃罪或不作为的故意伤害罪等。①

在此情形中，自动驾驶车辆的制造者应适用的罪名是值得讨论的一大难点。笔者认为适用交通肇事罪并不妥当，理由在于交通肇事罪要求行为人在道路驾驶时发生严重事故，而车辆制造者并未实际驾驶车辆。适用重大责任事故罪也不妥当，理由是该罪的适用场域是“在生产、作业中”，而此时的自动驾驶车辆已进入流通环节。适用生产伪劣产品罪仍是不妥，理由在于：一是该罪侵害的对象是市场经济秩序，将制造者纳入该罪不能恰当保护此情形下受侵害的法益；二是该罪是故意犯罪，本情景中，车辆制造者主观为过失，主观罪过评价错位。但是，无论是常见的交通肇事罪，还是其他事故型犯罪、产品犯罪的罪名，都无法适用，这样一来，对自动驾驶车辆制造者的刑事规制陷入了无适当罪名可用的困境。若存在明显且重大的威胁法益的危险，则刑法通过适度扩大其管辖范围以便及时介入并应对这些危险，正是其作为人类法益保护最后屏障的应有之义。② 既然教义学无法解决现有困境，那么用立法论实现此场景下的刑法规制或许是最优解。针对自动驾驶车辆制造者在此种情形下的特点，应新增罪名予以规制。

针对新罪名的创设，可采用的方案是设置人工智能产品安全事故罪。该罪保护的法益为包含人身安全在内的公共法益，规制的主体是人工智能制造者，规制的行为是人工智能制造者的业务过失行为，同时对结果的要求是造成重大人身伤亡或其他严重后果。需说明的是，如果单独制定自动驾驶产品安全事故罪，一是罪名的适用范围将受限，其他由人工智能下属类别产品造成的相似法益侵犯情形将无法被纳入；二是为不同人工智能应用领域分别设置不同罪名将过于繁杂，不符合规范的简洁性要求。因此，以人工智能产品安全事故罪囊括涉人工智能产品制造者的重大事故罪责更为恰当。

综上，在自动驾驶车辆（系统）出现故障，驾驶员及时接管，且尽了最大努力仍未能避免交通事故发生的情况下，应由制造者承担刑事责任，罪名为人工智能产品安全事故罪。

第三种情形，自动驾驶车辆（系统）出现故障，一般社会大众在此情形下能够有效接管车辆并避免事故发生，而驾驶员未能及时接管，未尽最大努力避免交通事故的发生，即共同过失的情形，则由驾驶员承担刑事责任。理由在于我国并不认可共同过失犯罪，不能要求自动驾驶车辆制造者与驾驶员共同承担由双方各自的过失共同造成危害结果的责任，因而难以同时追责。若均不追责，则无异于放任犯罪，对道路交通安全极为不利，公共安全法益将处在极大的不确定性之中。有学者提出“打折”分配

① 参见戚永福、曹瑞璇：《自动驾驶汽车肇事刑事归责困境及其纾解》，载《犯罪研究》2022年第5期。

② 参见刘仁文等：《人工智能体的刑事风险及其归责》，载《江西社会科学》2021年第8期。

原则，由自动驾驶车辆交通肇事各方按比例承担刑事责任。① 但是，刑事责任与民事责任有着本质区别。在追究自动驾驶车辆交通肇事的民事责任时，可根据传统的定责方式确定各方应承担的责任比例，但是刑事责任不具有此种“分享”机制。刑事罪责的评定分为定罪与量刑两部分。在定罪中，要么有罪，要么无罪，不存在“有罪，但又不是完全有罪”的情形。至于责任的大小，应当在量刑环节予以评价。因此，需要确定最终承担刑事责任的“一个人”。每个人都是自身生命安全的第一责任人。人机共驾模式并不能完全解放驾驶员，驾驶员在车辆运行过程中仍负有注意义务，当自动驾驶车辆（系统）发出请求或出现其他异常情形时，驾驶员应及时接管车辆并确保车辆的安全。驾驶员注意义务的违背极大地提升了风险，因而在此情形下驾驶员应承担刑事责任，适用交通肇事罪。

第四种情形，若自动驾驶车辆（系统）出现故障，若在当时的情景中一般社会大众无法迅速反应并实施应对行为，则不该过多苛责驾驶员，此时的罪责应归于制造者。理由在于此情景下已实现的风险的创设者是自动驾驶车辆的制造者，适用罪名为有待新增的人工智能产品安全事故罪。

（3）若是自动化类型为完全自动驾驶的自动驾驶车辆，由于此时驾驶员已成为事实上的乘客，因此对于车辆的运行不担负任何义务，则可依据信赖原则免责。若发生交通事故，则由自动驾驶车辆的制造者承担刑事责任。具体适用罪名，同样为待新增的人工智能产品安全事故罪。

自动驾驶车辆交通肇事刑事责任分配及积极罪名适用的讨论还有两个问题值得关注：第一，现阶段自动驾驶车辆通常由品牌自主研发设计并生产销售，少见外包行为(包括技术外包、制造外包、销售外包)。也就是说，自动驾驶车辆的研发者、生产者和销售者通常一致，因此在归责时将三者视作一个整体，统称制造者。若日后自动驾驶车辆产业发展出较为完整的行业产业链，实现研发者、生产者、销售者的互相分离，则应进一步探究三者之间的刑事责任划分。第二，“不计任何代价来避免损害，这不是刑法的任务，因为那样会使得社会生活僵化而无法发展。”② 社会生活本身就存在着风险，应当客观看待“容许的风险”的存在。若是自动驾驶车辆在上述可归责于制造者的情形中，可证明自动驾驶车辆事故是当时的科学技术水平所无法探测到的故障所导致的，危害结果难以避免，则应以意外事件处置。通过这一刑事责任分配，能够有效地平衡制造者与驾驶员之间的责任，避免过多苛责制造者而造成阻碍产业发展的恶果，也可避免过多苛责驾驶员所带来的不公。

自动驾驶车辆在很大程度上颠覆了传统车辆的运行逻辑，进而对刑事归责造成冲击，对其进行自动化分类，并在此基础上探讨刑事责任的承担极具现实意义，有助于

① 参见刘宪权：《涉智能网联汽车犯罪的刑法理论与适用》，载《东方法学》2022 年第 1 期。
② 参见陈家林：《外国刑法理论的思潮与流变》，中国人民公安大学出版社 2017 年版，第 176 页。

为自动驾驶车辆时代的全面来临未雨绸缪。亟待解决的问题还有很多，例如，如何调试传统理论以适应不断更新变化的现实需求，如何设置新增罪名以更好地实现刑法规制，如何构建科学有效的监管体系，等等。目前学界对自动驾驶所引发的一系列问题的讨论之声众多，提供了许多可能的方案，但反对之声也夹杂其中，涉及对包括自动驾驶车辆（系统）在内的人工智能所带来的风险的否定、对增设新罪名可能违背刑法谦抑性的担忧等。时代始终在变化，社会也一刻不停地向前发展，在探讨这一系列问题时，切勿固执己见，而是以包容开放又合乎实际的前瞻性视角思考与交流，未来，我国自动驾驶的法律体系完善之路定会在一次次尝试中逐渐明朗。

结　语

随着自动驾驶技术的不断进步与普及，交通肇事的刑事归责问题将变得更加复杂和多样化。未来，法律体系必须紧跟技术发展的步伐，及时调整和完善相关法规，以应对自动驾驶车辆在实际应用中可能引发的新问题。

首先，立法机关需深入研究自动驾驶技术的特性和运行机制，制定更加细化和明确的法律规范，确保在不同自动化等级下责任划分的合理性与公平性。这不仅有助于明确制造者和驾驶员的法律责任，还能有效预防和减少交通事故的发生，保障公共安全。其次，司法实践也需不断积累和总结经验，形成适应自动驾驶时代的案例和司法解释。法院在审理相关案件时，应综合考虑技术背景、事故具体情况以及各方责任，灵活运用现有法律条文，并在必要时引用新的法律概念和原则。最后，建立专门的法律评估机制，对自动驾驶车辆的技术标准和安全性能进行定期审查，也是确保法律适应性和前瞻性的关键措施。

在监管方面，政府部门应加强对自动驾驶车辆的监督管理，建立健全的监管框架和评估体系。通过制定统一的行业标准和安全规范，推动技术创新与安全保障同步发展。同时，还应促进多方协作，鼓励学术界、产业界和法律界的深入交流与合作，共同探讨和解决自动驾驶技术带来的法律挑战。

基于智能合约的区块链电子提单的法律挑战与立法完善

赵　雪*

摘　要：目前，有关提单的规定主要来自我国《海商法》。《区块链海运电子提单数据交互流程》的立项是我国向海运数字化转型的标志。另外，《互联网法院审理规定》对于区块链存证也有规定，但仍须完善。在国际立法中，《鹿特丹规则》的规定相对全面，但尚未生效。基于智能合约的区块链作为新技术，与法律之间的关系值得探讨，法律代码化也逐渐成为现实。随着区块链提单的出现，需要进一步完善国内相关法规，推动国际立法的完善，从而促进区块链电子提单的广泛应用。

关键词：《海商法》　《鹿特丹规则》　区块链存证　电子提单

随着区块链技术的迅猛发展，其在各个领域的应用不断拓展，基于智能合约的电子提单在国际贸易和航运领域的应用也日益广泛。区块链技术的去中心化、不可篡改等特性，为电子提单的安全性、可信度和效率提供了有力保障。然而，由于区块链技术的复杂性和创新性，因此相关立法仍处于不断完善的过程中，这给基于智能合约的电子提单的应用和发展带来了一定的挑战。针对这些挑战，本文提出相应的完善建议和措施，包括完善我国的《海商法》以及推动国际立法的完善等。通过对基于智能合约的电子提单区块链电子提单的立法现状和挑战的深入研究，以及对完善立法的建议和措施的探讨，能够促进区块链电子提单的健康发展和广泛应用，推动国际贸易和航运领域的数字化转型与创新发展。

一、基于智能合约的区块链电子提单的立法现状

关于基于智能合约的区块链电子提单的立法现状，本文将从国内和国外两个方

---

* 赵雪，法律硕士，上海国定律师事务所律师。研究方向：国际数字贸易法、海商法。本文系陕西省教育厅2022年度重点科研计划项目（协同创新中心项目）“通用航空数字贸易平台发展与创新的法律保障机制研究”（编号：22JY064）的阶段性成果。

面展开讨论。国内立法主要包括《海商法》、《区块链海运电子提单数据交互流程》以及《最高人民法院关于互联网法院审理案件若干问题的规定》（简称《互联网法院审理规定》），国外立法主要包括《国际海事委员会电子提单规则》、《电子商务示范法》、《电子可转让记录示范法》以及《鹿特丹规则》等。

（一）基于智能合约的区块链电子提单的国内立法现状

1. 我国《海商法》

我国《海商法》对提单的规定主要涵盖提单的形式与内容、提单的签发与转让、提单的法律地位与效力、提单的背书与质押以及提单争议的解决。根据我国《海商法》的规定，提单应当采用书面形式，并包含特定的内容。另外，我国《海商法》明确规定，提单作为货物所有权的证明文件，在货物运输过程中具有重要的法律地位和效力。我国《海商法》对提单的规定旨在保护提单持有人的权益，明确提单的法律地位和作用，规范提单的形式和内容，并为提单争议的解决提供相应的程序。这些规定对于海上货物运输的安全和顺利进行具有重要作用，保障了当事人的权益，促进了海上商业的发展。①

我国《海商法》在海上商业活动中起着重要的作用，有利于确定权责和规范行为、保护当事人的权益、维护海上交易秩序、促进海上商业发展以及解决争议和保障航运安全。首先，《海商法》规范了海上货物运输和提单的相关事项，确保海上交易的合法、有序进行。它规定了海上货物运输合同的成立和履行要求，明确了提单的形式和效力，防止了不法行为的发生，保障了交易双方的利益。其次，《海商法》为海上商业提供了稳定的法律环境，为商业主体提供了法律保障。它为海上货物运输、保险、仲裁等提供了明确的法律规则，为商业主体的决策和合作提供了依据和信心，促进了海上商业的发展。最后，《海商法》为海商争议的解决提供了相应的程序和途径，例如海事仲裁和海事法庭。它规定了船舶碰撞、搁浅、海上污染等海事事故的责任和救济规则，保障了航运安全和环境保护。

2.《区块链海运电子提单数据交互流程》

（1）ISO/TC154 简要介绍

国际标准化组织 ISO 是一个独立的、非政府的国际组织，拥有众多成员，主要是各国最具代表性的全国标准化机构，组织专家制定与市场相关的国际标准。中央秘书处位于日内瓦。其中，技术委员会涵盖军工、石油、船舶等行业。ISO/TC154 是其中的技术委员会之一。ISO/TC154 的全称是“行政、商业和行业中的过程、数据元和文档国际标准化技术委员会”，是信息技术领域的标准化技术委员会，旨在促进贸易便利

① 侯伟：《〈鹿特丹规则〉与中国〈海商法〉修改——基于司法实践的视角》，载《国际法研究》2018 年第 2 期。

化。通过对数据交换设置标准，从而降低私人和公共领域中的贸易成本。该委员会支持商业管理和数据实现国际标准化，也支持工业数据标准化，各个组织之间可实现内部信息交换。这涉及开发和维护应用特定的元标准，如工艺规范（在没有其他技术委员会制定的情况下）、有内容的数据规范以及表格（纸质/电子）。此外，还包括标准的制定和维护，其中涉及过程识别（在没有其他技术委员会开发的情况下）和数据标识。

（2）海运区块链的标准

关于海运区块链的标准，目前存在一个《区块链海运电子提单数据交互流程》标准，该标准已立项。这是由国际标准化组织（ISO）的行政、商业和行业中的过程、数据元和文档国际标准化技术委员会（TC154）投票通过的，该标准的立项标志着我国在海运数字化转型标准建设方面迈出了重要一步。区块链技术在海运行业中的应用，可以提供安全、透明、高效的数据交互和信息共享，有助于优化海运流程、降低运营成本，并提高整体效率。通过标准化的《区块链海运电子提单数据交互流程》，可以确保各个参与方之间数据的一致性和互操作性，进一步推动海运行业的数字化转型。该标准的通过将为制造业和贸易商提供参考。制造业和贸易商在海运过程中需要处理大量的文件和数据，通过遵循标准化的《区块链海运电子提单数据交互流程》，可以实现数据的高效传输和共享，减少纸质文件的使用，提高操作效率，降低出现错误和纠纷的风险。此外，该标准对于 GSBN（全球海运电子提单网络）的全球推广也具有重要意义。GSBN 致力于推动海运电子提单的全球应用，通过标准化的数据交互流程，可以为 GSBN 电子提单在全球范围内的推广提供统一的参考标准，促进海运行业的数字化进程，进一步推动全球贸易的便利化和效率提升。[①]

（3）扩展标准适用范围

该标准的立项是海运数字化转型标准建设的第一阶段，接下来还有五个阶段的工作。这意味着标准的制定将进一步完善和发展，以提高其泛化能力和适用性。在未来的阶段中，该标准的扩展领域将不仅限于海运，还涉及航空运输、铁路运输等其他运输领域。这将有助于建立一个更加全面和综合的数字化运输体系，促进不同运输模式之间的数据交互和信息共享，提高整体运输效率。此外，该标准也将探索普及集装箱多式联运电子运单。集装箱多式联运是一种将不同运输模式（如海运、铁路、公路等）结合起来，以实现货物的高效运输和无缝转运的方式。通过推广和应用电子运单，可以在多式联运过程中实现数据的快速、准确和安全交换，提高货物的追踪可视性和操作效率。这些扩展和探索将为我国的数字化运输产业带来更大的发展空间和更多的机遇。通过制定和推广标准，可以促进不同运输领域间的协同发展，推动数字化技术在运输行业的广泛应用，进一步提升我国在全球物流和供应链领域的竞争力。

① 徐凯：《区块链海运电子提单应“跨界”》，载《中国航务周刊》2022 年第 14 期。

3. 区块链存证的法律规定之《互联网法院审理规定》

从字面理解，“存证”即保存证据，与取证相对应。关于区块链存证的规定，可在《互联网法院审理规定》的第 11 条中找到。[①] 这为当事人在互联网法院审理中使用区块链技术提供了明确的法律依据。当事人可以应用电子签名、可信时间戳、哈希值校验、区块链等技术进行存证。这些技术手段能够确保提交的电子证据不会被篡改或修改。他们可以选择将电子证据存储在区块链上，因为区块链技术具有分布式账本的特点，使证据具有不可篡改性和可追溯性。并且，当事人可以寻求专家的技术意见，以验证电子证据的真实性和完整性。通过这些技术渠道，能够确保证据的真实性，使诉讼中提供的证据更具有效性，同时也为互联网法院的审理提供了更可靠的电子证据。

值得注意的是，本条主要是对电子证据进行规定，而区块链作为一种新兴技术被视为对电子证据的补充。然而，要满足法律的要求，区块链存证还需进一步满足一些条件。具体而言，构成要件包括技术不受篡改以及经过法律证实。首先，技术方面需要保证区块链的安全性和稳定性，确保数据的可靠性。其次，法律方面需要明确承认区块链存证的法律效力，并为其存储的电子证据提供合法性认定的依据。只有在技术和法律两方面同时具备的情况下，区块链存证才能被视为有效的电子证据。[②]

（二）基于智能合约的区块链电子提单的国外立法现状

1.《国际海事委员会电子提单规则》

《国际海事委员会电子提单规则》（*Committee Maritime International Rules for Electronic Bills of Lading*）是一份为推动电子提单应用而制定的国际标准。该规则的主要目标是规范和促进电子提单在国际海上贸易中的使用。该规则的主要内容包括电子提单的定义、发行和转让、可信度和合法性认可、转换成电子数据交换（EDI）和其他电子格式以及与之有关的争议解决等方面。该规则强调了电子提单的可信度和可靠性。为确保电子提单的合法性和真实性，规则要求电子提单必须使用有效的身份验证和数据加密技术，以防止被篡改和伪造。此外，规则还规定了电子提单的转让程序和要求，确保交易各方的权益得到保护。然而，该规则也存在一些潜在的缺点。首先，由于电子提单的规范性和可信度仍在发展中，因此一些国家和司法体系可能尚未完全接受和认可电子提单的法律地位。其次，电子提单的推广和应用需要相应的技术基础设施和标准化，这可能需要时间和资源的投入。最后，电子提单的互操作性和跨境使用可能面临

---

① 最高人民法院：《最高人民法院出台互联网法院审理案件规定》，载《中国信息安全》2018 年第 9 期。

② 胡仕浩、何帆、李承运：《〈关于互联网法院审理案件若干问题的规定〉的理解与适用》，载《人民司法（应用）》2018 年第 28 期。

一些挑战，需要解决国际上的法律和技术差异。①

2.《电子商务示范法》

《电子商务示范法》（*UNCITRAL Model Law on Electronic Commerce*）由联合国国际贸易法委员会（UNCITRAL）制定，是电子数据交换（EDI）技术与电子商务的第一部国际性法律规范，规定了电子商务交易的法律框架和规则，旨在促进和保护电子商务的发展。示范法的主要内容包括电子合同的有效性、电子通信的法律效力、电子签名的法律认可、电子商务责任和争议解决等。② 首先，该示范法确认了电子合同的有效性，即以电子方式达成的合同与传统书面合同具有相同的法律效力。其次，该示范法规定了电子通信的法律效力，即电子通信在法律程序中可以作为证据使用。③ 最后，该示范法确认了电子签名的法律认可，为电子商务提供了法律保障。该示范法为电子商务提供了法律框架和可靠性，促进了国际贸易的便捷性和效率，使电子合同和电子通信在国际贸易中得到了广泛的接受和应用，为跨国交易提供了便利。然而，该示范法也存在一些潜在的缺点：示范法的实施需要各国根据其国内法律进行修改和采纳，这可能导致不一致性和差异性；在某些方面可能需要进一步完善，如对于特定类型的电子商务交易的规定，以及对于个人隐私和数据保护的考虑等。

3.《电子可转让记录示范法》

《电子可转让记录示范法》旨在为电子可转让记录的国内和跨境使用提供法律支持。这些可转让记录与传统纸质单证或票据具有相同的功能，可以要求履行其中指明的义务，并以转让的方式转移这种权利。该示范法的主要内容包括电子可转让记录的定义、电子可转让记录的有效性和法律效力、转让和取得电子可转让记录的要求、权益和义务的转移、电子可转让记录的保全和争议解决等方面。对于电子可转让记录，该示范法的优点在于为其提供了法律保障和可靠性。它确认了电子可转让记录与传统纸质单证或票据具有相同的法律效力，使其在国内和跨境贸易中得到广泛的认可和应用。同时，该示范法也为电子可转让记录的转让和取得提供了明确的规定，保护了交易各方的权益。然而，电子可转让记录的使用仍然面临一些技术和操作上的挑战，例如数字签名和身份验证等方面的问题。

4.《鹿特丹规则》

《鹿特丹规则》（*Rotterdam Rules*）是一项国际海上货物运输规则，旨在综合和统一现有的海上货物运输法律制度。其引入了电子运输单据的概念④，但是并未出现“提

① 王彦斌：《国际海事委员会电子提单规则》，载《中国海商法年刊》1990年第00期。

② 朱作贤、王晓凌、李东：《对提单“提货凭证”功能重大变革反思——评〈UNCITRAL运输法草案〉的相关规定》，载《中国海商法年刊》2005年第00期。

③ 高富平：《从电子商务法到网络商务法——关于我国电子商务立法定位的思考》，载《法学》2014年第10期。

④ 侯伟：《〈鹿特丹规则〉与中国〈海商法〉修改——基于司法实践的视角》，载《国际法研究》2018年第2期。

单”，即便提单的含义被包含在运输单据内。[①] 具体包含可流通运输单证、不可流通运输单证及电子运输记录[②]，从而促进了电子商务在海上货物运输中的应用。该规则不仅允许批量合同的使用，以简化合同操作程序，还规定了货物的控制权和转移风险的规则，明确了各方的责任和义务。[③] 在船、货两方的权利义务之间寻求新的平衡点，确保公平、合理的交易条件，适用于包括海运在内的多式联运，涵盖了整个货物运输链路。《鹿特丹规则》引入电子运输单据等新内容，推动了电子商务在海运领域的发展，提高了效率和便利性。[④] 但是，有学者认为《鹿特丹规则》在权益平衡方面偏向船方，可能导致货主权益受损。并且电子运输单据等新内容的应用仍面临技术和操作上的挑战，需要适应和解决相关问题。目前，《鹿特丹规则》因没有达到法定的生效条件（20 项行动）而整体尚未生效，仅有喀麦隆、刚果、西班牙、多哥和贝宁共 5 个国家批准和加入。

尽管基于智能合约的区块链电子提单的流通法律规范还在不断发展和完善中，但一些国家和国际组织已经开始制定和修改相关法律框架，以适应这一新形式的电子提单。随着技术的进一步发展和合作的深入，可以预见到更多的法律规范将涉及和适应电子提单在区块链技术下的流通，并为其提供更加清晰和可执行的法律保护。

二、基于智能合约的区块链电子提单的立法困境

目前，基于智能合约的区块链电子提单面临着立法困境。主要包括立法技术与法律之间存在冲突，法律与科技的关系需要时间去匹配；数据跨境流动涉及众多方面，对其监管的相关立法也存在困境；基于智能合约的区块链电子提单的电子签名效力存在问题，需要进一步完善。

（一）区块链技术与法律的困境

代码是技术的体现，且其本身具备一定的规范作用。数字版权管理系统具有代表性，其自身能够加强对版权的保护，例如，用户使用该系统时无法进行复制、修改和合成，从而在一定程度上起到保护作用。然而，由于系统无法区分用户类型以及行为用途，并且用户可以绕开系统对文本进行复制、修改和合成，因此技术对权利的保护存在局限性。一方面，代码能够规避法律，BitTorrent 软件就是一个例子，这是由于分散式协议不同于中心化控制。另一方面，法律也会对代码进行规范。网络空间不是法

---

① 张敏、王亚男：《〈鹿特丹规则〉对提单制度的影响》，载《武汉理工大学学报（社会科学版）》2010 年第 4 期。

② 姚莹：《〈鹿特丹规则〉对承运人“凭单放货”义务重大变革之反思——交易便利与交易安全的对弈》，载《当代法学》2009 年第 6 期。

③ 李小年：《〈鹿特丹规则〉对不可流通运输单证的法律协调》，载《中国海商法年刊》2010 年第 1 期。

④ 邵晓红：《〈鹿特丹规则〉下电子提单流通的法律问题浅析》，载《法制与社会》2015 年第 7 期。

外之地，网络开发商以及运营商作为经营主体，必定会受到法律的规范。国家通过制定相应的法律，对网络空间中的行为进行监管。

法律是一种事后救济，并不能在事前进行干预；而技术则可以进行事前预防。目前，随着区块链技术以及智能合约的出现，法律逐渐代码化。最早是比特币的出现，也即一种独立于政府和央行的分散支付系统。区块链则是一个分散的数据库，其只有达到50%以上的网络节点才能更新，数据具有极高的保密性。以太坊为代表的区块链平台具有创新性，即小代码平能够直接实现存储。智能合约则是人与机器之间的合同关系，其区别于传统法律中的合同，通过代码实现。智能合约通过事前预防，具有更高的效率，其也具有分散式的特点，因此法律诉讼的风险也很小。智能合约的概念很早之前就已经存在，例如自动售货机，只是与区块链并无任何关系。①

法律代码化随着智能合约的出现逐渐现实化。有学者甚至提出未来无须制定法律，而是技术通过代码实现自治。数字版权管理系统相较于传统的版权保护更加严格，这也体现出技术自治的趋势。技术自治具有明确性，不同于具有模糊性的法律。这是由于技术如果能够自治则需要十分明确的适用方法和条件，并对类别进行明确，而法律则需具有模糊性，从而能够在无数种情形中适用。技术完全自治目前还不能实现，但是技术与法律相互融合则是目前的发展趋势。法律正在不断地与硬件和软件融合，也即法律规则转化为技术规则的趋势越来越明显。但是也需要注意，智能合约作为法律与技术融合的衍生品需要在具有法律规范的现实世界中实现。这是由于网络空间中的交易需要在现实的物理世界中由实际的人或组织对接才能实现，因此，制定与智能合约相匹配的现实法律也十分迫切。②

（二）基于智能合约的区块链电子提单的数据跨境流动监管立法困境

在区块链技术下，电子提单的数据跨境流动监管立法面临的困境之一是我国立法对于数据权属的规定尚不明确。区块链上的数据可以分为实体数据、事务数据和合约数据，涉及这些数据的归属和权利问题，需要有明确法律规定来保障权益。首先，对公有链而言，由于其采用分布式记账的方式，因此数据的存储和管理由全网节点共同完成，不存在数据收集、清洗以及加工的过程。在公有链中，数据归属于各个参与节点，且这些节点都拥有相同的权利和地位。此外，区块链底层技术往往采用奖励机制来激励节点参与记账，因此节点之间并不支付数据的对价。而对于联盟链和私有链，数据的权属问题可以由各个成员共同约定。③ 每个节点对于其他节点的区块数据不享有

① 赵蕾、曹建峰：《从“代码即法律”到“法律即代码”——以区块链作为一种互联网监管技术为切入点》，载《科技与法律》2018年第5期。

② 赵蕾、曹建峰：《从“代码即法律”到“法律即代码”——以区块链作为一种互联网监管技术为切入点》，载《科技与法律》2018年第5期。

③ 纪海龙：《数据的私法定位与保护》，载《法学研究》2018年第6期。

任何权利，参与节点之间可以通过合约或协议明确规定数据的归属。然而，我国立法在区块链数据权属方面目前尚不明确，这给电子提单的数据跨境流动监管带来了困扰。

（三）基于智能合约的区块链电子提单的电子签名效力困境

基于智能合约的区块链电子提单立法面临的一个困境是我国立法对于电子签名的规定存在缺陷。尽管《中华人民共和国电子签名法》（简称《电子签名法》）于2005年4月1日开始实施，并于2015年、2019年进行了修正，但该法仍需进一步完善。目前，我国的《电子签名法》并未对一般电子签名的有效性作出明确规定，其仅在第14条中对电子签名的效力进行了初步规定，即可靠的电子签名与手写签名和盖章具有同等法律效力，但并未对一般电子签名的效力进行规定。一般电子签名在法律中没有明确的规定，这是目前存在的一个问题。根据《电子签名法》的规定，可靠的电子签名需要同时满足几项条件，包括实名认证、真实意愿、签名未改以及原文未改等。可靠的电子签名通常采用数字证书进行支持，但这使得一般电子签名难以满足可靠的数字签名的构成要件。因此，可靠电子签名的应用存在一定的局限性。在电子商务实践中，一般电子签名通常由普通消费者在网站页面上使用，而可靠电子签名通常由企业级别的用户使用，如“京东商城”“淘宝网”等。在司法实践中，对于与用户的银行储蓄密码有关的案件，裁判文书大多引用《电子签名法》第14条的规定。然而，银行储蓄密码并不属于可靠的电子签名，因此存在法律适用上的缺陷。[①]

三、基于智能合约的区块链电子提单的立法完善

针对基于智能合约的区块链电子提单的立法完善，可以从以下四个方面展开。

（一）完善我国《海商法》提单相关条款

我国《海商法》需要进一步探索和规范提单电子化的相关事宜，确立基于智能合约的区块链电子提单的法律地位和效力。这包括确定区块链提单的法律认可、电子提单的合同效力认定等问题，并提供相应的技术标准和安全保障，以确保区块链提单的可信度和可靠性。

在跨境流动过程中，涉及区块链提单的数据归属和权利等关键问题，需要有明确的法律规定来保护相关方的权益。这涉及数据隐私保护、数据所有权和使用权的规定等方面。因此，我国《海商法》可以进一步完善相关法律规定，明确区块链提单的数据归属和权利，以保障各方的合法权益。同时，区块链技术的应用也对电子签名提出了新的挑战。电子签名在基于智能合约的区块链电子提单中具有重要作用，可以确保数据的真实性和完整性。因此，应通过法律明确一般电子签名的效力，以保障其在合

① 于海防：《我国电子签名框架性效力规则的不足与完善》，载《法学》2016年第1期。

同和其他法律行为中的适用性。此外，建立第三方电子签名监管和认证机构，对电子签名的可靠性进行认证和监督，能够进一步提高电子签名的安全性和可信度。

总之，随着基于智能合约的区块链电子提单的发展，我国《海商法》需要进一步完善以适应新的技术和商业模式。这包括探索和规范提单电子化的相关事宜，确立基于智能合约的区块链电子提单的法律地位和效力，提供相应的技术标准和安全保障。同时，需要明确一般电子签名的效力，建立第三方电子签名监管和认证机构，以提高电子签名的安全性和可信度。这些举措将有助于促进基于智能合约的区块链电子提单的应用和推动我国《海商法》的现代化发展。

（二）基于智能合约的区块链电子提单的国际法立法完善建议

基于智能合约的区块链电子提单是在国际贸易电子化的框架下运作的，因此国际层面的立法非常重要。为调整电子提单的国际法律机制，需要逐步建立一套有约束力的多边法律框架。因此，制定先进的国际法律框架可以鼓励和促进先进的电子提单发展趋势。[①]《鹿特丹规则》的制定初衷是取代《海牙规则》《海牙-维斯比规则》和《汉堡规则》这三个国际公约，以实现海上货物运输法律制度的国际统一。然而，在制定《鹿特丹规则》时，制定者并未考虑到区块链技术的相关应用，因此，在区块链技术普及的情况下，应对《鹿特丹规则》进行相应的调整和修改。特别是对于技术中立原则和功能对等原则，需要重新评估其在区块链应用后可能产生的影响。这意味着需要对现有的国际立法进行修订和完善，以使其适应区块链技术的发展和应用。

在现行法律框架下，通过扩大解释的方法或许可以解决区块链应用场景下的电子提单问题。然而，除了电子提单之外的其他问题仍然无法得到解决。因此，需要进一步完善国际立法，以适应区块链技术的广泛应用，包括重新审视相关规则，针对区块链技术的特点和需求进行调整与修订等。同时，还需制定更为细化和具体的国际法律框架，以确保基于智能合约的区块链电子提单的安全性、可靠性和互操作性。[②]

通过国际合作和制定有约束力的多边法律机制，可以加强国际贸易的便利化和高效化。重新审视现有的国际法律框架，并针对区块链技术的特点进行调整和修订，可以推动基于智能合约的区块链电子提单的广泛应用，促进国际贸易的发展与合作。因此，进一步完善国际立法是必要的，必将对基于智能合约的区块链电子提单的发展产生积极的影响。[③]

（三）在立法层面规范基于智能合约的区块链电子提单的存证流程

应在立法层面规范基于智能合约的区块链电子提单的存证流程，包括提单生成、存

---

① 李嘉骐：《电子提单的应用缺陷与立法提议》，载《重庆电子工程职业学院学报》2021 年第 1 期。

② 徐伟超、于湧潮、骆雨柳等：《基于区块链的电子提单研究》，载《中国市场》2021 年第 16 期。

③ 马迁：《电子提单面临的法律问题及其立法建议》，载《理论探索》2007 年第 6 期。

储、验证和更新等环节。法律可以要求提单的存证必须在可信的第三方机构或国家机构的监管下进行，确保存证过程的安全性和可靠性；并且立法应加强对基于智能合约的区块链电子提单存证过程的监督和执法，确保存证的真实性和完整性；执法机构可以配备相关技术和人员，加强对存证过程中可能存在的欺诈、篡改和虚假行为的打击与处罚。

首先，法律可以要求基于智能合约的区块链电子提单的生成必须满足一定的条件。例如，要求提单必须由合法主体生成，并采用符合标准的数字签名进行验证，以确保提单的真实性和可信度。其次，法律可以要求基于智能合约的区块链电子提单必须存储在具备一定安全性和稳定性的区块链网络上。这可以防止提单的篡改和丢失，并保证存证数据的完整性和可审查性。同时可以要求基于智能合约的区块链电子提单的存证必须在可信的第三方机构或国家机构的监管下进行。这些机构可以担当存证机构的角色，负责验证和存储提单，并提供可靠的存证服务。监管机构可以制定相应的规则和准则，确保存证过程的规范和安全。最后，应加强对基于智能合约的区块链电子提单存证过程的监督和执法。执法机构可以配备相关技术和人员，加强对存证过程中可能存在的欺诈、篡改和虚假行为的打击和处罚。这可以提高存证过程的可信度，并对违规行为进行惩处。

（四）完善基于智能合约的区块链电子提单的本地存储要求相关规定

本地存储要求是另一种新兴的数据相关法规。它要求某些类型的数据存储在本地服务器中，并可能包括本地处理的要求。与跨境数据传输的限制不同，本地存储要求并不总是完全禁止跨境转移，而是对特定类型的数据施加限制。本地存储要求通常针对个人数据或特定行业，如医疗、电信、银行等。有些情况下，本地存储要求也会针对关键信息基础设施运营商或网络运营商。不同的本地存储规则可能适用于不同类型的数据，从而形成一个模糊的分类体系。在这个分类体系中，从无要求到存储和处理的限制，可以将方法分为不同的子类别。[①] 子类别 0 表示无须本地存储；子类别 1 表示需在国内存储，但允许将数据副本转移到国外；子类别 2 表示允许在国外进行加工，但必须将数据存储在国内；子类别 3 表示要求将数据存储在本地并限制将其转移和处理到国外。这些要求可能与国家的产业政策目标相关。因此，建议完善基于智能合约的区块链电子提单的本地存储要求相关规定，以确保数据的安全和合规性。这可以包括明确规定数据存储在本地服务器的要求、限制数据的跨境转移和处理、加强对本地存储和访问权限的监管与控制等措施。通过适当的规定和实施，可以提高电子提单数据的安全性和可信度，推动海运行业的数字化转型和可持续发展。[②]

---

① 戚学祥：《区块链技术在政府数据治理中的应用：优势、挑战与对策》，载《北京理工大学学报》2018 年第 5 期。

② 汤雪珂、蔡全旺、汪慧君：《基于区块链的法检司数据安全共享技术研究》，载《网络安全与数据治理》2023 年第 10 期。

结 语

基于智能合约的区块链电子提单在立法方面确实面临着诸多挑战，需要从多个层面进行全面且深入的完善。通过对我国《海商法》的优化，以及积极推动国外立法的改进，尤其是促使《鹿特丹规则》的生效，将有希望为区块链电子提单的发展提供更为清晰和有力的法律支撑。然而，立法完善是一个持续性的过程，需要不断适应科技的飞速发展以及实践中的各种需求。在未来的发展进程中，应当紧密关注区块链技术的实际应用和发展动态，及时对相关法律法规进行调整和完善，推动区块链电子提单的广泛应用并确保其健康发展。同时，加强国际合作与交流也至关重要。各国应共同努力，推动区块链电子提单的立法发展，为国际贸易和航运业的数字化转型打造坚实的法律基础。这不仅有助于提高国际贸易的效率和安全性，还能促进全球经济的繁荣发展。此外，为了更好地应对立法挑战，还需要加强法律研究、提高公众意识、建立监管机制以及培养专业人才。基于智能合约的区块链电子提单的立法完善是一个系统工程，需要各方一起努力，共同推动国际贸易和航运业的数字化转型。

算法监管的理念演进与中国路径探索

刘淑晴*

摘 要：算法时代来临后，算法监管被提升到应有的高度。算法本身的特点给算法权力滥用提供了可乘之机，其在商业领域与公权力领域的滥用体现出算法监管的不足。平衡个人权利与算法自动化决策之间的关系、对算法权力运行进行有效规制是亟待解决的问题。算法监管观念经历了从技术中立到负责任算法观、从事后责任追究到事前预防、从过错责任到义务性责任、从平台治理到公权力监管的变迁。同时，域外的算法监管模式也呈现出不同样态。在权衡谨慎的监管态度下，构建算法监管的中国化路径必须弥补运动化执法的不足。本文遵循共建共治、协商与沟通、问题导向、抓“关键少数”的观念，从赋权路径、政府与企业沟通路径、企业自身制度构建路径、责任追究路径入手，探索一种中国化的算法外部监管方案。

关键词：数字经济　算法　监管路径

一、算法监管的必要性

现代社会已经进入一种数据与科技紧密融合的时代。数据科技在社会运转的不同环节都发挥着不可或缺的关键作用。从外卖平台到数字金融、从企业内部的数据资源竞争到公权力机关的数字化转型，数据连接着现实社会的每一个方面，并在其中扮演着资源配置的重要角色。有学者从数字经济的竞争法入手，指出算法可能会损害市场竞争，从而需要竞争法作出回应。[①] 算法成为数据收集与处理的重要工具，借由算法这

* 刘淑晴，法律硕士，西安市鄠邑区人民法院法官助理。研究方向：国际数字贸易法、国际航空法。本文系陕西省教育厅2022年度重点科研计划项目（协同创新中心项目）“通用航空数字贸易平台发展与创新的法律保障机制研究”（编号：22JY064）、西北政法大学涉外法治研究专项课题“跨境电商平台国际法律治理机制研究”（编号：SWFZ2023B03）阶段性成果。

① See Sih Yuliana Wahyuningtyas, “Regulating Algorithms in the Digital Market: a Revisit of Indonesian Competition Law and Policy”, *International Review of Law Computers & Technology*, Vol. 38, No. 1, 2024.

一强大的力量，数据能够在决策制定中提供精准化的高效方案，从一种提升效率的工具转变为一种生产方式。算法在社会运作中发挥重要作用的同时，还应当接受社会规则对其的制约，从而完成其技术向善的价值目标。

（一）算法本身的特点

正如有些学者所言，算法责任的产生一方面可以系统地归因于社会责任观念成为社会发展中的主流观念，另一方面是要意识到数字化技术正在对社会生产过程进行颠覆性的改造。在算法权力时代，人们逐渐认识到应当对算法进行有效监管。在对算法进行监管这一问题上，算法责任占据中心地位。[①] 算法责任本身并不是逻辑推演的结果，也不是空想设计的产物，而是现实社会中真正存在的问题。如果对算法本身的特点欠缺认识，则无法形成算法监管的正当性根据。因此，应当从算法本身的特点入手，为其监管的正当性提供技术基础。

1. 算法本身具备模糊性

算法作为一种机器解决问题的有限步骤，决定了其设计本身具备一定的模糊性，不能对某些细节问题做出过于精细化的设计。这种技术本身实现方式的特点本无可厚非，然而在算法进入社会生活领域后，其模糊性的特点为算法治理带来一定的阻碍。有学者指出，算法在互联网赋权中的权利主体与权力的边界都存在模糊。[②] 算法具备自动化决策的能力，其会从已有的算法中生成一套全新的算法，因本源算法的模糊性，后续算法在此基础上也难免带有模糊性特点。在算法设计规则对个体权益造成侵害时，算法权利主体以算法不具备针对性为由进行抗辩，将侵害结果归咎于个体选择而非算法本身，主张技术中立，这种抗辩对个体具备一定的说服力，也就造成了算法对个体权利的又一层侵害。

2. 算法本身具备高度复杂性

算法本身要成为一种高效解决问题的方案，需对问题本身涉及的因素都进行细致化的分析与建构，如问题产生的原因、涉及的各方主体以及具体实现效率的最优化路径都要借由精密的设计来达成。算法也因此成为社会运作中一种不可或缺的重要力量，这种高度复杂性对社会公众而言，是“可望而不可即”的存在。由此，算法凭借自身的技术特性，在其与社会一般公众之间建立起一种技术壁垒，外部主体几乎不具备对算法本身质疑的知识基础与依据，更不必说对算法设计中出现的价值判断问题进行否定化评价。有学者指出，算法的技术特性引发了算法结果的高度不确定性风险。[③] 这种

① 参见黄锫：《数字平台算法侵害的行政法律责任论纲》，载《比较法研究》2023 年第 6 期。

② See Wendan Lv，“Analysis of the Logic Path of Algorithm Supervision under the Background of the Internet”，*Art and Performance Letters*，Vol. 3，No. 2，2022.

③ 参见张海柱：《算法治理中的不确定风险及其应对》，载《科学学研究》2024 年第 9 期。

技术壁垒为算法治理带来了一种天然的技术障碍。

3. 算法本身具备隐蔽性

算法发生作用的方式具备隐蔽化的特点，电子化平台的建立势必要依靠大量算法的叠加与建构，从而形成平台的功能集合。在这种意义上，算法监管是指通过系统地收集与监管环境直接相关的数据来做出数字化信息处理行为的决策系统，并做出自动优化的调整。① 然而，在平台收集与处理数据时，内部算法的处理机制往往难以为社会公众所周知，具备隐蔽性与内部化的特点。算法从一种公权力的辅助工具演变至开始实质性调配资源并作出决策。即使在简单法律适用上对公权力人员进行辅助，算法也产生了自身的影响，而其同时借助自身监管体系在某些领域内逐步代替公权力人员进行决策，形成算法的自动化决策，基于公权力部门对算法决策需求与供给的严重不匹配性，对算法的依赖造成公权力行使的巨大风险，同时违背了权力专属原则。② 公权力本身运作的不透明性让算法的隐蔽性有机可乘，进而引发公权力领域内算法的异化风险。

4. 算法本身具备价值依附性

作为人类社会发展到数字经济时代的产物，算法的产生与发展与人类文明发展阶段的跨越是密不可分的。算法设计者常常以技术中立为由来对其造成的损害进行辩解，现在看来，这种技术中立的说法极具欺骗性，对于任何技术本身，其运作过程原有的技术性或许中立，但无论是对于算法的设计开发者还是对于算法的部署使用者，算法的输出结果都不是仅仅为了证明其自身的正确性，而是为了影响更多的社会利益主体，这就产生了对其中立性的怀疑。③ 从算法作为一种配置资源的方式来看，其设计本身必然承载着一定主体的价值判断。例如，从个人信息保护角度来看，无论如何进行数据处理，都难以做到真正匿名。④ 算法本身作为一种人类创造的技术性力量，从其产生来源角度来看，不可避免地带有人类主观意图与人类文化发展的一些缺陷。

（二）算法权力滥用现象严重

1. 商业领域内的算法滥用现象

美国学者 Balkin 对算法侵害进行了开创性的研究，将算法企业大规模适用算法技术给个人权益带来的不利影响与侵权责任法上的环境污染公共损害相比较，创造性地提出算法妨害的定义，具体包括算法标签、算法歧视、算法归化、算法操纵、算法

---

① See Yeung K, "Algorithmic Regulation: A Critical Interrogation", *Regulation & Governance*, Vol. 12, No. 4, 2018.

② 参见张凌寒：《算法权力的兴起、异化及法律规制》，载《法商研究》2019 年第 4 期。

③ 参见肖红军：《算法责任：理论证成、全景画像与治理范式》，载《管理世界》2022 年第 4 期。

④ 参见李成：《人工智能歧视的法律治理》，载《中国法学》2021 年第 2 期。

“黑箱”等。[①] 该学者提出的算法标签等问题在现代社会生活中屡见不鲜。比如，购物软件自动推送“猜你喜欢”等相关商品与服务；外卖平台通过将外卖骑手的行为轨迹纳入地图内来对其匹配订单进行选择，从而实质上控制其有限的路径选择等行为。算法在发挥如此大的作用时，是否完全属于合理范畴？是否存在有限自由的滥用而侵害了其他主体的合法权利？这种算法权力的滥用在企业竞争方面也普遍存在，司法实践中一般将数据的侵权与不当爬取等行为认定为一种不正当竞争行为。

2. 公权力领域内的算法滥用现象

在公权力机关借助算法作为一种技术支持的情况下，算法已经借由公权力的权威属性而实际进入公权力决策过程中，成为一种技术权威。即使在公权力领域内作为一种简单的技术手段来进行适用，算法本身也足以对社会秩序产生一定的影响。算法权力作为一种新型权力，已经成为公共政策决策的重要变量，在为政府提供技术支持的同时，也带来了公共政策合法性风险、政府部门运作失灵风险和个体层面政策执行风险。[②] 算法借由其自动化学习与决策能力，已经成为实际的决策者。过于依赖算法提供的结论不但不利于在保证公正的情况下提高处理效率，反而将原有的公正价值也一并丧失了。算法权力的滥用实际上使权力存在移位风险，违背了权力的专属性原则。与此同时，算法权力的滥用也会带来权力缺位风险，原有领域内的一些问题得不到应有的重视，算法决策只对其设计者关心的领域的利益进行强化，严重损害了其权威性。

（三）个人权利与算法自动化决策之间的矛盾

在算法自动化决策的过程中，算法输出结果的不可预见性被放大，基于算法本身精密繁杂的特点，加上人的认识本身具备局限性，社会环境又是动态变化的，算法输出结果的不稳定性更加凸显[③]，算法自动化决策基于算法的自主学习，其数据来源与相应的判断都基于算法，在缺乏相应的规制时，个人数据被当作一种生产要素进行处理，其中对于个人权益的侵害也因此具备不可知的特点。要对其进行事后规制，需要依靠后续企业对于其输出结果的外在利用表现；而如果要对其进行事前保护，就会造成保护基础、保护正当性以及保护路径之间的矛盾。在算法自动化决策尚未产生不良结果的情形下，对其进行规制也缺乏一定的必要性，只能通过一种模糊义务来进行风险提示。

---

① 参见王莹：《算法侵害责任框架刍议》，载《中国法学》2022 年第 3 期。

② 参见杜泽蒙：《算法权力嵌入公共政策领域的内在逻辑、风险表现与治理策略》，载《北京理工大学学报（社会科学版）》2024 年第 5 期。

③ 陈来瑶指出，以行政活动中的算法自动化决策来说，算法设计主要依赖的是办案经验，而非法律规定的构成要件，这种算法结果往往会给行政活动带来可预见性的损害。参见陈来瑶：《算法嵌入监管的法治化路径研究——以证券违法活动的算法监管为例》，载《金融监管研究》2023 年第 11 期。

（四）算法权力运行缺乏有效规制

首先，算法权力借助系统优势，挤压个人意思自治的空间，并通过算法获得个人数据资源，同时有效躲避现有法律的严格监管。其次，算法权力被进行价格垄断以损害竞争，即同一产业的企业使用横向动态定价，以获得高额的垄断利润，并有效规避竞争法。[①] 这种对于法律规定的规避，一方面是由于法律对于此类行为缺乏明确规定，另一方面是由于原有的法律规则对此类行为缺乏制度空间，按照原有的法律规则难以进行准确认定与后续追责。

算法权力在公权力领域的运行缺乏有效规制，引发了社会的不公正与矛盾激化，以及社会治理方面的重大不确定性。[②] 在算法权力介入公权力决策过程的条件下，实体性权利限制无法涵盖其产生的新型权利路径，进而形成“法无禁止即可为”的自由空间；程序方面的简化使公众权利难以受到正当程序的有效保护，权利专属行使原则被算法的实质决策者的地位影响所打破，比例原则对人的价值判断的依赖使算法难以被有效运用，难以形成具有社会效果的实际判断。这种有效限制的缺乏使算法权力有可能与公权力形成交易，在很大程度上对社会治理造成风险。

二、算法监管观念的变迁

自算法监管这一概念产生以来，形成了不同的监管理念，体现出不同阶段对于算法发展情况与社会现实的认识。伴随着认识的深化，算法监管经历了治理观念、治理思路、责任机制与治理路径等多方面的变迁。

（一）治理观念：从技术中立的责任否定观到负责任的算法观

在技术中立指导下产生的责任否定观，主要基于将算法看作一种技术性的工具，只有在使用失当时才应承担相应的责任。此时，对于促进算法技术发展的倾向比较突出，对算法产生的不利影响缺乏相应的认识。在算法萌芽时，这种责任的否定观有利于其技术的创新与应用，但在算法影响范围逐渐扩张，尤其是从单纯的企业先进技术的领域进入社会经济领域时，其产生的不良影响开始显现，由此催生了所谓的道德算法观，即要求将道德伦理嵌入算法过程中。“可信赖的算法观”产生在对于算法的又一层认识基础上，对算法赋予了可信任的重要义务。负责任的算法观产生于社会责任理论的基础上，其认为算法应当最大限度地增进社会效益。有学者指出，算法问责已经成为算法监管创新的重要领域，算法问责制旨在解释自动化决策，并基于明确责任以

---

① 参见张凌寒：《网络平台监管的算法问责制构建》，载《东方法学》2021 年第 3 期。

② 参见杜泽蒙：《算法权力嵌入公共政策领域的内在逻辑、风险表现与治理策略》，载《北京理工大学学报（社会科学版）》2024 年第 5 期。

完善整个算法监管系统。[①] 这种治理观念的变迁既体现出学界对于算法本身从技术认知到权力认知的变化，也体现出其对算法在社会领域认识程度的逐渐加深，更重要的是认识到对技术发展要从单纯的激励，转向规制与激励并举的处理规则。

（二）治理思路：从事后责任追究到事前预防

很长一段时间以来，算法监管被诟病为事故型监管、按需求监管以及运动性执法等，这体现出算法监管对损害结果的高度依赖性。随着算法在社会生活各个领域内权力的迅速扩张，重大的监管事故虽不常出现，但轻微的侵权行为却常常发生。伴随着监管部门对算法运行过程认知的深化，执法机关也认识到事先的规则制定对于算法行为所起到的重要作用。由此，算法的治理思路已经从单纯的事后责任追究转变为将算法纳入既有的责任认定体系，采用严格责任与义务性责任等方式，将对算法的行为规制前置，从根源上避免算法侵害与算法妨害行为的发生。

（三）责任机制：从严格因果关系过错责任到义务性责任

算法责任追究在实践中出现了与原有的责任认定路径不相适配的问题。一方面，算法的设计者与部署者坚持技术中立的观点；另一方面，主观过错难以被有效认定，特别是在算法自动化决策的情形下，算法设计者难以被认定为事前具备主观故意，其因果关系也具备模糊性。基于以上不适配问题，有学者提出平台应当对算法的设计与运行承担一定的注意义务，一旦出现算法对权益的侵害，就应当明确平台的注意义务与相应责任。[②] 这就使原有的因果关系进路获得了新的突破性发展，对算法设计者的责任认定不再单纯依靠传统的主观过错，而是基于其造成的不良影响的长期性与持续性，对其适用义务性责任。这种责任机制的转变为算法监管提供了法律规则制定上的合逻辑性与合理正当性。

（四）治理路径：从单纯的平台治理到外部公权力监管

算法从一种技术创新到一种技术力量再到一种技术权力的发展过程，要求算法监管的治理路径也相应发展。技术创新作为企业的自主性权利，对其规制不能造成对企业自由创新能力的侵害。但当其作为一种技术力量存在时，平台应当承担一定的注意义务，这个阶段即体现为平台治理路径。而当算法进入公权力的调整范围时，利用公权力对权力进行规制就具备了紧迫性。有学者已经将对算法的监管与算法基础设施相

---

① See Robert Hunt and Fenwick McKelvey, "Algorithmic Regulation in Media and Cultural Policy: A Framework to Evaluate Barriers to Accountability", *Journal of Information Policy*, Vol. 9, 2019.

② 参见贺栩溪：《人工智能侵权的新兴责任主体研究》，载《时代法学》2023年第3期。

结合，从基础设施建设角度对算法监管路径进行构建。[①] 对算法进行外部公权力的监管并非危言耸听，如果对算法本身不进行公权力上的规制，则算法将以其强大的技术权力造成对原有生产方式的根本性改变，这样一来，对其规制更加困难。

三、比较法上的算法监管进路

（一）德国的算法监管

德国的算法监管以个人数据保护顾问制度为突出特点。德国是这一制度的发源地。根据德国《联邦数据保护法》的规定，数据收集处理与使用的公私主体，无论其是出于何种目的进行数据处理，都应当书面地正式设置常设的个人数据保护顾问。没有按照规定设置的，行政部门可以给予罚款处罚。[②]

可见，德国基于其社会市场经济体制，在算法外部监管问题上秉持相对克制的态度。企业内部设立的个人数据保护顾问能够明确其内部算法监督责任，但这种企业内部的设置难以摆脱企业自身的限制，其与个人数据保护监管局之间的有效链接能够给企业带来一定的算法监管驱动力，促使其保证个人数据保护顾问的相对中立性，这一制度总体而言与德国的经济发展相适应，特别是在公众与企业素质较高的情况下，政府无须强力介入也能够实现有效的外部监管。

（二）美国的算法监管

2017 年，美国公共政策委员会针对算法监管采取措施，公布了《算法透明性和可问责性声明》，提出数据控制者负有对算法运行进行解释的义务，同时要求数据监管部门加强对算法侵害的用户的权利保护。[③]《2022 年算法问责草案》要求算法控制者进行算法的影响评估，同时需要向联邦贸易委员会提交简要报告，这是在《联邦贸易委员会法》指引下设置的一种监管措施。[④]

由美国的算法监管措施可以归纳出其算法监管的路径选择方案：

1. 赋予公众算法解释与算法申诉的请求权

这类法律文件的颁布，实际上给数据的控制者增加了保障算法设计原理合法性与

---

① See Rocco Bellanova and Marieke de Goede, "The Algorithmic Regulation of Security: An Infrastructural Perspective", *Regulation & Governance*, Vol. 16, No. 1, 2020.

② 参见林洹民：《自动决策算法的法律规制：以数据活动顾问为核心的二元监管路径》，载《法律科学（西北政法大学学报）》2019 年第 3 期。

③ 参见金幼芳、王凯莉、张汀菡：《〈个人信息保护法〉视角下"大数据杀熟"的法律规制》，载《浙江理工大学学报（社会科学版）》2021 年第 6 期。

④ 参见张惠彬、何易平：《平台算法监管的困境与出路——基于美国算法监管模式的研究》，载《科学学研究》2024 年第 7 期。

对公众合理怀疑进行回复的义务。这种规制路径是一种个人赋权路径的算法监管，能够有效发挥其作用的关键在于公众具备良好的法律规则意识，在保障个体权利的同时，能够实现对算法设计者的外部监督。这种制度在美国的法律土壤中具备优良的适用性，但也存在监管力度不足的局限。

2. 要求企业承担算法评估义务

通过算法责任草案的颁布赋予联邦贸易委员会算法评估的权利，这种路径体现为政府对算法监管的直接介入，以公权力来对私主体的行为进行规制，是算法外部监管最主要的途径。值得注意的是，美国的这种算法监管路径实际上是将对算法的规制从事后的算法解释与权利申诉，发展到对算法设计的事前规制，使算法蕴含的主观意图更加有利于社会发展。但也需要看到，这种事前的评估也存在模糊性，企业可能以技术秘密与技术特征为由对评估的重要事项不予披露或错误披露，存在局限性。

3. 通过企业内部相关职位设置实现内部监督

与德国的个人数据保护顾问相似，美国的头部互联网企业也在其内部设置了首席隐私官等职位，以便企业内部构建有效的监督机制。与德国有所不同的是，其设置是一种行业自律行为，尚未成为一种普遍性适用的法律要求。这种不同体现出美国的企业内部算法监管更加依赖于行业自律机制，公权力的外部力量介入不足，对企业算法设计过程中的相关问题缺乏及时规制。但在行业自律效力较强的美国，这种自律机制仍能取得良好的监管效果。

（三）中国的算法监管

我国在对以算法为核心的新技术、新业态的规制与监管的过程中，形成了“包容审慎”的总体政策。2021 年实施的《优化营商环境条例》对包容审慎原则作出明确规定，并对算法监管提出了新要求。国家互联网信息办公室在《网络信息内容生态治理规定》等文件中作出规定，建构了“审核巡查义务”“推荐展示义务”，体现了“安全评估—风险识别—积极应对”的算法监管架构。[①]

由此可知，我国的算法监管秉持的是一种权衡谨慎的态度，一方面要保障企业算法创新的合法权益，政府不能对其自由进行过分干涉；另一方面对于一些算法的严重危害行为要及时处置，将其危害予以有效化解。

但应当注意到这种监管路径存在的问题。一方面，现有的权利体系与追责路径难以完全适应新技术和算法的迅速发展。一些算法利用法律规定的漏洞进行针对性设计，导致对其法律规制出现困难。从微观上看，现有法律法规在某些方面难以量化和操作，

① 参见张吉豫：《构建多元共治的算法治理体系》，载《法律科学（西北政法大学学报）》2022 年第 1 期。

致使用户权益存在漏洞。[①] 另一方面，这种场景化的事后义务建构存在有限性，据此，本文在对已有的规制路径进行反思、对德国与美国的算法监管路径进行了解认识的基础上，结合中国自身特点，进行中国化的算法外部监管路径的设想与构建。

四、算法监管的中国化路径设想

目前，我国的算法监管存在事后监管、运动性执法以及企业内部缺乏有效监督等问题，原有的算法监管体系难以对这些问题提出完美的解决方案，简单照搬别国法上的制度又难以应对适应性困难。在我国快步进入数字化时代、对算法所建构的电子平台具备强大依赖性的现实基础上，如何建构具有中国特色的算法监管方案，使其适应飞速发展的算法技术发展，对算法形成有效规制，是法律规则体系面临的重要课题。

（一）算法监管的理念遵循

以2021年年初公布的《互联网信息服务算法推荐管理规定（征求意见稿）》为例，该规定针对算法推荐服务提供者对违法信息的识别处理、过度推荐、流量劫持等制定了相应管理规则。[②] 从以上法律文件的内容中可以看出，构建共建共治的监管体系，建立算法监管共同体，秉持协商观念，打造企业与政府间良好沟通机制，实现对于算法问题的及时处理，已经成为未来算法监管的重要指导理念。

1. 共建共治，构建监管共同体

首先，算法权力的发展已经从商业领域深入公权力领域，企业主体在此过程中也遭遇到不正当竞争风险，每个主体对算法的有效监管都存在利益点。[③] 从权利与义务相一致的角度看，每一方主体对建立良好的算法监管体制都应负有积极配合的义务。从算法权力的社会化属性来看，共建共治是解决这一社会化问题的重要理念，只有发挥各方主体的合力，才能实现对算法监管的共同治理。

其次，应当树立监管共同体意识。有学者基于平台推荐算法的研究指出，监管部门不具备平台企业的实际用户规模和实际运行环境，无法有效验证算法监管的逻辑，需要企业的配合。[④] 需要看到的是，企业与政府在算法监管上具备同样的价值目标，实现算法监管的秩序，虽然在前期给企业带来了一定的工作负担，但从长期来看，这不

---

① 参见岳爱武、陈文祎：《算法技术对中国主流意识形态安全的风险挑战及其应对策略》，载《哈尔滨工业大学学报（社会科学版）》2024年第1期。

② 参见赵海乐：《数字经济中的算法治理：美欧路径差异与中国策略》，载《国际经贸探索》2023年第5期。

③ 张欣指出，针对现有算法治理范式在不同面向上的治理局限，应着力构建算法监管协同机制，探索多元化的监管一致性工具，建立监管风险识别与评估框架。参见张欣：《算法公平的类型构建与制度实现》，载《中外法学》2024年第4期。

④ 参见张楠、闫涛、张腾：《如何实现"黑箱"下的算法治理？——平台推荐算法监管的测量实验与策略探索》，载《公共行政评论》2024年第1期。

仅是对政府外部监管的有力支持，也是对其自身利益的长远保障之策。

2. 协商与沟通观念

算法监管是社会发展进程中的一个重要课题。事实上，一些算法的设计者与部署者正在积极寻求建立良好的行业规则，以使算法行为有章可循。政府外在的监管需求与企业内部的合规需求具备一定的协商与沟通空间。应保持持久的协商与沟通，将各方主体的真正诉求汇集起来，以推动问题的整体化、体系化解决。

3. 问题导向

在算法监管已经成为社会环境内的突出问题时，对算法的外部监管不能仅仅停留在书面的法律文本上，而更应着眼于企业场景中发生的实际问题。算法监管的有效方案不是对法律规则做简单推演的结果，而是对社会实践中出现的问题进行法律权衡与考量的结果。算法的外部监管要依靠公权力的有力介入，在公权力行使比例原则的限制下，确保权力精准行使，避免错误用权，因此要坚持问题导向，争取针对实践问题找出有效的解决路径。

4. 抓“关键少数”

国内的一些互联网平台呈现资源高度集中的集聚性特点，少数互联网头部企业占据平台主导地位。基于这些特点，抓住这些“关键少数”，可取得大规模的监管时效。值得注意的是，这些“关键少数”的内部监管是至关重要的，企业内部规则的建立无疑会产生变革性的重要影响。政府外部算法监管要抓住主要矛盾，有的放矢，将主要精力放在最值得关注的“关键少数”上。

（二）算法监管的具体路径方案

1. 赋权路径

结合欧盟与德国的算法监管实践可以看出，赋权路径实际上具备一定的普适性。实际上，我国在算法的外部监管中也主张赋予公众一定的算法权力，以使其对遭遇的算法问题及时反馈，以实现社会监督的效果。

基于以上社会实践的支撑，笔者认为，应当赋予公众与公权力机关一定的算法解释程序性权利。

首先，这种算法解释程序性权利是一个权利集的概念。现有的法律制度尚未对个体的数据权利进行具体化归类，而将其作为一个权利集的概念进行界定。在算法运作过程中，这种集合性权利造成的影响同样具备集合性质，因而相应的防御性权利也应形成一种全面的防御样态，给予其全面的权利保护。

其次，这种算法解释权利应当具备程序性特点。目前学界对于其应否被规定为一种实体性权利尚有争议，因此对个人赋予实体性权利请求权会造成对其积极性的削弱与高度的不信任感。在公众与公权力机关感知到这种危险存在时，赋予其这种程序性的解释权利足够产生相应的规制效果，而不必作为实体性请求权加以处理。

最后，这种权利的享有者不仅限于公众，也包括公权力机关。关于公众的算法解释性权利，其重要性不言而喻，在权利遭受侵害危险时，有要求相对方进行必要解释的权利。但对公权力机关而言，这种解释权的享有更多的是基于一种事前规制的效果，起到事前预防的重要作用。具体表现形式包括算法的备案制度与审计评估制度等，这些制度实际上能产生对算法设计者的警示效果，避免其承担过重的解释责任。

需要注意的是，在整体过程中要权衡赋权与企业自由之间的关系。片面突出政府以及公众对于企业的单方面权利容易导致企业失去接受规制的积极性。在赋权的同时也要注意限权，特别是对于一些新兴的技术形态，在未产生不良效果时，应当保护其发展，进行必要的解释即可，不可施加过重的解释义务。

2. 政府与企业沟通路径

首先，应当坚持政府的主体监管地位。外部监管强调的就是用公权力的权威来约束企业的不合规行为，监管部门应当界定好自己的主导地位，并具备独立的价值判断标准。

其次，政府与企业之间应建立友好沟通路径，构建协商平台。政府天然地具备与企业间沟通的条件。企业在面临算法监管上的规则疑惑时，应当主动与政府监管部门进行沟通。这对监管部门来说，有利于其在妥善处理实践中出现的监管问题，同时，能够在其日常监管工作中收集相关资料进而不断完善规则，根据问题严重程度选择相应的规则等级，由此建构一种灵活的规则制定机制。

最后，有必要在监管部门与企业内部机构形成责任统一体，设立专门机构负责。德国法上的个人数据顾问制度与美国行业自律机制中首席隐私官职位的设置，体现出企业内部建立相关监督机制以及具体负责部门的重要性。在我国算法监管的过程中，要在政府监管部门与企业间沟通机制的基础上进一步形成责任统一体机制，让企业内部机构与政府监管部门直接对接，或者通过采用第三方机构人员派驻企业的方式，提升监管效能。

3. 企业自身制度构建路径

首先，企业自身要严格遵守算法监管的相关制度，促进企业内部合规体制的构建。算法监管的重点，是应对算法治理结构的失衡。[①] 对算法外部监管的路径探索最终还是要回到法律运行框架中来，企业应当基于该框架形成自身的算法运行内部规则，可以对该规则进行企业个体化的转化，但必须坚守规则底线，建设良好的合规体制。

其次，要建立与政府沟通的专门机构与专门责任人，积极配合建设协商平台。企业内部要形成相应的机构设置，在责任统一体制度下，未能实现整改效果时积极整改，

① 参见梅傲：《积极伦理观下算法歧视治理模式的革新》，载《政治与法律》2024 年第 2 期。

将整改困难与疑惑及时反映。在制定具体规则时，头部企业的制度建议应当被积极采纳与回复，从而形成问题导向的监管制度。

最后，要积极建立内部问题反映与申诉解释制度。企业内部涉及算法设计与部署的若干部门之间要联合建立问题反映机制，要鼓励问题的反映。企业应当建立自我监督机制，加强自我监督驱动力的培育，着眼于算法秩序的长远利益。同时，针对外部的不法指控及时作出解释与申诉，由专门的责任人与专门机构充当对外代表人的角色，在积极配合协商沟通的同时也要积极维护自身权益。

4. 责任追究路径

无论算法监管的协商与沟通路径如何完善，都只能尽量减少算法不法现象的发生，不能从根本上消除这种现象，因此责任的追究在事后发挥着重要作用。

首先，从责任来源来看，企业应承担控制算法平稳运行以及在算法事故发生时采用必要措施防止损失扩大的义务。原有的主观过错机制仍可继续发挥作用，特别是在进行算法备案与评估制度固定事前的过错点，并通过算法解释制度赋予企业一定程序性申辩的情况下，原有的主观过错认定更加顺利，对企业责任的追究可以延续原有路径，并在此基础上进行一定的变通。

其次，在责任认定上，积极探索与实施事前算法备案、算法评估审计、算法解释等制度，为法律规则的有效适用提供正当化的工具基础。要实现对算法监管的共建共治，首先应要求企业与政府的监管部门间实现过程性的资料互通，借助算法审计制度发现问题，依靠算法解释制度解决问题，这样的配套制度建设能够最大限度地实现全程化与整体化的算法监管。

最后，在责任承担方面，企业应在积极建立与政府间责任统一体的基础上，对公众个人权益造成的损害进行赔偿，并利用自身资源最大限度地减少损害。在政府部门的协助下，若能及时补救，应尽力恢复公众的权利。企业对政府监管部门负有忠诚履行相关责任的义务。若出现消极配合等现象，将面临相应的行政处罚；在协商沟通过程中提供虚假材料或故意隐瞒重大问题的，企业应承担虚假解释责任，并对由此给社会公众与外部监管秩序造成的损害承担惩罚性赔偿责任。同时，监管部门还应派员监督企业整改，企业有义务积极配合。

结　语

进入数字经济时代后，算法监管面临着外部监管不足的突出问题，如何在系统分析算法作用路径的同时，找到中国化的路径选择方案，并使其有效实现算法监管的效果，是法律规范不能回避的重要问题，本文从算法监管的必要性到算法监管的现有路径研究，进行了中国化的制度设想，以期为算法监管制度的建立提供一定的参考。

数字经济时代下我国知识产权保护研究

李照东[*]　赵艺星[**]　冯兆怡[***]

摘　要： 在数字经济时代背景下，传统的知识产权开始向数字化和网络化迭代升级，进而衍生出多种以网络信息数据为载体的知识产权内容。与此同时，数字经济知识产权侵权纠纷呈现易发、多发、高发态势。目前，数字化时代下知识产权保护仍面临一系列问题。根据既往经验，数字化时代下知识产权应当完善数字知识产权相关法律法规体系、科学应对生成式人工智能的知识产权风险及其治理挑战、构建数据知识产权开放平台以及加大数据侵权行为监管力度。同时，也要加强知识产权司法审判领域改革创新，不断完善数字经济知识产权保护机制，以适应数字经济时代的要求，促进数字经济高质量发展。

关键词： 数字经济　知识产权　侵权纠纷

数字经济作为新时代经济高质量发展的重要引擎，其发展与知识产权保护之间存在着密切的关系。知识产权制度对于数字经济的可持续发展具有重要的保障、规范和促进作用。数字经济的核心在于数据和信息，这些往往容易受到侵权行为的侵害。有效的知识产权保护能够为数据的收集、处理和利用提供法律保障，促进数据资源的合理流通和价值最大化。[①] 数字经济时代的全面加速开启，使健全与数字经济时代发展相适应的知识产权保护制度、加强专业高效的争议解决机制和服务、化解知识产权纠纷的重要性和迫切性日益凸显。[②] 因此，加强知识产权保护不仅是维护创新者权益的需

---

[*] 李照东，法学博士，西北政法大学国际法学院硕士生导师，西北政法大学中国—中亚法律查明与研究中心研究员。本文系西北政法大学“习近平法治思想”研究生课程思政专项教改项目“习近平法治思想融入研究生国际知识产权保护课程的教学研究”（编号：YJZX2024016）阶段性成果。

[**] 赵艺星，西北政法大学国际法学院法律硕士。

[***] 冯兆怡，西北政法大学国际法学院国际法学硕士。

① 温秋萍：《数字经济时代知识产权保护研究》，载《活力》2023 年第 21 期。

② 谷静：《知识产权保护、数字经济与企业颠覆性技术创新》，载《技术经济与管理研究》2023 年第 9 期。

要，也是推动数字经济高质量发展的必然要求，需要通过立法和司法实践，不断完善数字经济知识产权保护机制，以适应数字经济时代的要求，促进数字经济的高质量发展。

一、数字经济时代下我国知识产权保护的现状

（一）持续推进数字知识产权制度政策建设

中共中央和国务院于2021年9月联合发布的《知识产权强国建设纲要（2021—2035年）》中，明确指出了构建一个迅速响应且保护力度适中的知识产权规则体系，特别针对新兴领域和特定领域的知识产权。该纲要强调了对新技术、新产业、新商业模式以及新经济形态下的知识产权保护规则的构建和优化；进一步强调了对互联网知识产权保护体系的深化研究与改进，以及对数据产权保护框架的系统性研究与制定；亦对开源知识产权的法律体系提出了加强与完善的要求，并深入讨论了算法、商业策略、人工智能创造物等特定领域的知识产权保护策略。鉴于大数据、人工智能、基因技术等前沿领域的迅猛发展，纲要主张加速知识产权法律的立法工作，亦着重提出扩大知识产权的保护范畴，提升保护水平，并全面构建侵权行为的惩罚性赔偿机制，以强化对侵权行为的经济制裁。纲要旨在通过这些措施建立一个全面、高效的知识产权保护机制，以促进技术创新和经济社会的全面发展。

2021年10月，国务院发布的《"十四五"国家知识产权保护和运用规划》①（简称"十四五"规划）着重指出，必须对大数据、人工智能、基因技术等新兴领域和业态的知识产权保护机制进行强化与优化。② 该规划提出了对数据知识产权保护规则的构建研究，并对开源知识产权的法律体系进行了完善。③ 无论是《知识产权强国建设纲要（2021—2035年）》，还是"十四五"规划，都明确了加强数字知识产权保护政策的重要性。

进一步地，2023年2月，中共中央和国务院共同发布了《数字中国建设整体布局规划》，其中明确强调了数字中国的发展对于推进中国特色社会主义现代化进程的重要性。该规划认为，数字中国的建设不仅是一项关键的驱动力，还是增强国家的全球竞争优势的重要基石。该规划对数字中国的建设进行了全面布局和顶层设计，旨在为数字时代的发展提供强有力的战略指导。这些政策文件体现了中国在数字知识产权保护方面的战略部署，旨在通过法律和制度的完善，促进技术创新和经济社会的全面进步，

---

① 《国务院关于印发"十四五"国家知识产权保护和运用规划的通知》，载中华人民共和国中央人民政府官网，https://www.gov.cn/zhengce/content/2021-10/28/content_5647274.htm，访问日期：2024年7月12日。

② 唐刚：《习近平法治思想中的知识产权保护理论及实现》，载《大连海事大学学报（社会科学版）》2022年第3期。

③ 《加大对新领域新业态知识产权保护力度》，载《第一财经日报》2023年2月24日，第A02版。

同时保持国家在全球数字经济中的竞争力。

（二）积极开展数据知识产权规则研究和试点工作

在信息时代，数据被赋予了“新能源”的称谓，其战略价值与土地、资本和技术等传统生产要素同等重要。中国作为一个数据资源丰富且数字经济蓬勃发展的国家，在2022年实现了数字经济规模的显著增长，达到了50.2万亿元的庞大体量，占国内生产总值（GDP）的41.5%，在国际上排名第二。依据中共中央和国务院的政策导向，在国家发展和改革委员会的统筹协调下，国家知识产权局充分利用其专业能力，积极投身于数据知识产权保护规则的研究与试验性项目，已经取得了显著的成效。

首先，确立了数据知识产权保护规则的“四个充分”原则。第一，强调在制定规则时必须全面审视并综合考量数据安全、公共利益及个人隐私保护三者之间的平衡；第二，强调要透彻理解数据的固有特性，以及这些特性如何与知识产权保护体系相融合；第三，提倡对数据处理者的劳动给予嘉奖；第四，强调数据在推动产业数字化转型和促进我国经济高质量发展中的不可或缺的作用。[①] 以上原则旨在平衡各方利益、确保数据的合理利用和有效保护，同时促进数据资源的创新和价值创造，为经济社会的可持续发展提供动力。

其次，对数据知识产权保护中的关键议题进行了深入梳理，涉及保护的对象、主体、授权方式、权益范围以及运用机制等多个方面。数据知识产权的保护对象需满足三个核心条件：数据必须通过合法途径获得、经过标准化处理、具备实际应用价值。这些条件确保了数据集的合法性和实用性。[②] 关于数据知识产权的授权机制，提出了一种基于登记的确权方式。具体而言，数据处理者需主动提交登记申请，知识产权管理部门将对申请材料进行审查，并据此决定是否授予登记权。进一步地，数据权利人被授予对其注册数据的一系列权利，包括所有权、使用权、交易权以及收益权。除此之外，他们还拥有制止他人非法获取或使用其数据的权利。以上措施旨在确保数据知识产权能够得到明确的界定以及有效的保护，为数据的合理利用和权益保障提供法律依据。

最后，地方数据知识产权工作的试点项目正积极推进。自2022年11月起，北京市、上海市、浙江省等8个省市作为首批试点地区，已在数据知识产权规则的探索和数据要素流通的促进方面进行了有益的尝试。随着首批试点工作的评审和验收完成，天津市、河北省、山西省等9个省市已被纳入第二批试点名单，这使参与试点的地区总数达到17个，共同进入下一阶段的实践探索。截至2023年年底，参与试点的地区已

---

① 邢东伟、翟小功：《知识产权为数字经济蓬勃发展注入新动能》，载《法治日报》2023年4月1日，第2版。

② 《中共北京市委北京市人民政府印发〈关于更好发挥数据要素作用进一步加快发展数字经济的实施意见〉的通知》，载《北京市人民政府公报》2023年第32期。

累计颁发超过 5000 张数据知识产权登记证书，并且已接收超过 1.1 万份[①]申请。这些试点地区在构建数据知识产权制度、进行登记实践、保护数据权益以及促进数据交易使用等方面均取得了显著的成果。这些成果不仅体现了数据知识产权保护制度的逐步完善，也为数据要素的有效流通和利用提供了有力的实践支持。

（三）司法机关积极应对新变化，保护数字知识产权

2022 年 7 月 25 日，最高人民法院颁布了《关于为加快建设全国统一大市场提供司法服务和保障的意见》[②]，明确指出需依法维护数据权利人对数据的控制权、处理权和收益权等合法利益，旨在加强对数据产权的法律保护，为数据权利人提供有力的司法支持，以促进数字经济的健康成长和市场的统一性。该意见不仅有助于明确数据产权的法律地位，也为数据的合理利用和权益保护提供了明确的法律框架。[③]

北京知识产权法院发布的《涉数据产业竞争司法保护白皮书》揭示了在数字经济迅猛发展背景下，涉数据产业知识产权纠纷案件的增长趋势。[④] 2023 年，涉及网络产业的诉讼数量为 278 件，呈现出逐年递增的趋势。这些数据表明，随着数据产业的兴起和数字经济的深入发展，相关的知识产权保护需求日益迫切。北京知识产权法院的司法实践反映出我国对数据产业知识产权保护的高度重视，同时也预示着数据产业在社会经济发展中将扮演更加关键的角色。

全国范围内的法院正积极采取措施，以加强对数据知识产权的保护。例如，为助力数字经济发展，北京市高级人民法院出台了 22 条司法保障举措，形成了“北京模式”的样板。[⑤] 江苏省高级人民法院与江苏省知识产权局加强了数据知识产权的协同保护工作，与江苏省发展和改革委员会、江苏省司法厅联合推动数据知识产权登记管理制度的完善，以促进数据产业的规范化发展。[⑥] 北京知识产权法院审理的“刷宝 App”不正当竞争案，对“无创数据集”的法律地位进行了探讨，对其在数据采集、存储、处理、传输等活动中所产生的合法利益进行了法律保护。广州知识产权法院在审理数据知识产权相关案件的过程中，综合考量了相关数据的市场价值，创造性地对涉案数

---

① 刘阳子：《探索保护规则制定促进数据要素流通》，载《知识产权报》2024 年 2 月 2 日，第 6 版。

② 最高人民法院：《关于为加快建设全国统一大市场提供司法服务和保障的意见》，载中华人民共和国最高人民法院公报官网，http://gongbao.court.gov.cn/Details/58dedb008774ac4b7e14b47842c805.html，访问日期：2024 年 7 月 10 日。

③ 徐艳红：《司法机关积极应对新变化 保护数字知识产权》，载《人民政协报》2024 年 6 月 13 日，第 9 版。

④ 北京知识产权法院：《涉数据产业竞争司法保护白皮书》，载北京日报客户端，https://baijiahao.baidu.com/s?id=1797307777154258322&wfr=spider&for=pc，访问日期：2024 年 7 月 10 日。

⑤ 新华网：《北京高院发布工作规划助力数字经济司法保护》，载新华网，http://www.bj.xinhuanet.com/20230708/c640402ab80d4d9e83c95d2cb4b00abb/c.html，访问日期：2024 年 7 月 12 日。

⑥ 江苏省知识产权局：《江苏省知识产权局与江苏省高级人民法院签署合作备忘录共同推进数据知识产权协同保护》，载江苏省知识产权局官网，http://jsip.jiangsu.gov.cn/art/2023/6/5/art_75875_10913686.html，访问日期：2024 年 7 月 10 日。

据进行了高达 2000 万元的惩罚性赔偿。

（四）积极参与及推动国际数字知识产权治理

近年来，知识产权已成为全球企业，包括中国企业在内的跨国公司在国际竞争中的关键议题。强化知识产权保护不仅是为了保障国内外企业的合法权益，更是推动国家创新体系建设和实现经济高质量发展的内在需求。[①] 根据世界知识产权组织（WIPO）发布的《2023 年全球创新指数报告》，截至 2023 年年底，我国创新能力在世界排名第 12 位，拥有的全球百强科技创新集群数量首次跃居世界第一。在中国，信息技术管理和计算机技术等数字技术领域的有效发明专利数量增长迅猛，分别实现了 59.4%和 39.3%的同比增长。[②] 这些数据不仅反映了中国在数字技术领域的创新活力和对知识产权保护的重视程度，同时也凸显了中国在全球创新竞争中的地位。通过加强知识产权保护，中国正积极构建一个有利于创新和高质量发展的法律环境，以促进国内外企业的公平竞争和可持续发展。

中国正采取一系列措施，以促进数据跨境流动的国际合作。2022 年 12 月，《中共中央 国务院关于构建数据基础制度 更好发展数据要素作用的意见》（简称“数据二十条”）[③] 强调了积极参与制定国际数据流动规则，探索加入区域性国际数据流动机制，并推动双边和多边的数据跨境流动协商。进一步地，2023 年 12 月的中央经济工作会议强调了对标国际高标准经贸规则，认真解决数据跨境流动等关键问题。2024 年 3 月，国家互联网信息办公室实施了《促进和规范数据跨境流动规定》[④]，提出向自由贸易试验区授予更大的权限，以支持其在数据跨境流动便利化政策上的先行先试。

中国积极响应“一带一路”倡议，积极参与了世界贸易组织（WTO）电子商务谈判，推动制定国际电子商务规则，促进数字贸易的健康发展。中国提出的《全球数据安全倡议》[⑤] 强调了国家间相互尊重的重要性，包括尊重各国的主权、司法管辖权和数据安全管理权。[⑥] 该计划的宗旨是，通过对各国数据的保护以及对国际数据流动的规范，共同维持世界范围内数据流通的安全和秩序。这一举措体现出中国积极主动参与全球数字化治理，对构建公平、包容、高效的全球数字化治理体系来说具有重要意义，

① 秦乐、李红阳：《美欧数字经济知识产权治理趋势研究》，载《信息通信技术与政策》2022 年第 6 期。

② 世界知识产权组织：《2023 年全球创新指数报告》，载世界知识产权组织官网，https://www.wipo.int/edocs/pubdocs/zh/wipo-pub-2000-2023-exec-zh-global-innovation-index-2023.pdf，访问日期：2024 年 7 月 11 日。

③ 《关于构建数据基础制度更好发挥数据要素作用的意见》，载中华人民共和国中央人民政府官网，https://www.gov.cn/zhengce/2022-12/19/content_5732695.htm，访问日期：2024 年 7 月 10 日。

④ 《促进和规范数据跨境流动规定》，载中央网络安全和信息化委员会办公室官网，https://www.cac.gov.cn/2024-03/22/c_1712776611775634.htm，访问日期：2024 年 7 月 11 日。

⑤ 《全球数据安全倡议》，载中华人民共和国中央人民政府官网，https://www.gov.cn/xinwen/2020-09/08/content_5541579.htm，访问日期：2024 年 7 月 11 日。

⑥ 李嘉宝：《中国积极推动数据跨境流动国际合作》，载《人民日报海外版》2024 年 7 月 11 日，第 6 版。

也为其注入新的生机。以上举措体现了中国在推动数据跨境流动方面的积极姿态，旨在构建一个开放、合作、安全的国际数据流动环境，以促进全球数字经济的健康发展。通过这些政策和协议，中国正努力实现数据要素的全球优化配置，同时确保数据安全和隐私保护。中国展现了其在全球数据治理中的领导力，为国际社会提供了合作与共享的新途径，促进了全球数字经济的健康发展，为数据安全提供了有效保障。

二、数字经济时代下我国知识产权保护存在的问题

（一）知识产权大数据的所有权和保护范畴界定困难

众所周知，在数字化时代，大数据已成为一种重要的资产。然而，首先，对于知识产权大数据的所有权与保护范畴，目前尚缺乏清晰的界定标准。这不仅为数据的保护带来了困难，也为各类纠纷的产生埋下了隐患。[①] 若未能建立明确的法律法规和规范，则极易导致数据被非法使用或侵犯，从而造成对合法权益的侵害。其次，对知识产权大数据的质量缺乏重视。由于知识产权大数据往往涉及大量的个人隐私、商业机密等敏感信息，因此其质量的高低直接关系保护工作的成败。为了提升对知识产权大数据的保护水平，我们必须充分重视并确保相关数据的真实性、准确性、完整性、时效性和一致性。只有这样，才能真正做到有效地保护知识产权大数据，确保其价值得到充分体现。最后，对于知识产权大数据的分析和应用未能借助先进的技术和方法。为了提升保护水平，需要探索如何提高数据分析的效率，克服技术局限性和风险，推动知识产权的创新和发展。这可能涉及引入人工智能、区块链等先进技术，加强数据加密和隐私保护，以确保数据的安全和合法使用。综上可知，对于知识产权大数据的所有权与保护范畴，目前仍存在缺乏清晰的界定标准、对知识产权大数据的质量缺乏重视、知识产权大数据的分析和应用未能借助先进的技术和方法等问题。

（二）生成式人工智能所面对的知识产权及其在管理上存在的问题

在著作权保护问题上，随着大数据、神经网络等技术的不断发展，人工智能能够模仿人类大脑进行深度学习，以及从海量数据库中抽取出所需的素材，并进行整合处理。[②] 人工智能的角色早已超越了最初的辅助工具，比如腾讯的“DreamWriter”，就能独立撰写新闻稿件，并为金融、技术应用、体育赛事等多个行业撰写稿件。由于人工智能的存在，因此其产生的作品能否获得著作权、是否存在抄袭的问题，都是值得探讨的问题。就专利而言，人工智能技术是一项长期的、不断发展的科技，一开始并不会侵害专利权，但是在学习、改造自身的内部运作及外在表现后，就有可能构成侵权，

① 吴汉东：《知识产权法》，法律出版社 2021 年版，第 5 页。

② 杨立新、陈小江：《衍生数据是数据专有权的客体》，载《中国社会科学报》2016 年 7 月 13 日，第 5 版。

同时还会构成知识产权侵权。另外，生成式人工智能更容易拓展已有技术边界，具有很高的应用价值，但也有可能引发“反公地悲剧”（因受限而造成的公共资源浪费）。与此同时，生成式人工智能也存在被用于专利侵权以牟取私利的风险。在商标注册问题上，产生的人工智能能够在较短的时间里迅速扩大注册商标的规模，同时产生的标识的识别度也越来越高，从而限制了人类对商标的设计。《中华人民共和国商标法》中对商标近似与否的判定具有很大的主观性，而生成式人工智能的判断能力与人不同，这就造成了商标被侵权的危险。

（三）数据知识产权界定及数据要素确权存在的难题

数据本身的复杂性是数据知识产权难以界定的重要原因之一。在法学层面，数据信息作为法律关系的客体，数据权利是以数据权利客体“数据”来定义的，而当前我们对数据的认识还不全面。例如，当前生成式人工智能产品在快速发展，表现为其产品的训练和生成过程涉及大量数据，这些数据的来源、类型、用途等都非常复杂，从而加大了对数据知识产权界定和确权的困难；另外，人工智能算法还会对数据进行深度学习和创新性的处理，其产品甚至可以“以假乱真”。而面对这种情况，生成的数据可能来自多个知识产权的权利人，这就使对于明确这些数据的权利归属的需求更加迫切，而目前还没有权威、公认的界定数据产权的方法，理论层面仍存在多项需进一步探索之处。[①] 作为可有效激励数据生产和流通的数据确权，其自身也面临着诸多挑战，例如，难以确定数据主体、数据要素确权成本较高、识别和追踪数据要素的侵权行为较为困难、数据要素市场化体系建设尚不完善以及跨领域合作不足等，这些进一步加深了人们对数据知识产权相关问题的思考。因此，亟待加强研究和探讨数据知识产权的界定和确权问题。一方面，需要进一步完善数据产权法律体系，明确数据的所有权、使用权、处分权等权利，建立起保护数据产权的法律框架；另一方面，需要加强跨学科研究，将法学、计算机科学、信息学等学科知识相结合，共同探讨数据知识产权相关问题，为应对当前面临的挑战提供更多的思路和解决方案。在未来的发展中，随着数据信息的重要性日益凸显，数据知识产权的问题将成为一个不容忽视的焦点。只有通过不断地研究和探讨，建立起完善的数据产权法律体系和跨学科研究平台，才能更好地保护数据的权利，促进数据的生产和流通，推动人工智能技术的健康发展。

（四）我国数据知识产权保护缺乏统筹设计和管理机制

一方面，目前我国的数据知识产权保护并没有在法律层面得到充分重视，相关立法工作滞后于数字经济的发展需求。现有的《著作权法》和《民法典》虽然涉及知识产权保护，但对其专门规定相对较少。这种状况导致数据在面对侵权行为时显得相当

① 马一德：《创新驱动发展与知识产权制度变革》，载《现代法学》2014 年第 3 期。

脆弱，难以为权利人提供足够的法律保障。另一方面，我国在数据知识产权保护方面缺乏一个统一的协调机制。各个部门之间在数据管理和管理实践中各自为政，未能建立起有效的合作与沟通渠道，导致数据知识产权保护工作难以形成合力，从而影响法律保护效果的最大化。因此，要想真正实现数据知识产权的保护，就必须从根本上加强立法建设，完善管理机制，促进各部门之间的协调与合作，共同构建起一个更加坚实的数据知识产权保护制度。只有这样，才能更好地适应数字经济时代的发展需求，确保数据资源能够得到公平、合理且有效的利用。[①] 另外，由于缺乏统一的数据知识产权保护框架和规则体系，因此相关制度措施的科学性不足，无法有效应对数据时代的挑战。在当前信息化时代，大量的数据在互联网上流动和共享，但是数据的来源和归属往往不清晰，容易引发数据侵权问题。此外，缺乏有效的监管机制也使侵权行为难以追究责任，给数据知识产权保护带来了挑战。并且，由于数据知识产权的保护对应用领域和技术水平的要求较高，因此专业的技术人才和高端人才短缺也会影响其保护效果。

（五）知识产权司法保护中侵权行为认定困难

在数字经济时代背景下，司法过程中处理数字知识产权案件面临诸多挑战和问题。首先，数字知识产权的无形性和易传播性导致侵权行为具有跨国界、隐蔽性强的特点，这增大了发现和追踪侵权行为的难度。其次，数字技术的发展速度迅猛，新型的知识产权客体不断涌现，例如人工智能创作的作品、大数据集合等，这些新客体的法律地位和权利归属尚不明确，给司法实践带来了新的法律解释和适用问题。此外，网络空间的虚拟性和匿名性使侵权责任主体难以确定。[②] 在某些情况下，侵权行为可能涉及多个主体，如互联网服务提供商、平台运营者和最终用户，他们之间的责任界限模糊，需要司法机关进行细致的甄别和责任划分。同时，数字知识产权案件往往涉及复杂的技术问题，这对法官的技术理解能力提出了更高要求，有时需要依赖专家证人的辅助，这不仅增加了诉讼的复杂性，也延长了案件审理周期。[③] 最后，数字知识产权案件的司法审判还需考虑公共利益和创新激励的平衡。在保护权利人合法权益的同时，也要避免过度限制信息的自由流通和知识的共享，以免抑制社会的创新动力和文化的多样性。

---

① 吴汉东：《中国知识产权法制建设的评价与反思》，载《中国法学》2009年第1期。

② 靳学军，易继明等：《“数字经济下知识产权与竞争司法保护研讨会”专家发言稿》，载《私法》2023年第2期。

③ 李雨峰、马玄：《互联网领域知识产权治理的构造与路径》，载《知识产权》2021年第11期。

三、数字经济时代下我国知识产权保护的完善建议

（一）完善数字知识产权相关法律法规体系

随着数字经济的快速发展，数据已经成为当今社会的重要资源，数据知识产权的保护也变得越来越重要。为进一步完善与数据知识产权保护相关的法律法规，我国陆续印发了一系列文件，如《知识产权强国建设纲要（2021—2035 年）》《“十四五”国家知识产权保护和运用规划》《中共中央 国务院关于构建数据基础制度 更好发挥数据要素作用的意见》以及《生成式人工智能服务管理办法（征求意见稿）》等。这些文件为知识产权的保护提供了法律依据，但在与数据开放、数据安全和数据产权有关的法律法规方面仍然存在不足。当前，数据知识产权的保护问题已经成为制约数字经济健康发展的主要因素之一。因此，有必要尽快出台数据知识产权保护的相关法律，明确数据信息的开放、采集、存管、交易、传输和二次利用等的相关权责，以建立完善的法律体系，为数据知识产权的保护和数字经济的发展提供有力支持。在加强专利保护方面，应该加大对专利侵权行为的打击力度、对专利保护的监督和执法力度，保障创新者的合法权益。同时，要加强对专利申请、审查和授权制度的改进，简化流程、提高效率，为创新者提供更好的专利保护服务。完善与数据知识产权保护相关的法律法规，加强专利保护，是推动数字经济健康发展的重要举措。只有建立健全的法律体系、明确权责、加强监督执法，才能有效保护数据知识产权，促进数字经济的繁荣发展。

（二）科学应对生成式人工智能的知识产权风险及其治理挑战

在当今的数字化时代，生成式人工智能技术正在不断发展，并广泛应用于各个领域。然而，随着生成式人工智能作品的不断涌现，如何在版权保护方面平衡公平和效率成为一个亟待解决的问题。[①] 首先，生成式人工智能应享受法律保护，但这种保护应当有所限制。在版权归属问题上，需要综合考虑实际贡献原则、保护隐私权原则、意思自治原则等。新制度设计应尊重版权的私权性和开放性。[②] 对于生成式人工智能作品，在著作人身权上应仅保留署名权和保护作品完整权，在著作财产权上仅保留有限财产权。其次，对涉及国家秘密的作品应禁止使用，涉及商业秘密和个人隐私等敏感内容的作品必须经权利人同意才能使用。在专利权方面，为避免产生负面效果，发明人、代理机构和审查员应加强对生成式人工智能专利说明书的审查，特别是对具体实施方式的审查。应重点提高专利授权的质量，避免低质量专利被授权。总体而言，人

---

① 王琪、李牧：《数据知识产权保护的理论思考》，载《中国市场监管研究》2021 年第 4 期。

② 何隽：《大数据知识产权保护与立法：挑战与应对》，载《中国发明与专利》2018 年第 15 期。

工智能属于专利密集型的技术领域，法院或执法者应避免降低专利授权标准，以及过多的传统技术与人工智能场景的结合与专利化，从而妨碍正常的技术竞争。在商标权方面，应肯定生成式人工智能商标的商标法地位，但应以避免公众混淆误认为前提，合理运用主观裁量，保持生成式人工智能商标的私权性，加强人工审查，注册条件上可以加强对“以使用为目的”要件的审查。综上，对生成式人工智能在版权、专利和商标方面的保护应当有所限制，以平衡公平与效率，促进技术创新和正常的市场竞争。只有在法律框架的规范下，生成式人工智能技术才能得到充分发展并为社会带来更多的益处。

（三）构建数据知识产权开放平台

在数字经济时代，数据被誉为新型石油，具有无限的潜力和价值。然而，许多数据被束之高阁，无法发挥其真正的作用。为解决这一问题，构建数据知识产权开放平台成为当务之急。该平台的建设意味着让沉寂的专利数据“活”起来，以推动产业发展、探索新的商业模式等。这样的平台可以帮助企业和研究机构更好地利用数据资源，推动创新和提高效率。同时，数据知识产权开放平台也可以促进知识产权的交流和共享，推动科技进步和产业升级。在数字经济时代，数据不再是孤立存在的，而是需要和各类基础数据紧密结合，形成真正的数据系统。因此，政府部门、企业、知识产权服务机构和数据服务机构之间的良好沟通和协作至关重要。[①] 只有各方共同努力，才能推动数据知识产权开放平台建设取得成功。该平台的建设不仅有利于服务有需求的群体，降低其获取和利用数据的成本，还可以促进产业结构升级、经济发展和社会进步。通过共享数据资源，各方可以更好地开展合作，实现互利共赢。同时，数据知识产权开放平台也可以为创新企业提供更多的机会，推动数字经济的发展。该平台的建设既是当今时代的发展趋势，也是推动经济、贸易等领域发展的关键。只有通过共享数据资源，才能实现数据利用的最大化和价值创造。

（四）加大对数据侵权行为的监管力度

针对数据侵权行为，必须加大监管力度。首先，应建立一套科学有效的数据侵权行为监测机制，以便及时发现并制止侵权活动。[②] 同时，还应严厉惩处侵权行为，对违法行为形成强有力的打击态势，从而确保数据知识产权能够得到有效维护。其次，增强公众对数据知识产权保护的意识。通过多种渠道和形式，普及数据知识产权保护的知识，可以增强公民的法律意识、提升自我保护能力。培训机构、企业及相关部门都应积极参与其中，开展有针对性的宣传教育工作，使公众认识到保护数据知识产权不

① 黎淑兰等：《大数据产业发展背景下数据信息的知识产权司法保护》，载《人民司法》2020 年第 13 期。

② 王琪、李牧：《数据知识产权保护的理论思考》，载《中国市场监管研究》2021 年第 4 期。

仅是企业的责任，更是每个人的义务。[①] 最后，需培养知识产权保护专业人才。在关键核心技术领域创新和“卡脖子”技术攻关中，知识产权情报的支撑至关重要。专业人士需获取、挖掘和利用知识产权信息，将其与技术信息深度融合，助力研发人员展开探索。面对复杂的国际形势和周边环境，我国需要大量国际化、现代化的知识产权情报人才，支撑构建高质量、高效率的知识产权智库和社会服务体系，助力经济社会的高质量发展。为培养这样的人才，我们需利用知识产权分析工具让学生进行实操训练，加强对新兴技术领域知识产权信息的分析研究，为研究机构和研发投资人提供决策依据。同时，我们应该打造专利信息师资团队，培养全国知识产权领军人才、专利信息师资人才和实务人才，通过多方合作打造立体化的课程资源体系。支持高校与知识产权服务机构联合培养数据知识产权相关的专业人才，进行大数据知识产权领域的相关学术研究。同时，充分发挥世界知识产权组织、大湾区科学论坛等国际组织平台的作用，培养数据知识产权专业人才。

（五）加强知识产权司法审判领域改革创新

第一，为提高数字知识产权案件的司法审理效率，亟须对现行诉讼程序进行系统性优化。这涉及对诉讼流程的精简，旨在减轻权利主体在经济与时间上的维权负担。建议成立专门的知识产权法庭，以集中审理此类案件，从而提高司法审判的专业性和审判效率。此外，实施快速审理机制，以对侵权行为进行即时司法响应，缩短审理周期，确保权利人能够迅速获得法律上的救济。

第二，提升司法人员在数字知识产权领域的专业能力是确保司法公正与效率的关键。为此，应实施有针对性的专业培训计划，包括数字技术基础知识、知识产权法律及其在数字领域的应用等模块，以深化法官和检察官对相关技术的理解。此外，鼓励学术交流与合作，促进司法人员与学术界、技术社群的互动，通过研讨会、工作坊和学术会议等形式，分享最新研究成果，探讨司法实践中的疑难问题。这不仅能增强司法人员对数字技术特性的准确把握，还能提升其在审理复杂案件时合理运用法律规范的能力，从而确保各类数字知识产权侵权纠纷得到公正、专业的裁决。[②]

第三，加强行政执法与司法之间的衔接是提升数字知识产权保护效能的关键策略。为有效应对数字知识产权领域的侵权行为，必须强化行政执法与司法保护的衔接机制，构建高效协调的法律执行框架，涵盖明确的权责分配、顺畅的信息交流渠道以及协同行动策略。此外，通过跨部门合作，定期举办联合研讨会和工作坊，可以增强执法人

① 俞风雷、张阁：《大数据知识产权保护路径研究——以商业秘密为视角》，载《广西社会科学》2020 年第 1 期。

② 马治国、赵世桥：《数字经济时代知识产权司法鉴定制度的发展与完善》，载《西北大学学报（哲学社会科学版）》2023 年第 5 期。

员和司法人员对数字知识产权法律的深入理解，提高其在实际操作中的协同效率。同时，建立快速反应机制和案件移送流程，以便在发现侵权行为时，能够及时移交司法机关处理，确保法律的统一性和权威性得到有效执行。在知识产权保护方面，中国应该积极探索和建立一种多元化的争端解决机制。在此基础上，本文提出了构建健全知识产权纠纷仲裁、调解、公证等程序，提高三方调解的效率。同时，鼓励各行业、专业团体积极参与，充分发挥各自的专长。以上改革措施可以提升数字时代下行政及司法体系的应对能力，保障知识产权法的实施，确保知识产权得到有效保护。

元宇宙对著作权法的挑战与应对

行桂林*

摘　要：元宇宙是一个由区块链、人工智能尖端、大数据等前沿数字技术精心编织而成的虚拟世界，其核心是对真实世界生活的深度映照，在数字空间中探索无尽的可能。随着元宇宙概念的迅速发展，我们正步入一个融合了数字与实体世界的新时代。元宇宙中所诞生的虚拟数字作品正展现出巨大的商业价值潜力，其应用范围涵盖了众多行业与领域。元宇宙的出现不仅重新定义了人们的交流模式，还为著作权的保护带来了前所未有的挑战。如何适应并更新现有的著作权法律体系，以保护创作者的合法权益，同时维持新背景下著作权制度的动态平衡，可以通过分析元宇宙对著作权法带来的影响，并结合其中著作权保护的现状，从著作权作品界定、构建制度、跨境法律适用三个维度提出应对之策，以期营造元宇宙文化与经济健康发展的法律环境。

关键词：元宇宙　虚拟数字作品　人工智能　作品认定

一、元宇宙对著作权法带来的挑战

（一）作品界定的模糊性

清华大学新媒体研究中心发布的《2020—2021年元宇宙发展研究报告》指出，元宇宙是整合多种新技术而产生的新型虚实相融的互联网应用和社会形态。① 在数字孪生的元宇宙中，人们不再局限于电脑屏幕的界限来交流情感与思想②，而是能够在一个全

---

* 行桂林，西北政法大学国际法学院国际法学硕士研究生。本文系陕西省教育厅2022年度重点科研计划项目（协同创新中心项目）“通用航空数字贸易平台发展与创新的法律保障机制研究”（编号：22JY064）阶段性成果。

① 邢杰等：《元宇宙通证》，中译出版社2021年版，第8页。

② See William Sims Bainbridge, *Online Worlds: Convergence of the Real and the Virtual*, London: Springer-Verlag, 2010, pp. 114-119.

新、多维的虚拟世界中，得到沉浸式的体验。

1. 我国《著作权法》中作品的认定

在元宇宙所构建的虚拟世界中包含文字、声音、图像以及影视等多元要素，将其与传统作品的界限逐渐模糊。① 在我国《著作权法》的框架下，作品的本质属性并不会因所处空间的变迁而有所改变。不论是在物理世界还是在新兴的元宇宙空间，“独创性”都是作品受到法律保护的先决条件，也是其得以在著作权法中获得庇护的基石，它由“独”与“创”两大核心要素构成。所谓“独”，即作品必须由作者独立完成，不得有任何形式的抄袭、剽窃行为。这种独立性确保了作品的独特性和新颖性，是作品个性的源泉。而“创”则强调的是作品的创造性，它要求作品能够展现作者的智慧与创新，这既是作品价值的核心所在，也是其获得法律保障的关键依据。《著作权法》所涵盖的作品类型丰富多样，从文字、音乐、美术到视听作品，再到其他领域的智力创作，无一不是人类智慧的结晶。但无论是何种类型的作品，只有满足“独创性”这一基本条件，方能获得《著作权法》的保护。

2. 元宇宙中数字虚拟作品的扩张

历经数个世纪的演进，著作权保护的范围已从单纯针对文字文学作品的保护逐渐拓展至对音乐、绘画、雕塑、戏剧等多种艺术形式的保护。如今，随着数字时代的来临，其保护范围已经扩大到包括网页设计、多媒体作品等在内的创新领域，使更多的创新作品得以在法律的保护下蓬勃发展，这展现了著作权客体范畴的广泛与深远。在元宇宙中，创作者可在蒙特卡洛树搜索、时序差分学习、机器学习等技术支撑下，创作出海量的区别于传统有体物的数字虚拟作品。②

元宇宙中的新型创作方式模糊了各类传统作品之间的界限，同时也对著作权的保护提出了更高的要求。元宇宙中的作品包括虚拟物品，3D 模型，交互式艺术、音乐和视频等，这些作品的创作过程可能涉及多个参与者和多种技术手段。元宇宙将融合 VR、AR、AI、NFT、加密货币、去中心化基础设施、智能合约、区块链以及各种现有和未来的创新技术。③ 因此判断一个作品是否具有足够的原创性变得更加复杂，也即在多人协作和机器参与创作的环境下，确定作品的著作权归属变得更为困难。例如，判断 AI 生成的作品的著作权应归谁所有。

这一变革浪潮不仅催生了前所未有的艺术表达形式，更为传统的著作权法体系带来了前所未有的考验与挑战。特别是当作品是由人工智能辅助创作，或者通过复杂的

---

① 参见吴汉东：《知识产权法》，法律出版社 2021 年版，第 146 页。

② 参见［希］乔治斯·N. 扬纳卡基斯、［美］朱利安·图吉利斯：《人工智能与游戏》，卢俊楷等译，机械工业出版社 2020 年版，第 36、67、138 页。

③ See Matthew Ball, *Framework for the Metaverse*, https://www.matthewball.vc/the-metaverse-primer, 2024-07-25.

协作过程产生时，如何界定作品的原创性，以及如何区分人类的创意和机器的贡献，成为著作权法亟待解决的关键问题。因此，我们需要深入探讨在元宇宙背景下，如何适应并更新现有的著作权法律体系，以保障创作者的权益，同时促进创作的自由发展。

在推进元宇宙中创作作品的保护与传播方面，为了保障作品的合法权益，应将新型作品纳入著作权作品的范畴。[①] 这一举措不仅有助于维护元宇宙空间的秩序，还为新时代的创作环境提供了法律保障。然而，当前面临的主要挑战是如何界定元宇宙中的作品，该问题的解决对著作权制度的完善而言至关重要。

(二) 复制与传播的易行性

元宇宙作为一种全新的技术概念，打破了传统物理空间的界限，实现了现实世界与虚拟世界之间的无缝对接。通过构建一个高度真实且可交互的三维虚拟环境，元宇宙为用户提供了前所未有的沉浸式体验，这一变革深刻影响了作品的复制与传播模式，使传统的著作权法在新时代环境下显得力不从心。

1. 复制权

根据创作及传播的不同需要，复制权的内容并不是孤立和固定的。它需要根据不同的时代背景和传播环境进行相应的调整与适应。只有在遵守法律的前提下，结合作品的实际情况进行合理的复制和传播，才能实现真正的文化创新和传播价值。对原始作品来说，合理的复制和再创作在一定的前提下被允许并鼓励，它不仅能够拓宽作品的影响范围，更可以带来全新的艺术感受。但是，上述复制权必须在法律规定的范围内行使，并要尊重原创作者的权益。

针对新兴产业技术迅猛发展带来的立法挑战，《著作权法》(2020) 进行了关键性的调整，特别是在复制权方面，增添了“数字化”这一表述。这一变动不仅是对过往立法中“等”字后省略内容的明确化，更是对“异维复制”从质疑到认可的转变，体现了法律实务与理论界的共识，使法律在实践中更具适用性和前瞻性。随着科技浪潮的涌动，复制权的定义从纸质到电子再到数字媒介，不断拓宽，与科技革新步调一致，确保法律与时俱进，为产业发展提供坚实的法律支撑。

在元宇宙的独特环境中，虚拟物品的复制变得异常便捷，这为创作者带来了新的挑战。用户可以轻易地复制这些虚拟物品，甚至在未获授权的情况下侵犯他人的著作权，这无疑对知识产权保护构成了威胁。数字产业作为集结了众多先进技术的领域，其固有的复杂性、多变性和广泛性特征使其投资成本巨大。如果未能对创作者所创作的数字作品实施有效的保护措施，任由他人无限制地抄袭和复制，则将对数字产业的稳健发展产生巨大的威胁，投资者的信心和动力也将会受到严重的打击，对整个数字

---

① 郑煌杰：《元宇宙空间著作权扩张问题研究——以公共领域保留为视角》，载《山东青年政治学院学报》2022 年第 4 期。

产业的长期发展产生消极的影响。因此，为维护创作者的权益和激励创新，有必要在元宇宙中赋予虚拟数字作品的著作权人复制权。

2. 传播权

元宇宙是物联网、5G、AR、VR等尖端数字科技之集大成者，其构建了一个前所未有的虚拟世界。在这个空间中，现实世界的传播力量得到质的飞跃，让信息交流与传播变得更加高效与便捷。

在元宇宙中生成的虚拟数字作品，在诸多领域都蕴含着丰富的商业价值潜能。[①] 然而，元宇宙的开放性和去中心化的特性，导致其内部环境的复杂性远超传统系统。这种特性在某种程度上给作品传播和使用的监控带来了巨大的挑战。在元宇宙中，信息的传播和内容的分享都变得更加自由与灵活，任何人都可以轻易地发布和分享内容，这为传统著作权监控手段带来了前所未有的挑战。传统的著作权监控手段在元宇宙这样的环境下，其实效性将大打折扣。这主要是由于平台在处理海量的内容时，难以实时进行合法性的审核和检查。在去中心化的元宇宙平台中，对每一个用户的行为进行实时监控几乎是不可能的，这也导致对侵权行为的追踪和阻止变得尤为困难。

元宇宙的虚拟特性使作品的复制和传播变得异常容易。用户可以轻松地复制和分发虚拟物品，甚至在不知情的情况下侵犯他人的著作权。尽管在元宇宙中实施著作权保护面临诸多挑战，但我们仍需寻求新的方法和手段来解决这一问题。只有通过创新性的技术手段和政策措施，有效控制作品的传播和使用、保护创作者的权益，才能维持新时代背景下著作权法的动态平衡。

(三) 跨境法律适用的复杂性

元宇宙是一个全球性的虚拟空间，其用户来自世界各地，他们的行为可能受多个国家的法律管辖。因此，如何确定适用的法律、如何处理跨国著作权纠纷，成为棘手的问题。这种全球化的虚拟环境给著作权带来了法律适用的复杂性，主要体现在以下三个方面。

1. 法律的多样性

首先，不同的国家有着不同的著作权法律体系，这些法律在作品的定义、保护范围、权利归属、期限以及例外和限制等方面存在差异。例如，某些国家可能对作品的独创性有较高要求，而其他国家则可能提供更广泛的保护范围；一些国家可能将软件代码视为文学作品，而其他国家则可能将其视为实用工具，这将直接影响软件作品的著作权保护。其次，在各国的著作权法中，对于人身权、复制权、传播权以及演绎权等权利的具体规定存在差异。以人身权为例，不同国家对作者的精神权利和人身利益

① 李晓宇：《"元宇宙"下虚拟数据作品的著作权扩张及限制》，载《法治研究》2022年第2期。

的保护程度各不相同。在复制权方面，多数国家的法律都保护原创作品的复制，但具体范围和限制可能因国而异。关于传播权的控制，各国可能有不同的定义和规定。在我国，信息网络传播权是公众在特定时间和地点获取作品的一种权利保障。而在美国，公众获取作品的权利可能受到公开展示权或公开表演权的制约。这就造成对全球范围内同一行为的控制到底应当通过许可或者转让哪一项权利来实现的技术性问题。[①]

2. **管辖权问题**

在现今数字化趋势不断增强的背景下，面对元宇宙的多元化环境，处理著作权侵权案件的法律适用问题已成为一个极具挑战性的复杂议题。这包括但不限于作品的创作来源地、实际侵权行为发生地、参与者的国籍或长期居住地，以及任何相关的协议内容等。然而，各国的法律体系中对于处理跨国或涉外法律案件的司法管辖权并不一致。法学家山姆·里基森、简·金斯伯格指出，涉外著作权侵权案件的司法管辖权由各国自行规定。[②]

在普通法系中，管辖权通常根据“属人管辖权”和“标的物管辖权”进行评估[③]，有的强调涉案个体的权利保护，有的则侧重于对事管辖权，着重对具体事件本身的裁决，同时也有一些国家采取了两种方式兼有的混合型模式。例如，根据我国《民事诉讼法》第272条的规定，因合同纠纷或者其他财产权益纠纷，对在中华人民共和国领域内没有住所的被告提起的诉讼，如果合同在中华人民共和国领域内签订或者履行，或者诉讼标的物在中华人民共和国领域内，或者被告在中华人民共和国领域内有可供扣押的财产，或者被告在中华人民共和国领域内设有代表机构，可以由合同签订地、合同履行地、诉讼标的物所在地、可供扣押财产所在地、侵权行为地或者代表机构住所地人民法院管辖。[④] 因此，在解决这类问题时，我们不仅需要依据各国的法律规定，还要全面分析涉案的具体情况，确保我们的解决方案既能保护著作权人的权益，又能适应各国法律的多样性和复杂性。

首先，作品的来源地是一个重要的考虑因素。作品的原创性及其创作环境往往与特定的国家法律体系紧密相关，因此，作品来源地的法律可能对著作权侵权案件具有重要影响。然而，在元宇宙这一跨越地理边界的环境中，作品的来源地可能并不清晰或难以确定。其次，侵权行为发生地的法律也可能对案件产生重要影响。元宇宙的虚

---

① 张金平：《元宇宙对著作权法的挑战与回应》，载《财经法学》2022年第5期。

② 参见［澳］山姆·里基森、［美］简·金斯伯格：《国际版权与邻接权——伯尔尼公约及公约以外的新发展》，郭寿康等译，中国人民大学出版社2016年版，第1145页。

③ Saw Cheng Lim, and Samuel Zheng Wen Chan, “The subsistence and enforcement of copyright and trade mark rights in the metaverse”, *Journal of Intellectual Property Law and Practice*, Vol. 19, No. 4, 2024, pp. 371-384.

④ 对于其中涉及的信息网络传播权的侵权行为地，《最高人民法院关于审理侵害信息网络传播权民事纠纷案件适用法律若干问题的规定》第15条规定，侵权行为地包括实施被诉侵权行为的网络服务器、计算机终端等设备所在地。侵权行为地和被告住所地均难以确定或者在境外的，原告发现侵权内容的计算机终端等设备所在地可以视为侵权行为地。

拟性和跨地域性使侵权行为的发生地可能难以明确界定，这也增加了确定适用法律的难度。此外，当事人的国籍或住所地也是一个不可忽视的因素。在某些情况下，当事人的国籍或经常居住地所在国的法律可能被视为适用于特定的法律争议。然而，在元宇宙环境中，这一因素的考量也变得复杂，这是因为虚拟世界的活动往往难以与现实世界的地理位置直接对应。最后，相关合同的约定也是确定法律适用的重要因素。在许多情况下，合同中的条款可能规定了争议解决所适用的法律。然而，合同的有效性及可执行性在元宇宙这一新兴环境中也可能面临挑战。

在司法领域，各国独特的司法管辖权规定不仅影响诉讼的经济成本，更深远地决定了法院能够审理哪些原告诉求，从而直接影响原告能否在一次诉讼中获得全面且充分的法律救济。目前我国尚未对此问题进行明确规定，未来我国法院在审理元宇宙著作权侵权案件时，需对此作出选择。① 这些差异性的规定，在保障法律公正与效率的同时，也为跨国诉讼增添了复杂性。

作为各国的法律规定，司法管辖权在确定纠纷处理的方式与范围方面发挥着关键作用。除了直接涉及诉讼成本的考量，不同的司法管辖权所影响的具体内容亦举足轻重。司法管辖权的差异可能导致诉讼程序和审理过程的差异。因此，在处理涉及多个国家法律体系的案件时，原告需要更加谨慎地选择合适的司法管辖区域和诉讼策略。

3. 法律冲突和解决机制

在处理国际著作权纠纷时，鉴于各国法律规定的差异和复杂性，往往需要采取综合性的策略。为寻找合理的解决方案，国际法的原则和规定成为重要的指导依据。这些原则不仅涵盖了知识产权保护的基本框架，还涉及国际合作与协调的机制。同时，双边或多边条约在纠纷解决中扮演着举足轻重的角色。这些条约明确了各国在著作权保护方面的权利和义务，为纠纷的解决提供了明确的法律依据。此外，多边协议还促进了国际的合作与交流，为著作权保护提供了更广阔的视野和更丰富的资源。在面临复杂的法律环境和争议时，国际法院和仲裁机构的公正裁决成为至关重要的环节。其裁决结果不仅具有法律效力，还为其他类似的纠纷提供了借鉴和参考。

因此，处理跨国著作权纠纷不仅需要综合运用国际法律原则、条约以及司法裁决等手段，还需要对国际政治、经济、文化等方面有全面的了解，才能公正、有效地解决跨国著作权纠纷，维护各方的合法权益。

二、元宇宙中著作权保护的现状

元宇宙作为一个新兴的虚拟空间，其著作权保护的现状涉及确权、监管、跨境法律适用等多个方面。元宇宙的崛起为人们带来了全新的互动体验。与此同时，在该背

① 张金平：《元宇宙对著作权法的挑战与回应》，载《财经法学》2022 年第 5 期。

景下的著作权保护问题逐渐浮出水面，成为亟待解决的多元难题。

（一）我国《著作权法》的相关规定

我国目前的司法实践，正在对新型著作权客体的范围扩展进行探索，现已尝试将一些非法定类型的、具备独创性的作品纳入法律保护范围之内，如音乐喷泉、食品造型、香水气味等。① 在国外，一些法官还将“原创”香水判定为作品。我国现行的《著作权法》尚未明确涵盖与元宇宙内容表现形式相契合的作品类型。根据人的感知方式，既有的法定作品类型大致可以划分为文字作品、声音作品、实物作品、动作作品以及组合形成的作品。② 每一种作品类型都以其独特的呈现方式来反映和表达人类的创造力与想象力。然而，随着元宇宙技术的快速发展，我们或许需要重新审视和更新这些分类，以适应这一新兴领域的著作权保护需求。

目前，司法裁判案例也已经将非传统《著作权法》规定的创作物纳入著作权客体保护范围。③ 在我国《著作权法》2021 年的重大修订中，对作品的形式要件进行了突破性的调整。相较于过去强调的“必须以有形形式复制”的局限性，现在更加开放地认定为“能够以一定形式表现”。这一变革无疑为作品的外部形态提供了更为宽泛的界定，极大地拓展了作品外在形式的范围，意味着《著作权法》不再拘泥于传统的物质载体。因此，虚拟作品只要能够以某种形式为公众所感知和体验，就满足了法律对作品形式要件的要求，从而可以获得法律上的保护。

新修订的《著作权法》对于复制权的界定已明确涵盖“数字化”形式，此举为元宇宙环境下虚拟作品的复制权提供了法律支撑。其核心保护理念在于，未经原创者许可进行数字化复制，对原创作品进行非独创性的、不合理的反复重现，将构成对著作权人权益的侵犯。

关于著作权传播权的修订与应用问题，在过去的法律环境下，我国的司法实践采取了一种以“其他应当由著作权人享有的权利”为代表的兜底性规定来应对如人机传播、实时转播等新兴传播方式。这种处理方式较为模糊，给创作者带来了一种对于能否获得法律保障的模糊认识。新修订的《著作权法》更加关注对虚拟数字作品及其相关权益的全面保护，特别引入了“交互与非交互传播”的新概念，这一变革性举措全面覆盖了诸如元宇宙中的定时推送、人机智能互动传播，以及即时性实时交互等多种前沿传播方式，极大地丰富了传播模式的多样性。

---

① 卢纯昕：《法定作品类型外新型创作物的著作权认定研究》，载《政治与法律》2021 年第 5 期。

② 参见冯术杰：《寻找表演中的作品——对“表演”和“表达”的概念反思》，载《清华法学》2011 年第 1 期。

③ 王若凡、韦昕彤：《“元宇宙”空间虚拟数据作品合理使用制度的构建》，载《世界人工智能大会法治青年论坛文集》（2022 年 9 月），第 55—63 页。

（二）国际法律与公约的相关规定

在当前的数字化时代，尽管元宇宙领域尚未建立专门的著作权法律框架，但现有的一系列国际法律和公约，如《伯尔尼公约》和《与贸易有关的知识产权协定》（TRIPs），均为元宇宙的创作内容提供了基本的保护。

根据《伯尔尼公约》的相关规定，国民待遇原则的明确性为元宇宙中的作品创作者提供了强有力的保障，确保了其著作权得以有效行使。创作者依赖第 3 条中的“附着点”在元宇宙场景中主张其作品版权，从而引发《伯尔尼公约》成员国各自法律的保护。[①]《伯尔尼公约》如今已拥有广泛的影响力，覆盖全球 179 个国家和地区。根据其国民待遇原则，对在元宇宙中活动的创作者而言，无论其国籍归属，只要是来自该公约的成员国，其创作的作品在任一成员国都将获得同等的著作权保护。这一保护不仅适用于本国国民，也扩展到非成员国国民或无国籍的创作者。当创作者在元宇宙这一实时联动的全球平台上进行创作并发布作品时，即使他们并非公约的成员国国民，这些行为亦被视为在成员国首次出版或同步出版。这表明，他们的作品在公约成员国范围内享有与成员国国民作品同等的著作权待遇。因此，对在元宇宙中积极创作的创作者们来说，无论其国籍如何，只要在公约成员国范围内进行创作并发布作品，都将受到《伯尔尼公约》的著作权保护。

在有关著作权的归属问题上，全球各国均存在相应的法律框架和规定。其中，两大核心原则被广泛采纳和执行。首先是普遍适用的基础规则，其次是各国针对特定类型的作品设立的专项规则，以更具体地保障作品创作者的权益和作品的合法传播。其中，《伯尔尼公约》确定了作品归属的一般规则，即作品的著作权应归作者所有。作品上的署名被视为作者身份的直接证明，除非有相反的证据出现。即使作者在创作时使用了假名，只要这个假名能够准确无误地指向作者本人，那么这一推定也依然有效。这一规定旨在保护创作者的权益，同时也为作品归属提供了明确的法律保障。《伯尔尼公约》对于法人作品、职务作品、合作作品、委托作品、视听作品和演绎作品等特殊作品的著作权归属并未设定统一规则，留给成员国自行规定。[②]

在元宇宙的场景中，同一作品的著作权归属问题可能会因各国法律的不同规定而变得复杂，这可能导致多位著作权人并存。这种情形无疑为跨国界的作品同意授权或转让构筑了复杂的壁垒，使其跨国流通和合作面临诸多挑战。

---

① Saw Cheng Lim, and Samuel Zheng Wen Chan, “The subsistence and enforcement of copyright and trade mark rights in the metaverse”, *Journal of Intellectual Property Law and Practice*, Vol. 19, No. 4, 2024, pp. 371-384.

② 参见《伯尔尼公约》第 14 条。

三、元宇宙构建及其运行中的著作权风险应对措施

（一）完善著作权客体制度

现有的版权框架是否适用于元宇宙场景，或者是否需要制定新的规则是目前我们所面临的问题。实际上，元宇宙并不需要对著作权法进行根本性的修改。

目前，元宇宙中作品的形式正朝着多元化的路径演进，其数量也呈现指数式增长的状态。[①] 在元宇宙的领域中，其呈现的内容符合《著作权法》对作品表达方式的界定。根据现行《著作权法》的规定，作品必须能够以某种形式得以展现，而元宇宙中的各类内容正是以独特而创新的方式呈现的，完全符合这一法律要求。元宇宙中所呈现的内容，不仅拥有“物”的即时可用性，还融合了“知识”的无限复制性。这种转变不仅让我们重新审视了传统观念的局限性，更为我们提供了更广阔的视野和更多的可能性。此外，随着数字技术的飞速发展，元宇宙技术的崛起能够实现物理实体的数字镜像创建，这一技术所推动的元宇宙化现象正改变着传统数字内容的存在方式。无论是三维立体场景化表现方式，还是实体化的具体形式，元宇宙内容均需遵守著作权法的相关规定，以得到全面保护。

对于作品的认知，我们不再仅仅关注其物质化的形式，而更多地注重其能以何种方式被公众感知和接受。更为重要的是，“能以一定形式表现”的标准不仅强调了作品的可感知性，更强调了其超越物质媒介的普遍性。这意味着，作品不再局限于传统的物理介质，而是可以在数字空间、虚拟世界中以各种形式呈现。

对于独创性的认定是元宇宙背景下虚拟数字作品著作权问题的核心。[②] 关于《著作权法》第3条所规定的兜底性条款，针对元宇宙这一前沿虚拟空间内涌现的创新艺术作品，我国著作权法为其提供了法律层面的正式认可与坚实保障。同时，在作品类型的开放立法框架下，只要创作达到基本的法律要求，便可纳入作品范畴，这一规定无疑在某种层面上降低了著作权对象的准入门槛。这也导致在评判“独创性”时，法官可能因主观判断过重而过度依赖兜底条款，从而不当地扩大了著作权客体的保护范围，进而引发著作权客体范围的过度膨胀。

在实际操作中，首要步骤是依据法定作品类型进行作品的认定，在保障创作自由的同时，我们亦需警惕作品类型的无度扩张。为此，精准的司法解释和典型案例的引导至关重要，以此确保作品认定的精确性与公正性。

关于虚拟数字产物的分类及其著作权保护的适用性，我们可以依据以下思路进行分析。首先，必须严格界定所提及的虚拟数字产物是否拥有独创性与明确的具体表现

---

① 陈计、张卫彬：《元宇宙中虚拟数字作品著作权的扩张样态与理路修正》，载《河南工业大学学报》2022年第5期。

② 王璐：《元宇宙背景下虚拟数字作品的可版权性证成》，载《重庆开放大学学报》2023年第6期。

形式，这两个方面构成了确认作品的基本准则。独创性，是指是否通过个体的智慧和创新创作而成；而具体表现形式则意味着是否以某种特定方式表达出来。二者相辅相成，是作品的核心特征。其次，要对作品进行类型化的判断。若该作品在类型上与现行法律规定的作品类型相似，则我们可以将其归于相应的类别中。如果该作品与现有的法定类型存在差异，难以直接归类，那么我们需要更加审慎地处理。此时，我们可以考虑使用兜底条款。但使用兜底条款时，我们必须确保该作品与相关制度的契合度，并力求在保护创作者权益的同时，平衡其他相关方的利益。

（二）构建公共领域保留制度

著作权法至少包含两种相互竞争的利益。首先，它赋予作者对其作品的有限垄断权，这样他们就可以从创作中获得收入。其次，其允许公众访问作品，使每个人都能从版权作品包含的内容和思想中受益。然而，平衡这两种利益往往是一项具有挑战性的任务。[①] 从表面看，公共领域似乎属于自然范畴，然而在现实中，法律在其中也扮演着不可或缺的角色。有学者指出，公共领域与公共政策、法律法规有着密切的联系，公共领域内蕴含着法律相关权利义务的内容。[②] 在公共领域内，公众确实享有自由使用作品内容的权利，但这份自由需以对著作权人权利的尊重与保护为前提。著作权不仅象征着创作者对作品的独享权利，同时也承载着对公众合理使用的规范与期待。因此，公众应在法律的框架内，以合理、恰当的方式使用这些作品，而非阻碍作品正常的传播与应用。

随着元宇宙的崛起，著作财产权的保护边界在复制权、传播权等权利内涵的拓展下日益扩展。然而，若其边界在多维空间内无序蔓延，则其独有的排他性质无疑将侵害公众对新型数字作品的自由使用权，不仅会无形中增加公众的使用负担，更有可能导致公共空间的日渐缩减。[③] 这种趋势的长期发展无疑会导致公共领域的式微，也有可能引发著作权制度的不公平与不合理现象。鉴于此，需要在著作权法的框架内，精心构建并维护公共领域的保留机制，保障公众对数字作品的合理使用权益。

首先，知识产权法体系中的《商标法》与《专利法》所倡导的诚实信用以及禁止权力滥用原则，同样可以参照适用于著作权法领域。这不仅是道德上的要求，更是一种法律上的约束。诸如诚信原则与禁止权利滥用原则，不仅深度契合著作权法所追求的多元利益平衡理念，更为调节失衡的权益关系提供了坚实的法理支撑。建议在现行《著作权法》第4条之后，增列一款作为首要原则条款："公众自由访问与使用的公共

---

① Nanobashvili Levan, "If the Metaverse is Built, Will Copyright Challenges Come?", *UIC Review of Intellectual Property Law*, Vol. 21, No. 3, 2022, p. 241.

② 马治国、赵龙：《价值冲突：公共领域理论的式微与著作权保护的限度》，载《山东社会科学》2020年第10期。

③ 参见王太平、杨峰：《知识产权法中的公共领域》，载《法学研究》2008年第1期。

领域内容，不受著作权法的直接约束，任何主体均无权对公共领域内的资源主张专属权益。”此举旨在明确公共领域中法律权益的边界，为公众提供明晰的法律指引，同时以最低成本实现社会资源的最大化利用。[①] 为在日后处理公共领域中可能发生的著作权冲突或纠纷，提供可靠的法律依据以及法律指引。

其次，为维护元宇宙创作的健康发展，对于缺乏新颖性与独创性的作品的著作权、基础性信息以及公众普遍知晓的常识等内容，应逐步将其纳入公共领域的范畴。这一举措的目的是防止著作权在元宇宙中的过度扩张。同时，考虑到元宇宙作为与现实世界紧密相连的虚拟空间，其创作灵感与素材的来源广泛而丰富，依赖于海量的数据与信息，因此我们有必要将公共领域的内容纳入考量，使著作权权利主体不得以财产规则拒绝他人利用其作品[②]，以推动元宇宙创作的多元化与健康发展。为防止元宇宙中的创作资源被个别著作权人独占，我们倡导从个体权益的狭隘视角转向更为宏大的社会公共利益考量。这一转变不仅意味着对著作权人部分权利的合理让渡，更彰显出我们坚守公共利益价值的决心。

（三）促进国际合作与协调

面对元宇宙这一全新领域的全球属性，各国必须深化著作权保护的国际合作与协同。通过签署国际协议、开展多方协作等方法，打击跨国著作权侵权行为，捍卫每一位创作者的合法权益。

首先，在探讨元宇宙著作权的管辖权时，必须先探讨如何使虚拟世界的法律框架与现实世界的法律体系和谐共存。鉴于元宇宙的跨国特质，各国法律体系间的协同与统一变得至关重要。因此，国际组织和各国政府应携手合作，构筑国际性的法律框架，为元宇宙中的著作权保护提供明确的法律指引。同时，各大平台也需在其用户协议中详尽阐述著作权政策，有效处置侵权行为，并清晰界定用户与平台间的权益边界。此外，利用区块链等前沿技术，我们能在全球范围内精确追踪并验证作品的原创性与所有权，为著作权纠纷的解决提供有力支持。在处理具体案件时，还需根据作品创作地、侵权行为发生地、被告所在地等多元因素，灵活选择适用法律，以实现更加公正合理的法律裁决。这些国际性的法律合作与法律咨询机制的建立和推进，也为创作者提供了必要的支持和保障，激励用户在元宇宙中创作更多作品。[③] 在应对日益复杂的数字创作挑战时，可以借助这些力量，确保创作内容的合法权益得到维护。

其次，在处理国际著作权纠纷时，我们常常面临各国法律体系差异带来的复杂挑战。为了妥善解决这些纷争，我们必须深入理解并运用国际法律准则。这些准则不仅

---

① 参见吴汉东：《知识产权法的制度创新本质与知识创新目标》，载《法学研究》2014 年第 3 期。

② 王思文、李彦：《风险与纾解：人工智能技术使用文本与数据的著作权规制》，载《中国出版》2024 年第 8 期。

③ 参见邓建鹏：《元宇宙及其未来的规则治理》，载《人民论坛》2022 年第 7 期。

包括各国法律条文之间的微妙差异，还涉及国际法的普遍原则和规定。在这样一个多元且复杂的法律环境中，我们需以国际法的框架为指导，寻找合理的解决方案。同时，双边条约和多边条约在解决跨国著作权纠纷中扮演着举足轻重的角色。这些条约为各国在处理纷争时提供了明确的依据，确保了对争议的公正、公平处理。当然，这些条约的执行也依赖于国际法院和仲裁机构的公正裁决。

因此，在处理跨国著作权纠纷的问题上，我们需灵活融合国际法律原则、条约及司法裁决的智慧。如此方能在这个交织着多元法律元素的复杂环境中，精准探寻最佳解决之道，确保结果的公正、高效。

结　语

随着科技的不断进步，元宇宙的崛起为著作权保护带来了全新的挑战与机遇。为应对这一新兴领域所带来的复杂问题，我们需积极采取行动。在法律层面，对现行著作权法进行细致的完善与修订，确保其能够满足元宇宙这一新型空间的特殊需求。同时，建立公共领域的保留制度，为著作权作品在元宇宙中的传播与复制提供明确指导，防止权益的滥用。此外，加强国际合作与协调同样重要，以应对因元宇宙的跨国属性而带来的法律挑战。

在虚拟的元宇宙空间中，对于符合特定作品构成要件的虚拟作品实施保护至关重要，这种保护方式能助力营造健康的著作权环境，并为我国元宇宙相关产业的繁荣发展提供有力支持，促进原创内容在元宇宙空间内的产生与流通，从而提升行业的创造力与创新能力。如此可为元宇宙产业的稳步成长提供强有力的保障，进而增强我国在相关领域的全球竞争力。

元宇宙数字贸易中的法律主体

——权利、责任与治理

戚师瑜*

摘　要：元宇宙数字贸易为用户提供了一个虚拟的三维交易空间，用户能够在元宇宙空间内进行买卖、交换和其他商业活动，但其发展也带来了如虚拟财产权的保护、数据隐私保护、知识产权侵权等问题，为应对这些挑战，应明确元宇宙数字贸易中的法律主体，确定其权利和责任，并对元宇宙数字贸易中法律主体治理路径进行研究，解决元宇宙数字贸易中的法律问题，需要将法律与技术结合、加强监管和技术监督、保护用户数据、鼓励企业自律以及加强国际合作，等等，确保元宇宙数字贸易的健康有序发展，保障用户的合法权益，为推动中国元宇宙产业发展、数字革命和数字经济发展提供实践经验借鉴。

关键词：元宇宙　数字贸易　法律主体　治理

元宇宙产业是当前数字科技领域的重要发展方向，具有巨大的市场潜力和商业价值，2023 年，教育部办公厅、工业和信息化部办公厅、文化和旅游部办公厅、广电总局办公厅、国务院国资委办公厅五部联合印发了《元宇宙产业创新发展三年行动计划（2023—2025 年）》①，提出到 2025 年，元宇宙技术、应用、产业及治理等方面取得突破，成为未来数字经济的一个重要增长极。届时，元宇宙技术体系将更加完善，产业规模将显著扩大，布局将更加合理，产业技术基础支撑能力得到进一步增强，综合实力提升至世界先进水平。未来，随着技术的不断进步和产业链的不断完善，元宇宙产业将会迎来更加广阔的发展前景，然而，伴随着元宇宙数字贸易的兴起，一系列复杂

---

* 戚师瑜，四川大学法学院国际法学与涉外法治博士研究生。研究方向：元宇宙和数字贸易国际法治。本文系西北政法大学涉外法治研究专项课题“中国—中亚旅游服务贸易法治发展研究”（编号：SWFZ2023A17）阶段性成果。

① 《五部门关于印发〈元宇宙产业创新发展三年行动计划（2023—2025 年）〉的通知》，载中国政府网，https://www.gov.cn/zhengce/zhengceku/202309/content_6903023.htm，访问日期：2024 年 6 月 20 日。

的法律问题接踵而来，包括虚拟财产权保护、数字合同的执行、知识产权侵权以及刑事犯罪等问题，面对这些法律挑战，亟须建立完善的法律体系和治理机制，以保障元宇宙数字贸易交易的公平、合法。

一、定义、特征与类型：元宇宙与元宇宙数字贸易中的法律主体

（一）元宇宙的概念厘定与特征分析

1. 何为“元宇宙”

元宇宙可以被看作互联网的下一个迭代，是由扩展现实（XR）、人工智能（AI）、去中心化分类账技术（DLT）、神经技术、光学、生物传感技术、改进的计算机图形、硬件和网络功能等数字化技术构建的虚拟空间，是一个包含各种虚拟现实场景和数字化物体的多维度世界，它融合了现实世界和虚拟世界，提供丰富的交互体验和沉浸式感受。元宇宙的概念最早出现于 1992 年，源自美国作家尼尔·斯蒂芬森在其科幻小说《雪崩》中的描述，该书描绘了一个平行于现实世界的虚拟空间，用户通过多人在线的方式进行沉浸式的虚拟体验：根据自己的喜好定制虚拟场景并以自定义的“化身”在其中进行社交、游戏、学习、工作、探险、贸易等各种活动，体验各种不同的身份和角色。用户在其中有着完全沉浸式的体验，可以通过虚拟现实技术在元宇宙中进行互动，感受到真实的视觉、触觉、听觉，这种互动既可以是个人与虚拟环境的互动，也可以是多用户之间展开的互动。

总体来看，元宇宙大致分为三种模式：首先，物质世界的数字化，这种模式下的元宇宙实现了味觉、触觉等的高度仿真；其次，作为“平行世界”，元宇宙使用户能够在虚拟世界中开展各种与现实世界相同的活动；最后，元宇宙是整合多种新技术形成的一种新型社会形态和互联网应用，它实现了现实世界与虚拟世界在身份系统、经济系统及社交系统上的高度融合。[①]

2. 元宇宙的特征分析

沙盒游戏平台 Roblox 在其招股书中提到，元宇宙包含八大要素：朋友、多元化、身份、低延迟、随时随地、沉浸感、经济系统以及文明。[②] 具体而言，元宇宙具有以下五大特征：第一，仿真性和虚拟性相交织。用户在元宇宙中拥有一个或多个虚拟身份，可在其中体验与现实世界不同的环境和场景，实现超越时空的互动体验。第二，开放性和互动性相融合。用户可以自由进入元宇宙进行互动、合作与交流，形成丰富多样的社交网络。第三，沉浸式体验。虚拟世界和现实世界保持高度同步和互通，交互效

---

① 赵精武：《“元宇宙”安全风险的法律规制路径：从假想式规制到过程风险预防》，载《上海大学学报（社会科学版）》2022 年第 5 期。

② 《元宇宙的概念、特征和前景》，载微信公众号“MetaSpace 元宇宙”，https://mp.weixin.qq.com/s/zmlSbeq4OouaGM6jeFH_hw，访问日期：2024 年 4 月 5 日。

果接近真实，让用户具有身临其境的感官体验；第四，互联性和可扩展性。不同平台和系统可以进行互联互通，实现跨平台跨设备无缝体验跨界的融合性；第五，新商业模式和文明诞生。各种数字技术和领域知识在其中得以交叉融合，创造出全新的应用场景和商业模式，构建一种独特的法律、经济和安全体系，并形成一个独属于元宇宙的新文明。

（二）元宇宙场域下的数字贸易

元宇宙正成为助力数字中国建设与推动数字经济发展的新引擎，2023 年 12 月 26 日，商务部和国家发展和改革委员会联合发布了《关于支持横琴粤澳深度合作区放宽市场准入特别措施的意见》[①]，该意见旨在推动数字贸易创新和国际合作，支持发展创作者经济，探索建立数据元宇宙及其他产品的确权出海中心。

在元宇宙数字贸易中，用户可以创建虚拟身份，购买和出售虚拟商品，如虚拟房地产、艺术品、服装等，同时也可以享受和提供虚拟服务，包括教育、医疗、演出、会议等，元宇宙中的交易通过区块链技术进行支付和确权，保证了交易的安全和透明。例如，2023 年 11 月，跨境电商平台大龙网集团携手渡宾科技在第六届中国国际进口博览会的服务贸易展区全球首发元宇宙数字贸易产品。大龙集团将 Web 3.0、AI、VR、AR 等技术与跨境电商相结合，打造了一个集会议活动、社交互动、网贸展会、虚拟游戏、文创旅游于一体的元宇宙商业世界，在不久的将来，国内外企业可以进入这个元宇宙商业新世界，实现足不出户洽谈贸易合作。其中，用户可以根据产业、城市、参展主题等需求，定制各种不同造型和规模的元宇宙展馆；AI 赋能能够集成和训练不同垂直行业的 AI 大语言模型，AI 客服可以实时为每一位客户提供服务；元宇宙中的商贸展会还融合了文旅元素，使参展客户能够更加全面地了解城市的产业和文化。此外，智能同步翻译功能还使展商可以用母语与全球客户无障碍沟通。[②] 元宇宙打破了地理界限，世界各地的用户都可以在虚拟空间内自由交易，促进了新兴数字经济的发展，推动了数字经济的全球化。

（三）元宇宙数字贸易场域下法律主体的特性与类型

1. 元宇宙数字贸易场域下法律主体的特性

第一，多元化的主体身份。元宇宙中，参与数字贸易的法律主体不仅局限于传统意义上的如自然人或法人等法律主体，还包括如虚拟数字人（Virtual digital person）、超仿真机器人（Hyperartificial robot）、数字分身（avatar）等虚拟主体，可应用于医疗、

---

① 《国家发展改革委 商务部关于支持横琴粤澳深度合作区放宽市场准入特别措施的意见》，载中国经济信息网，https://www.ndrc.gov.cn/xxgk/zcfb/tz/202312/t20231226_1362933.html，访问日期：2024 年 6 月 30 日。

② 《进博会上，这款元宇宙数字贸易产品迎全球首发》，载大龙网，https://odalong.com/newscenterdetail.aspx?aid=1078，访问日期：2024 年 6 月 30 日。

教育、金融、直播、游戏等多个领域。元宇宙数字贸易中，各法律主体彼此间的关系和交易模式相较于传统贸易更为复杂多变，主体身份与交易模式的多元化要求法律具备灵活性和包容性，故应适当对法律进行相应调整，明确虚拟主体的法律地位和权利义务，以适应科技的创新与发展，规范元宇宙数字贸易中新型法律主体的行为。

第二，法律主体的权利责任边界模糊。元宇宙场域下的数字贸易具有天然的跨境特性，其跨地域性模糊了国家管辖的清晰划分，在元宇宙场域下进行交易的法律主体可能来自世界任何一个角落，其身份识别、权益保护等均需超脱于传统的地域限制。这样一来，元宇宙数字贸易中法律主体的权利与责任边界将变得模糊，为法律主体治理带来巨大的挑战。例如，《中华人民共和国民事诉讼法》（简称《民事诉讼法》）第22条规定，"对公民提起的民事诉讼，由被告住所地人民法院管辖"。然而，属人与属地管辖均难以适用于元宇宙数字贸易中的纠纷。原因有下：其一，《民事诉讼法》规定的诉讼行为发生在现实世界的国家范围内，而元宇宙无法界定明确的"地域"，是一个无国界的虚拟空间。其二，用户在元宇宙场域中均以虚拟身份进行活动，难以确定纠纷主体的"国籍"，即使纠纷主体有明确的国籍，但用户遍布全球，涉及不同国家及其公民的权益，权利责任边界模糊，用户之间的纠纷管辖权难以确定。[①]

第三，主体身份的不确定性。不确定性体现在法律主体角色和权责的变化上，在传统的交易环境中，无论是个人还是公司的角色都相对固定，而元宇宙数字贸易中的主体身份既可以与现实世界对应，也可以不对应，现实世界的主体可以在元宇宙中拥有多个身份，而且这些身份可以不限性别、物种。[②] 主体身份的不确定性使法律主体的责任和权利更加难以界定，也对法律的灵活性和适应性提出了更高的要求。

2. 元宇宙数字贸易场域下法律主体类型解析

其一，元宇宙数字贸易中的自然人主体。自然人主体指的是在元宇宙中凭借真实身份或虚拟身份进行数字交易和互动的个人。自然人在元宇宙数字贸易中有以下特征：首先是身份的多样性与虚拟性，现实世界中的人在元宇宙中通常拥有不止一个与其对应的虚拟存在，但由于元宇宙的匿名性，因此即使每个现实世界的人在元宇宙中只有一个对应的虚拟存在，他们也能以不同的身份在元宇宙中交往。[③] 其次是权利的延展性，元宇宙场域下的自然人主体不仅享有传统的财产权、隐私权等基本权利，还享有虚拟财产、数字身份等新型权利。最后，自然人主体在元宇宙中的角色不仅限于消费者，还可以是创造者、投资者甚至治理者。

其二，元宇宙数字贸易中的企业和商业实体。企业是元宇宙的核心主体之一，在

---

① 莫然：《元宇宙时代网络纠纷治理机制构建研究》，载《甘肃理论学刊》2024年第2期。

② 《去中心化的元宇宙生态下，现行法律还奏效吗?》，微信公众号"Meta元宇宙指北"，https://mp.weixin.qq.com/s/c0Sgoq7LeXjrhfegFVRPCw，访问日期：2024年6月15日。

③ 《京都视点："元宇宙"面临的七大法律问题》，载微信公众号"京都律师"，https://mp.weixin.qq.com/s/VJlOcpV6Rc11YbgqE4mGqA.

元宇宙时代，企业的定义得到了泛化，其角色和范围已经从传统的企业扩展到供应链、产业集群与园区，甚至涵盖了整个行业、地区，乃至整个元宇宙的数字生态系统。[①] 企业和商业实体在元宇宙中的法律身份与现实世界相衔接，可以通过虚拟办公室、虚拟店铺以及虚拟服务平台进行虚拟商品销售、虚拟服务提供、广告投放和虚拟房地产交易等，与全球的消费者和企业进行交易，打破了物理空间的限制，拓展了业务范围和客户群体，带来了新的市场机会和商业模式创新，推动了元宇宙经济的繁荣发展。

其三，元宇宙数字贸易的法律主体之元宇宙平台。元宇宙平台是元宇宙数字贸易法律主体的核心组成部分，构成了数字经济的基本框架，被认为是平台的平台，同时也为其他平台在元宇宙中的贸易往来提供了活动场所。元宇宙平台提供虚拟且沉浸式的在线环境，确保用户身份验证和数据安全、处理虚拟货币的发行和管理、保障用户权益，并提供有效的平台内纠纷解决机制等，使用户能够正常在其中进行各类经济活动。“元宇宙”之中的组织，例如以太坊（Ethereum），或将成为前述定义的元宇宙平台，成为超级流量入口。[②]

其四，元宇宙数字贸易的法律主体之虚拟实体。在讨论“机器”的主体地位时，有学者将其概括为两种情形：第一种是独立于人类的法律主体，第二种是受人类意志控制的智能主体，不具备法律主体资格。然而，学者们一致认为，如果涉及超人工智能，则其必然具备法律主体资格。[③] 元宇宙数字贸易中的虚拟实体包括数字分身、数字虚拟人、超仿生机器人、虚拟组织等，对于上述新兴虚拟实体，若在元宇宙中具备自我意识，则应赋予其法律主体资格，保护其相关权利，规制其相关行为。

其五，元宇宙数字贸易法律主体之政府机构。在元宇宙数字贸易中，政府不仅扮演着公共权力行使者的角色，还是元宇宙的监管者、协调者、推动者、伦理引导者以及规则制定者，其鼓励技术创新、进行风险管理、发布政策支持、推动伦理建设和制定相关法规。此外，政府还致力于推动国际合作，参与元宇宙数字贸易全球治理体系的构建，促进元宇宙数字贸易的健康向善发展，确保交易的安全和合法以及市场的公平与透明。

二、元宇宙数字贸易中法律主体的权责

关于元宇宙数字贸易中的法律主体与现实世界的法律主体享有的在本质上具有一致性的权利，本文不过多赘述。例如，《中华人民共和国民法典》第 109 条规定了保护自然人的人格尊严和人身自由，而第 110 条则赋予自然人诸如生命权、健康权、身体权、肖像权、姓名权、荣誉权、名誉权、婚姻自主权等基本权利。此外，法人和非法

---

① 李正海：《工业元宇宙的应用场景及发展趋势》，载《企业家》2022 年第 10 期。

② 杨东、高一乘：《论“元宇宙”主体组织模式的重构》，载《上海大学学报（社会科学版）》2022 年第 5 期。

③ 郭少飞：《“电子人”法律主体论》，载《东方法学》2018 年第 3 期。

人组织也享有荣誉权、名誉权以及名称权等。[①] 除此之外，元宇宙数字贸易中还存在涉及数据隐私保护、数字财产、知识产权、税收等特殊领域的权责。

（一）数据隐私保护领域的权责

由于元宇宙数据运行机制的改变以及用户能力的扩大，海量数据流动给个人、社会甚至国家安全带来巨大隐患，元宇宙数字贸易中隐藏行为模式的挖掘也变得越发容易，进一步加剧了Web 2.0时代存在的隐私安全问题。数据隐私泄露不仅会引发金融数据隐私风险，还会引发支付、系统性金融、国家基础数据安全等方面的风险。例如，在元宇宙游戏、音乐、电影等数字场域中，扩展现实和脑机接口技术将以提升用户体验为名，大量采集用户面部画像、脑电波等活动数据，给元宇宙中的用户数据隐私安全带来巨大的隐患。[②] 又如，2022 年，奢侈品品牌路易威登（LV）北美公司邀请消费者通过其网站虚拟试戴其设计的眼镜以推销其商品，该公司在没有事先告知并获得消费者同意的情况下，通过访问消费者的面部图像，收集并储存其详细和敏感的生物识别数据，最终因涉嫌违反伊利诺伊州《生物识别信息隐私法》的相关规定而遭受诉讼指控；同年，另一个元宇宙平台罗布乐思（Roblox）也频发用户账号被盗、用户信息泄露事件。

首先，自然人在元宇宙数字贸易中的数据隐私保护领域有权决定其个人数据能否被他人收集、储存、使用和转让，任何其他主体非法收集、使用或转让个人数据，从而侵害自然人的财产权和人格权的行为都是违法的。相关法律主体需遵守有关数据保护法律，如我国的《个人信息保护法》和欧盟的《通用数据保护条例》（GDPR）等，确保数据收集、使用和传输的合法合规。其次，元宇宙平台应制定严格的内部隐私政策和安全协议，采用先进技术手段（如区块链和加密技术）保护用户数据，并定期进行安全审计和漏洞修复，在发现安全威胁时迅速采取措施保护用户利益。此外，平台还应提供友好的用户隐私管理工具，帮助用户更好地管控个人数据。最后，政府需制定严格的数据收集、存储和共享标准，建立监督和执法机制，积极推广数据隐私意识教育，同时加强国际合作，推动国际统一数据保护标准的制定，确保跨境数据传输的安全和合规性，保护元宇宙数字贸易中的数据隐私安全，促进数字贸易的健康发展。

（二）数字财产领域的权责

元宇宙数字贸易中的数字资产往往通过密钥进行安全验证，但这也带来了一定的

---

① 《中华人民共和国民法典》，载中国人大网，http://www.npc.gov.cn/npc//c2/c30834/202006/t20200602_306457.html，访问日期：2024 年 7 月 1 日。

② 蒋鹏宇：《从消极隐私保护到积极隐私保护：元宇宙中的隐私风险及其治理进路》，载《科学与社会》2023 年第 4 期。

安全隐患，密钥被窃或丢失的案件频繁发生，可能导致虚拟账号遭受黑客攻击，而虚拟资产面临被骗、被盗的风险。元宇宙数字贸易中的虚拟物体、虚拟土地、化身等数字资产具有经济价值，可以在元宇宙中进行购买、出售或交换，数字资产所有权人对其数字资产应该享有占有、处分、收益和使用的权利，其他主体对他人的数字资产进行侵占、哄抢、破坏的行为都是不合法的。例如，2022 年 4 月，周杰伦在社交平台发文称其持有的 NFT（非同质化代币）——BAYC #3738 因遭钓鱼攻击而被盗，并在一小时内被四次转手，以高价售出后再转出，间接折合人民币 300 余万元。此类虚拟财产交易纠纷频繁发生。①

如何保障元宇宙数字贸易中相关法律主体的数字财产权、规范其他相关主体的责任也是当下亟须解决的问题。其一，卖家应对其所售虚拟资产的合法性和真实性进行查验并提供明确的交易条款和服务保障。其二，政府应当建立有效的监管机制，打击虚拟财产交易中的欺诈行为，推动技术标准的制定和推广，促进元宇宙生态系统的健康发展。其三，作为元宇宙数字贸易主要承载者的元宇宙平台，需建立健全的身份认证机制、纠纷解决机制，制定明确的用户协议和使用条款，提供便捷公正的投诉和申诉渠道，推动元宇宙数字贸易的规范化和可持续发展。

（三）知识产权领域的权责

虽然区块链技术为法律认可、认证以及问责提供了技术支持，在虚拟与现实的元宇宙边界，大量知识产权（IP）应用程序和用户生成内容（UGC）相互跨越渗透，加剧了知识产权管理的混乱和复杂。当前，元宇宙数字贸易领域存在的已知或可以预知的知识产权保护问题主要有：著作权侵权问题、数字人所有权归属问题、数字孪生作品侵权问题等。② 例如，备受关注的“元宇宙侵权第一案”：漫画家“不二马”创作的“胖虎”系列作品的独占著作权于 2021 年 3 月被授权给奇策公司。原告奇策公司发现被告原与宙公司未经授权便在 Bigverse 平台上“铸造”并发布了“胖虎打疫苗”NFT 作品进行销售，后因“作品涉及搬运”而被退款。奇策公司随后提起诉讼，要求被告原与宙公司停止侵权行为，并在区块链上销毁或回收已发布的涉案 NFT，并赔偿经济损失。③

于元宇宙数字贸易中知识产权的治理而言，首先，消费者与卖家在使用和传播虚拟商品时，应当尊重创作者和其他权利人的合法权益，禁止擅自复制、传播他人的作

---

① 《浅析元宇宙热潮下的法律风险》，载微信公众号“广东永森律师事务所”，https://mp.weixin.qq.com/s/8jUp75pOMjh23B9buKNyYA，访问日期：2024 年 4 月 15 日。

② 《浅析元宇宙热潮下的法律风险》，载微信公众号“广东永森律师事务所”，https://mp.weixin.qq.com/s/8jUp75pOMjh23B9buKNyYA，访问日期：2024 年 4 月 15 日。

③ 《元宇宙侵权第一案——“胖虎打疫苗”案》，载微信公众号“华政研究生法律援助中心”，https://mp.weixin.qq.com/s/gDR1I1DRJYaDVsb-ofxRLg，访问日期：2024 年 6 月 15 日。

品，避免购买或销售侵犯他人知识产权的商品或服务。其次，政府作为元宇宙数字贸易市场的监管者，应制定和完善知识产权相关法律法规，确保元宇宙数字贸易中的知识产权得到有效保护；同时加强国际合作，打击知识产权侵权行为，并建立健全的投诉和举报机制，提升公众的知识产权保护意识，从而增强社会整体对知识产权的尊重和重视。最后，元宇宙平台应制定严格的审核机制，确保平台上架的商品和服务合法合规，同时完善侵权产品举报和投诉机制，及时打击侵犯知识产权的行为。

（四）刑事犯罪领域的权责

元宇宙综合了多种新型技术，代表了科技发展的前沿，推动着未来现代性结构的变化，但这种前沿形态也带来了前所未有的刑事风险和危机。① 首先，元宇宙的边界模糊不清，虚拟世界中的犯罪活动往往跨越国界和管辖区域，导致刑事侦查和定罪的困难。其次，隐私与安全问题亦为刑事犯罪带来了挑战。个人在元宇宙中产生的数据被滥用或者被用于犯罪活动，加剧了犯罪行为的隐蔽性与复杂性。最后，虚拟世界中的数字货币交易、虚拟财产盗窃等犯罪行为频发，涉及追踪赃款、定罪判刑等法律问题，对刑法的适用提出了新的挑战。例如，2022 年 3 月，一名《VRChat》玩家发文称在游戏中遭受了性侵害。该玩家穿着头显设备在 VR 世界中睡觉时，一个陌生人进入玩家所在的虚拟房间对其虚拟形象实施了性猥亵行为。该玩家被吵醒后看到一个陌生人在其虚拟躯体上实施猥亵行为，而 VR 技术的沉浸式体验使玩家仿佛身临其境，遭受了一次极为“真实”的性侵害。

在元宇宙数字贸易的刑事犯罪领域：首先，自然人应遵守法律法规、维护数字贸易秩序，杜绝参与或从事洗钱、诈骗等犯罪活动，一旦涉足，必须依法追究其刑事责任，以维护贸易环境的正义与公平。其次，虚拟主体有权在元宇宙平台上进行合法合规的贸易。若虚拟主体参与犯罪活动，则应依法追究其背后实际控制人的刑事责任。再次，元宇宙平台作为元宇宙基础设施的建设者和维护者，有权制定并执行平台规则，监督交易过程，保护用户隐私，防止数据泄露和滥用；同时元宇宙平台还需配合立法、司法、执法部门对刑法进行完善并打击和预防数字犯罪活动。若元宇宙平台监管不力，导致犯罪行为滋生，则应依法承担相应责任。最后，政府执法部门要积极打击和预防数字犯罪，并主动与他国或国际组织合作，共同应对元宇宙数字贸易场域下的跨国数字犯罪挑战，确保元宇宙经济的良性发展和国际贸易的安全。只有通过各方共同的协作和努力，才能构建起一个安全、公正、可持续发展的元宇宙数字贸易生态系统。

（五）税收领域的权责

元宇宙的去中心化与匿名性特征，使元宇宙数字贸易中的纳税主体难以明确界定，

① 黄伟庆：《网络虚拟的终极形态“元宇宙”视域下刑事法治思维的逻辑转换》，载《上海法学研究》（第 5 卷），上海人民出版社 2022 年版，第 288—300 页。

资产的加密性也将逐渐侵蚀税收透明度，而虚实交互性又进一步加大了税收管辖权的判定难度。政府是否应当对元宇宙数字贸易中的商品、服务和商业交易行为进行征税？在不同法域的税法体系下，税务部门如何跨境实施征税行为？这些问题成为当下学界讨论的热门话题。在没有任何法律法规加以规范的情况下，元宇宙很可能沦为大宗交易的避税“天堂”，甚至可能出现利用元宇宙进行洗钱等违法犯罪活动的情形。虚拟商品和服务、虚拟收入的税收等相关司法问题迎来了新一轮的监管挑战。①

在元宇宙数字贸易的税务治理领域，消费者、政府和企业平台也各自肩负不同的责任。首先，政府需制定履行税收义务的标准和框架，并加强对平台的监管，确保税收公平、元平台的合法运营，避免因双重征税而加重公民、企业的负担；此外，政府部门应积极展开国际合作，建立跨境信息共享机制，建立统一的征税标准和监管框架，实现税收公平，提高征税效率。其次，消费者和卖家有责任了解并遵守所在法域的税务法规，确保其交易行为合法合规，并按照法律法规履行纳税义务。最后，企业平台作为元宇宙数字贸易的主要运营者，需承担税务合规和信息披露的责任，建立健全的税务管理体系，确保交易数据的透明，并配合税务机关进行信息共享和稽查工作；平台还应提供消费者和企业间交易的税务指南，帮助各方了解并履行税务责任，从而共同促进元宇宙数字贸易的健康发展。通过多主体合作，加快科技创新和法律监管的结合，借助区块链等技术手段提升税收征管的可追溯性和透明度，保障税收的稳定和公平。

三、元宇宙数字贸易场域下的主体权责治理

在数字经济背景下，构建元宇宙数字贸易法治秩序需以技术与法律相结合为治理逻辑，以多元主体参与为管理方式，以伦理驱动为价值导向，等等，实现元宇宙时代的风险治理、数据治理以及多元共治治理秩序，以及面向元宇宙数字贸易时代的良法善治。②

（一）法治与技术之治相结合

元宇宙数字贸易的治理较传统数字贸易治理更加多元，其不仅强调法律治理的规范性，还高度重视技术规制与技术赋能，以及法律与技术之间的互动关系。一方面，元宇宙提供成熟的数字技术和底层运作机制与规则，剩下的完全由元宇宙用户自主搭建，因此没有任何人或中心能够预测和左右元宇宙的形态演变。③另一方面，如果直接将传统法律规则转为由代码编写的自治规则，那么即便可预测性、一致性有所保证，

① 《解析现行法律框架下元宇宙中权利义务的保护与规范》，载微信公众号“中联重庆办公室”，https://mp.weixin.qq.com/s/Vq1sfcoMpiBKcdC3xurVGg，访问日期：2024年6月30日。

② 刘艳红：《数字经济背景下元宇宙技术的社会安全风险及法治应对》，载《法学论坛》2023年第3期。

③ 长铗、刘秋杉：《元宇宙：通往无限游戏之路》，中信出版集团2022年版，第12页。

也会导致用户自治受限，并抑制元宇宙开发者的创新动力。[①] 虽然元宇宙数字贸易场域下技术与法律的约束机制截然不同，但并非完全独立、不被干涉，国家法律和市场商业机构的监管会对其进行调控，以遵循“以元宇宙自治为主，法治为辅”的治理理念。对于元宇宙的治理，应允许其内部自动生成的秩序进行自我规范，必要时法律的介入也应符合元宇宙社区的规则，以规约的形式进行管理。治理过程中应注意区分和防止现实世界与元宇宙之间的冲突。同时，应以数据为底座构建元宇宙的信任机制，确保其稳定和健康发展。[②] 总言之，首先，在元宇宙数字贸易治理领域，需先借助数字技术串联整合各领域的元宇宙治理规则，使之融贯成完整的体系；其次，通过政府制定的规范性文件和政策性文件、司法机关制定的司法解释和发布的权威指导案例等，对现行法律法规进行细化和补充，从而提升元宇宙规则之治的精准程度。

（二）去中心化的多元主体协同

元宇宙数字贸易主体的治理应以“共建共治共享”为目标，在政府、行业、平台和公众等多元主体的共同参与下，构建多主体协同的治理框架，推进元宇宙数字贸易的健康持续发展。[③]

其一，以政府部门治理为主导、“产学研用资”共同参与的元宇宙数字贸易主体外部监管机制。首先，政府各部门应当建立统一的针对元宇宙数字贸易法律主体的监管与治理机制，在明确各部门职责的基础上，加强各机构之间的协作和信息共享，同时搭建起“政产学研用资”六位一体的信息共享体系，推进各主体的融合参与。在政府部门的主导下，引入多方参与法律治理，充分调动行业自治的力量，以弥补政府在元宇宙数字贸易治理中的不足[④]，同时避免“信息孤岛”的形成，确保政府在元宇宙治理中的领导地位，防止治理体系的混乱，以形成元宇宙数字贸易治理的合力。其次，通过整合国家数据局、市场监管、网络信息、金融、税务、公安、国安等部门的资源，建立一套系统而完整的元宇宙数字贸易市场准入与退出的统一机制。

其二，依赖于玩家、去中心化组织（Decentralized Autonomous Organization）和元平台等之间形成的元宇宙数字贸易的内部共识机制。这些内部共识主要涵盖技术伦理和法律合规两个方面，但我国目前尚未建立一套完整的元宇宙技术伦理规范体系。未来可以通过政府、用户、去中心化组织和平台代表的协商会谈，将数字正义的价值观整合到元宇宙的伦理体系中，通过发布指导手册等方式建立伦理审查和价值敏感的熔断机制，以及时应对元宇宙中出现的重大伦理风险。在合规方面，目前的企业合规体系

---

① 王梦婷：《元宇宙的结构变革与多元共治原则》，载《上海法学研究》（第5卷），上海人民出版社2023年版，第50—59页。

② 陈兵、林思宇、倪受彬等：《元宇宙的法律规制》，载《西北工业大学学报（社会科学版）》2023年第4期。

③ 戴元初：《元宇宙：媒介属性、进化路径与治理逻辑》，载《国家治理》2022年第2期。

④ 李晓楠：《网络社会结构变迁视域下元宇宙的法律治理》，载《法治研究》2022年第2期。

主要针对刑事诉讼和行政处罚，而个人信息保护和数据安全的合规措施则缺乏足够的法律支持。[①] 总的来说，各方需加强协同合作，共同推动元宇宙治理体系的不断完善，为元宇宙的可持续发展奠定坚实的基础。

(三) 以伦理驱动为价值导向

由于元宇宙的技术基础具有通用目的性、数据依赖性和算法黑箱性等特性，因此元宇宙治理规则不能完全依赖有强制约束力的法律，而是需要“伦理”和“法律”的共同构建。[②] 元宇宙的发展离不开伦理驱动的引领，伦理既是价值的体现，也是促进元宇宙数字贸易进步与发展的基石。伦理驱动有利于元宇宙数字贸易中行为准则和规范的确立，以规范元宇宙数字贸易交往中各法律主体的行为，引导技术的发展方向，促进元宇宙参与者之间形成价值共识，推动形成和谐、可持续的元宇宙数字贸易生态体系，构建“共享、共赢”的元宇宙治理合作机制。

伦理驱动首先应以促进人类社会进步、增进人民福祉为前提，同时注重数据隐私的保护和元宇宙数字贸易中的算法安全，其次还需避免因技术鸿沟而引发的不同种族、国家以及个人间的差异化歧视问题，不能逾越人类伦理道德底线。只有以伦理驱动为元宇宙治理的价值导向，才能真正实现元宇宙法律主体的合规治理，为元宇宙数字贸易的发展指明方向，引领元宇宙走向更加包容、公正、可持续的发展路径。

(四) 完善数字化的“软法”体系

在数字时代的法律规范中，软法占据了较为重要的地位，现代数字技术发展变化迅速，软法治理能够通过多元化的途径及时构建新的规范体系。[③] 元宇宙是多元价值观碰撞的场所，作为前沿科技的综合生态，其汇聚了不同文化，交流并融合了不同的思想。数字化的“软法”体系是指基于信息技术和数据分析建立的一种法律规范体系，通过算法总结元宇宙数字贸易中的社会共识与行业惯例，形成相应的“软法之治”，最终上升为具有强制性的国家法律，因而更为现实和可行。[④] 在元宇宙数字贸易交易过程中，传统硬法往往无法适应 Web 3.0 时代新兴技术的变革，此时软法的完善和数字化变得尤为重要。首先，通过区块链的去中心化和分布式机制进行实时数据分析和监控，及时调整元宇宙数字贸易相关自治规则和行业伦理标准等，保障元宇宙数字贸易的良性发展；其次，数字化的软法可以提高法律规范的普适性和适用性，通过大数据分析和机器学习，个性化定制软法规范，确保不同法律主体在元宇宙数字贸易场域下的权利和义务都能得到充分保障；最后，数字化的软法可以提高法律的执行效率，完善法

① 孙跃：《元宇宙法律治理中的数字正义及其实践路径》，载《湖北社会科学》2023 年第 5 期。

② 刘艳红：《数字经济背景下元宇宙技术的社会安全风险及法治应对》，载《法学论坛》2023 年第 3 期。

③ 马长山：《互联网+时代“软法之治”的问题与对策》，载《现代法学》2016 年第 5 期。

④ 包晓丽：《元宇宙信息治理面临的新挑战及其法律应对》，载《中国政法大学学报》2023 年第 4 期。

律监督机制，通过区块链等技术手段建立法律规范的全程追溯和可信赖性，促使各方更加遵守法律规范，保障元宇宙秩序的稳定和公平。

（五）国际合作与国际统一规范的制定

像 Meta 这样的跨国公司会涉及众多国家，一旦出现纠纷，将面临管辖权和法律适用的问题，而纠纷解决、司法协调以及安排执行都与国际法密切相关，因此，制定一部国际互联网宪章很有必要。虽然元宇宙有其自身的规则和制度，但这些规则和制度须以国际规则为基本原则。①

首先，各国政府、国际组织需加强交流合作，在国际法语境下进行规划，构建国际元宇宙法律关系和相关定义，协商统筹形成“国际统一元宇宙法”，这不仅能避免法律冲突，也能为元宇宙的后续发展做好法律规制准备。② 与此同时，要完善信息和资源共享机制，共同应对元宇宙发展带来的各种挑战和问题，建立更加完善的治理体系。其次，各国的学术界、企业界和公民社会应当积极参与元宇宙发展规范的制定过程，共同探讨并解决元宇宙发展中面临的难题。通过开展国际性的研究合作项目，举办跨国学术会议和研讨会，进一步加强不同国家间的交流与合作，增进对元宇宙治理规则的共识，共同推动元宇宙的法治建设和发展。

结　语

在元宇宙数字贸易领域，法律主体的辨析与定位是构建一个稳定、公正和透明的数字交易环境的基石。本文深入分析了元宇宙数字贸易中法律主体的特性、权利、责任以及治理路径，明确了包括传统的自然人、法人、元宇宙平台、虚拟主体及公权力部门在内的多元法律主体的角色和功能，探讨了其在数据隐私保护、数字财产、知识产权等方面的具体权责。在当前和未来的元宇宙数字贸易法律主体权责治理中，需在政府、企业、行业组织和公众等多方的共同参与下，通过技术与法律的结合，采用多元主体参与的治理模式，推动法治和伦理的共建，确保元宇宙数字贸易这一新兴经济领域的健康、有序发展。未来，应进一步完善相关法律规范，加强国际合作，推动“国际统一元宇宙法”的制定，保障元宇宙数字贸易中各用户的合法权益，推动元宇宙数字贸易朝着公平、安全与创新的方向发展。

---

① 沈伟：《数字规制的场景、困境与进路：作为法治场域的元宇宙》，载《政法论丛》2024 年第 3 期。

② 《元宇宙及其运行规则体系——兼论相关法律问题》，载澎湃新闻网，https://m.thepaper.cn/baijiahao_15679003，访问日期：2024 年 7 月 1 日。

元宇宙的国际标准化与协作治理

——现状、挑战与未来趋势

郑锦歌*

摘　要：随着元宇宙概念的兴起，全球各地的技术公司和组织正在积极探索和开发与虚拟现实、增强现实及其他交互式数字环境相关的应用。然而，元宇宙的发展面临着跨平台和多应用的标准化挑战，这些挑战不仅影响技术的互操作性和用户体验，还涉及全球法律、安全和伦理问题。因此，探讨元宇宙标准化的国际协作治理的现状及重要性、分析当前的标准化工作和框架，并提出国际协作模式和治理结构的建议，对于推动元宇宙的健康发展至关重要。本文通过比较不同国家和地区的实践，为未来元宇宙国际协作的发展趋势提供思路，并给出相关的政策建议。

关键词：元宇宙　标准化　国际协作　治理结构　技术互操作性

元宇宙（Metaverse）作为一个新兴的概念，可以笼统地理解为一个平行于现实世界的虚拟世界，它为用户带来前所未有的沉浸式与交互式体验。元宇宙的兴起，从本质上是对更加丰富的数字体验需求的积极响应——以区块链为例，作为元宇宙的一个组成部分，区块链可以在元宇宙中不断推动实体经济与数字经济的深度融合，为元宇宙提供开放、透明的协作机制。随着元宇宙概念的广泛传播，全球政府机构、企业及学术界均在积极推动其发展，例如，国际上许多元宇宙标准论坛等专门机构陆续成立，这些机构正在全力推进相关标准化工作的实施。中国作为数字经济领域的重要国家，正积极参与元宇宙国际标准制定与全球治理协作。通过牵头编制《元宇宙标准化白皮书》和推动6项国际标准提案，我国在技术标准、数据治理和产业应用等方面为全球

---

* 郑锦歌，西北政法大学法学院硕士研究生，涉外法治研究中心（国家级）、国际法研究中心（省级）科研助理。研究方向：国际经济法学、国际数字贸易法。本文系西北政法大学涉外法治研究专项课题“中国—中亚数字基础设施跨境投资合作法律问题研究”（编号：SWFZ2023A16）阶段性成果。

元宇宙发展贡献中国智慧。同时，依托数字人民币试点和区块链服务网络等基础设施，中国正在构建开放、互通的元宇宙协作治理体系，促进数字经济的跨国融合与创新发展。

一、元宇宙及其国际协作分析

元宇宙，作为人类运用数字技术构建的超越现实世界的虚拟空间，集成了5G、云计算、人工智能和虚拟现实等一系列尖端技术，展现出巨大的市场潜力以及商业价值，但随着元宇宙的快速发展，其治理问题也日益凸显，这就迫切地需要国际协作与努力。元宇宙的国际协作治理研究，其目的是通过跨国界的合作，共同探索元宇宙的监管框架、法律法规以及伦理规范等核心议题。①

（一）元宇宙的定义

作为近年来技术革新交汇、经济新增长方向以及新兴交互方式融合的热点，元宇宙是运用技术手段构建出的与传统现实物理世界平行的虚拟数字世界，集成了众多信息科学与数字技术的前沿创新领域。抓住 Web 3.0 时代下元宇宙的发展契机，能够使我国在全球互联网行业发展接近天花板、流量红利逐步消失的当下，获得另一次难得的技术发展机遇，符合国家对科技创新的战略目标构想及治国理政的新理念、新思想、新战略。②

从概念上讲，元宇宙是一个融合了虚拟现实（VR）、增强现实（AR）、人工智能（AI）和区块链等前沿技术的综合性概念，它构建了一个拥有独立运行规则和完整社会体系的数字空间，超越了传统虚拟现实和在线游戏的范畴。在这个空间中，用户可以体验到沉浸式的社交互动、经济活动和内容创作，拥有自己的经济体系、社交网络和服务平台。③ 它的特点包括跨平台的互联互通、技术融合、去中心化特性，以及为用户提供持续的在线体验和虚拟资产所有权。

（二）元宇宙的发展现状和趋势

现阶段，国家高度重视元宇宙技术的发展与应用，多个部委已就元宇宙的标准化和产业发展提供指导。例如，工信部在2022年提出鼓励中小企业进入元宇宙等新兴领域，并在《互联网信息服务深度合成管理规定》中强调了行业自律和标准建设的重要性，同时，中国人民银行在其金融科技发展规划中提及了利用视觉技术与银行服务的

---

① 黄欣荣、曹贤平：《元宇宙的技术本质与哲学意义》，载《新疆师范大学学报》2022年第3期。

② 徐凯程、李文武、王志强等：《我国元宇宙标准化发展初探》，载《标准科学》2022年第10期。

③ 黄楚新、陈智睿：《“元宇宙”探源与寻径：概念界定、发展逻辑与风险隐忧》，载《中国传媒科技》2022年第1期。

融合。[①] 同时，地方政府也在积极推动元宇宙相关政策和标准化工作：广东省发布了粤港澳大湾区的元宇宙扶持政策，强调技术标准支持的重要性；安徽省将元宇宙产业纳入其“十四五”发展规划，目的是加快未来数字基础设施建设；上海市在电子信息产业发展规划中提出了元宇宙产业的标准体系建设；北京市通州区政府支持企业参与元宇宙标准制定，以促进知识产权保护和技术创新。这些措施体现了政府对元宇宙领域的培育和支持，中国想要通过发展元宇宙来推动经济和科技的进一步发展。

过去的几年是元宇宙的思想启蒙年，关于元宇宙的概念、理念、技术、产业、未来设想都已被提出，但无论是团体标准、国家标准，还是国际标准，目前都处在术语定义阶段，临场感体验和价值流转体验的升级，使元宇宙的伦理、道德、法律等问题更突出。如此一来，就会更加需要全球标准和治理机制的支持与监管，因此技术创新和政策规范的平衡，将是未来发展中的重要挑战之一。

（三）元宇宙国际协作治理现状及重要性

以元宇宙目前的发展特性来看，建立一套元宇宙的标准体系，可以为元宇宙标准化发展提供方向指引和基本框架。标准体系是科技创新的基础和支撑，可以引领产业发展，加速产业转型升级。目前各国应该以结构优化、先进合理、国际兼容为基本原则，建立开放式元宇宙的标准体系，该体系既有顶层架构设计，也为发展预留空间。[②]

1. 现有国际协作的参与和倡议

ISO（国际标准化组织）ISO/IEC 联合技术委员会 1 号（JTC 1）负责信息技术标准化工作，其中涵盖了电子商务、互联网和 IT 安全等多个领域。JTC 1 下设多个工作组和专家组，致力于制定包括元宇宙在内的新兴技术领域的国际标准。ISO/IEC 安全技术委员会 27 号（SC 27）专注于信息安全标准化工作，包括数据保护、网络安全、身份认证等方面，在元宇宙中，SC 27 的标准可以帮助确保虚拟环境中数据和用户信息的安全性。目前，英国、美国、韩国等国家在 ISO 等标准化组织中，针对区块链、大数据、物联网、计算机视觉、智能制造、工业数据等相关领域，积极发起各类与元宇宙相关的技术提案，使元宇宙涉及的各类技术成为各国标准竞争的战略制高点。[③]

2022 年 9 月 21 日，IEEE 标准协会的标准理事会批准成立了 IEEE 元宇宙标准委员会（IEEE Metaverse Standards Committee），标志着重要的全球或国际标准化组织已经开始在技术委员会级别以“元宇宙”命名，IEEE 标准协会致力于制定和推广全球电气与电子工程领域的标准。在元宇宙领域，IEEE 标准协会参与制定虚拟现实、增强现实、传感器网络等相关技术标准，以推动技术的互操作性和应用的发展。

---

① 黄欣荣：《元宇宙的哲学探索——从信息社会到宇宙大脑》，载《理论探索》2022 年第 2 期。

② 宗杰琼、袁梦：《元宇宙标准化现状分析及展望》，载《中国质量监管》2022 年第 8 期。

③ 张佩玉：《元宇宙标准化初探》，载《中国标准化》2023 年第 7 期。

其他国际组织和倡议还有如下两种：Khronos Group 是一个开放标准组织，致力于推动计算机图形和交互技术的开放标准化，包括虚拟现实和增强现实的开发与应用。OpenXR 是由 Khronos Group 推动的一个开放和可插拔的 API 标准，旨在促进虚拟现实和增强现实应用程序的跨平台兼容性与互操作性。[①] 这些国际组织通过制定和推广标准，推动了元宇宙技术的发展和应用，促进了全球范围内的技术协作和市场发展。它们的参与和倡议为元宇宙生态系统的健康发展提供了重要的技术基础与法律支持。

2. 国际协作的重要性

元宇宙的本质是一个超越地理界限的虚拟世界，其中的平台与服务是跨越国界且无缝衔接的，因此当务之急是构建出统一的技术框架与互操作性标准。这些标准的目的是确保全球范围内不同系统之间的兼容和畅通，从而保障用户体验的连贯性与一致性，通过国际协作能够有效促进各国在技术标准设定以及技术创新路径上达成广泛共识，规避因地域隔阂而可能引发的碎片化现象与功能局限性，共同推动元宇宙不断发展成为一个更加开放、互联、协同发展的全球数字生态。[②]

首先，元宇宙作为集成多元新技术的综合性体系，其发展创新需要全球技术革新与资源汇聚的支撑，通过国际合作能促进各国在核心技术、标准体系构建以及基础架构建设上的资源共享与优势互补，有效地推动元宇宙技术的快速成熟与广泛应用。同时，元宇宙的技术演进涵盖虚拟现实、增强现实、区块链、人工智能等前沿尖端领域，这些领域的研发突破需要大量投资与长期积累，因此更加需要通过国际协作去汇聚全球创新力量，协同攻克技术难关，加速科技成果的转化与应用。

其次，元宇宙作为一个新兴市场领域，其市场规模与发展潜力巨大，因此需要不断扩大市场规模，这就需要用国际协作来打破地域限制促进全球市场的开放与融合，为各国企业提供更为广阔的发展空间和市场机遇。[③] 元宇宙产业的不断发展将带动相关产业链的升级与拓展，其中包括硬件制造、软件开发、内容创作以及平台运营等多个环节。在促进经济增长方面，国际协作可以加强产业链上下游企业的紧密合作，形成协同效应，共同推动经济增长。

再次，元宇宙国际协作能够促进各国在科技、文化以及经济等领域的交流与合作，增进相互间的理解和信任，为构建人类命运共同体提供有力支撑。同时，元宇宙中包含的虚拟资产、数字身份以及数据隐私等问题涉及多国法律与政策的调整，因此需要国际协作来促进各国之间的法律交流和标准化的顺利进程，确保元宇宙内的个人权利

---

① 郎为民、马卫国、安海燕等：《元宇宙标准化组织简介》，载《电信快报》2023 年第 11 期。

② Cockerton T.，Zhu Y.，Dhami M. K.，“On Conducting Ethically Sound Psychological Science in the Metaverse”，*American Psychologist*，Vol. 79，No. 1，2024，pp. 92-108.

③ 姜英华：《光明抑或隐忧：元宇宙与数字资本关系探赜》，载《内蒙古社会科学》2023 年第 4 期。

和经济交易能够得到适当保护与管理。[①] 在应对全球性挑战的同时，元宇宙的发展也面临着数据安全、隐私保护、监管合规等全球性挑战。国际协作可以共同商讨解决方案以制定出完整的国际标准和规范，保障元宇宙产业的健康有序发展。

最后，元宇宙作为数字经济的重要组成部分，其发展将推动数字经济向更高层次、更广领域的转型升级，国际协作能够促进各国在数字经济领域的深度合作与交流，共同探索数字经济的新模式、新业态以及新应用。[②] 现今，元宇宙作为全球性的数字环境，其可以用来应对全球性挑战，例如气候变化、教育不平等、医疗服务等，国际协作能够有力推进元宇宙中的跨界合作和知识分享，为解决全球性问题提供新的工具和途径。

二、元宇宙标准化国际协作的现状与挑战

元宇宙作为互联网发展史上一次伟大的体验升级，引起了世界各国的普遍关注。美国、日本、韩国、欧盟均大力发展元宇宙，Facebook、微软、苹果、亚马逊、Intel、英伟达、腾讯、百度、阿里巴巴、今日头条等互联网巨头也纷纷布局元宇宙。[③] 为了建立一个灵活、包容的国际协作机制，需深入了解元宇宙标准化国际协作的现状和挑战，以便更好地应对未来可能产生的相关问题。

（一）元宇宙标准化国际协作的现状

当前，元宇宙标准化国际协作正在积极推进，全球多个关键组织正致力于制定一系列标准，以应对这一新兴领域的技术多样性和快速发展态势。例如，中国制定了《元宇宙参考架构》，不仅体现了国家层面对元宇宙产业发展的重视，也展示了中国在形成国际共识和推动技术标准化方面的领导力。此外，国际电工委员会（IEC）和国际标准化组织（ISO）等也在积极行动，通过联合评估组如 ISO/IEC JSEG 15，促进国际专家的交流与合作，共同探讨元宇宙概念的定义和标准化需求。

目前，元宇宙标准化国际协作成效显著。中国电子技术标准化研究院在 ISO/IEC JSEG 15 中发挥着重要作用，组织国内专家并联合各国开展元宇宙标准化研究，明确元宇宙的概念和定义，梳理元宇宙领域的标准化需求并绘制其标准化路线图。此外，IEEE 标准协会也在推动元宇宙术语、定义与分类标准的立项，以期扭转元宇宙概念缺乏共识和野蛮生长的状态。在政策层面，上海于 2022 年 7 月印发《上海市培育“元宇宙”新赛道行动方案（2022—2025 年）》，提出到 2025 年，上海元宇宙产业规模将达

① 董扣艳：《元宇宙：技术乌托邦与数字化未来——基于技术哲学的分析》，载《浙江社会科学》2022 年第 8 期。

② Al-Baker S. F, Elhenawy Ibrahim, Mohamed M.,“Exploring the Influences of Metaverse on Education Based on the Neutrosophic Appraiser Model”, *International Journal of Neutrosophic Science*, Vol. 23, No. 1, 2024, pp. 135-145.

③ 张佩玉：《元宇宙标准化初探》，载《中国标准化》2023 年第 7 期。

到3500亿元。工业和信息化部也发布了《工业和信息化部元宇宙标准化工作组筹建方案（征求意见稿）》，提出加强元宇宙行业标准化工作，并推动我国优秀实践方案成为国际标准，提升产业综合竞争力。这些进展表明，元宇宙标准化国际协作正在逐步构建一个统一的技术基础和共识，以促进元宇宙的健康发展。

（二）不同国家和地区的元宇宙治理实践比较

不同国家和地区在元宇宙治理实践方面存在一些显著的差异和共同点。美国的元宇宙发展由私营部门主导，包括技术巨头如 Meta（Facebook）、Google、Microsoft 等，以及各种初创企业，政府的主要角色是监管和政策制定，例如数据隐私保护、虚拟资产税务处理等方面。[①] 美国注重技术创新和市场驱动，鼓励企业竞争和投资，推动元宇宙技术和应用的快速发展，因为美国拥有完善的法律和政策框架，包括数字隐私法、反垄断法、知识产权保护等，因此这些对元宇宙的发展起到重要的监管和指导作用。

欧盟非常重视数据保护和隐私，通过《通用数据保护条例》（GDPR）等法律法规严格规范用户个人数据在元宇宙中的使用与处理。同时，欧盟积极推动跨国界的合作和标准制定，通过欧洲标准化委员会（CEN）和欧洲电信标准化协会（ETSI）等组织，制定统一完善的技术标准和规范。[②] 此外，欧盟倡导数字主权和数据治理，推动数据所有权、数据流动和数据共享的公平和安全，以促进数字经济的可持续发展。日本在元宇宙技术创新和应用实验方面有较为活跃的实践，尤其是在虚拟现实以及增强现实领域的研究和开发方面较为突出。日本在元宇宙的文化和娱乐应用方面也拥有丰富的经验与资源，如动漫、游戏等内容的虚拟化和社交化应用。日本也在积极地参与国际合作和标准制定，推动技术规范的国际化和通用化，不断促进元宇宙技术的全球应用和交流。

近年来，我国出台了一系列政策助力元宇宙产业标准成型，元宇宙产业也在良好的环境中加快千行百业数实融合，驱动“第二曲线”增长。可以看出，中国政府在元宇宙发展中扮演着重要角色，其通过政策支持、投资引导和技术引导不断地推动着行业发展和技术创新。[③] 同时，中国高度关注数据安全和管理，通过不断完善法律法规和标准制定以确保数据在元宇宙环境中的安全使用与合规处理。同时，中国尤为重视在虚拟现实、增强现实、人工智能等技术领域的融合应用且致力于推动元宇宙产业链的完善和发展。

---

① Phyllis West Johnson，“Alter Ego reveals the future metaverse：Reality is fiction”，*Journal of Gaming and Virtual Worlds*，Vol. 14，No. 3，2022，pp. 331-334.

② 刘稚、安东程：《美国“印太战略”对中国-东盟关系的影响与应对》，载《和平与发展》2022年第4期。

③ 张文显：《深刻把握中国式现代化的科学概念和丰富内涵》，载《理论导报》2022年第10期。

（三）元宇宙标准化国际协作面临的挑战

不同国家和地区对元宇宙的治理实践有很大的差异，因此在元宇宙标准化国际协作治理过程中也会产生许多挑战，以下将具体分析在技术、安全和伦理方面存在的问题。

在技术方面，首先，技术的多样性和快速发展使标准化工作难以及时跟进。例如，仿真交互技术如XR（扩展现实）在视觉和听觉体验上已经取得了显著进展，但嗅觉、触觉和意念体验仍处于起步阶段。同时，区块链技术虽然在金融领域取得了一定进展，但其在元宇宙中的应用仍需进一步探索和标准化。其次，元宇宙的去中心化特性增强了标准化的复杂性，去中心化组织（DAO）的形成和自治性质的社群组织对现有的治理结构提出了挑战，共识瓦解和规则危机在元宇宙的治理中长期存在。同时，技术的不成熟和安全问题也是标准化过程中需要解决的关键问题，例如，5G技术尚处于初期阶段，需求度和渗透率不高，而理想的元宇宙运行需要6G及以上的网络。元宇宙的多维性和复杂性使技术标准不仅要满足单一技术的需求，还要考虑不同技术之间的协同和整合，例如，元宇宙的感知及显示层、内容应用层、平台层和网络技术层都需要统一的技术标准来支持其运行。除此之外，算力的需求也是一个重要挑战，元宇宙的大规模持续在线使用需要大量、高速的计算和信息传输能力，因此对现有的云计算和无线通信技术提出了更高的要求。

在安全方面，首先，元宇宙作为一个高度互联的数字空间，用户数据的流动和存储有巨大的泄露风险，不法分子可能通过技术手段窃取用户数据，用于非法活动或进行数据贩卖。其次，元宇宙中的沉浸式体验可能要求用户提供更多个人信息，如生物特征数据、行为轨迹等，如果这些敏感信息的收集和使用不当，将会严重侵犯用户的个人隐私。[①] 如今各国对于数据安全和隐私保护的法律法规存在差异，因此元宇宙的跨国运营就会要求企业遵守不同国家的法规，这对企业而言也是一项严峻的考验。

元宇宙是由电子计算机、虚拟现实和量子技术等组成，借助高度发达的脑机接口技术提供完全潜行环境的平行世界，它很有可能成为黑客攻击的目标，网络钓鱼、勒索软件以及分布式拒绝服务（DDoS）攻击等网络安全威胁可能对元宇宙的稳定运行造成严重影响。[②] 由于元宇宙的技术架构复杂，所以当中也会出现系统漏洞，这些漏洞一旦被不法分子恶意利用，很可能导致数据泄露、服务中断等严重后果。此外，元宇宙中的虚拟世界也可能包含不良信息、违法内容等，这些内容会对用户造成心理伤害或者诱导用户从事非法活动。因为用户在元宇宙中的行为如网络欺凌、虚假信息传播等

---

① 白娟：《我国高新技术产业的发展现状及思考》，载《山西财经大学学报》2012年第3期。

② 王学光：《元宇宙时代下人工智能法律风险与犯罪论体系探究》，载《南通大学学报（社会科学版）》2023年第6期。

可能对现实世界产生影响，所以如何界定虚拟行为的责任边界，以及如何追究相关责任，是国际协作治理的难题。同时，元宇宙技术的发展可能加剧数字鸿沟问题，即不同国家和地区、不同社会群体之间在获取和使用元宇宙技术方面的不平等现象，这种不平等可能导致社会资源的进一步集中和贫富差距的扩大。

还需考虑的另一伦理问题是，元宇宙的发展很可能会改变人们的社交行为和互动方式，因此在元宇宙标准化进程中，应当高度重视虚拟社交与人际互动的伦理维度，促进社会各界在此方面达成共识，并且督促相关法律法规的完善，切实保障用户的权益与尊严。

三、元宇宙标准化国际协作的发展趋势与政策建议

面对元宇宙标准化国际协作的未来，各国需要合作构建一个开放、互操作、安全的标准体系，以适应元宇宙技术的快速发展和多样化的应用需求。其中的相应政策建议应该聚焦于加强国际合作、制定适应性强的标准、确保隐私与数据安全，以及促进创新和公平竞争。下文将对元宇宙国际协作治理的未来发展趋势进行预测并提出政策性建议，且提出相应标准以评估元宇宙标准化国际协作治理机制的效果。

（一）元宇宙标准化的未来趋势分析

随着元宇宙的发展，各种技术和平台将会更加多样化，未来的元宇宙可能不再局限于单一的技术或平台，而是涵盖虚拟现实（VR）、增强现实（AR）、混合现实（MR）、人工智能（AI）、区块链等多种技术的综合应用，元宇宙标准化工作需要考虑如何在这些不同技术和平台之间建立互操作性与兼容性，以提升用户体验和市场竞争力。[①] 随着元宇宙的数据驱动特性的增强，数据安全和隐私保护将成为标准化工作的重要方向，此时制定和实施关于个人数据收集、存储、处理与分享标准的必要性增强，以防止用户信息安全和数据泄露及滥用等问题的发生。未来的元宇宙标准化工作会更加重视跨平台和跨设备的相互操作性，因为用户可能希望在不同设备上无缝体验元宇宙，例如从 VR 头盔切换到智能手机或笔记本电脑，所以元宇宙标准化工作需要构建不同设备和平台之间的数据交换与应用逻辑的统一标准。

元宇宙的不断发展将会面临许多社会与伦理问题，未来的标准化工作需要充分考虑这些问题，制定相应的规范体系以不断促进元宇宙技术的可持续发展。[②] 因为元宇宙不仅是技术的集合，更是生态系统构建与运行的环境，所以未来的标准化工作需关注如何建立开放与包容的生态系统，并且鼓励各方参与创新，确保元宇宙的长期竞争力

---

① 邢会强：《元宇宙的“网信安全”与法律适用》，载《法律科学（西北政法大学学报）》2023 年第 4 期。

② 徐稳、张琼玉：《元宇宙场域下我国主流意识形态话语权提升路径探析》，载《山东社会科学》2024 年第 1 期。

只增不减。随着元宇宙跨国界应用的增加，全球合作与标准制定的重要性进一步凸显，国际标准化组织（ISO、IEC）及其地区性组织将扮演重要角色，并不断推动全球标准的统一和实施以及不断促进元宇宙技术的全球应用和交流。[①] 未来，元宇宙标准化将会朝着多样化、安全化、互操作性强以及社会伦理合规的方向发展，因为技术在不断进步，市场也在不断成熟，所以标准化工作只有保持灵活性和及时性，才能够适应快速变化的元宇宙生态系统需求，推动其健康发展与全球普及。

（二）元宇宙标准化国际协作治理建议

越来越多的行业和企业投身元宇宙的发展，以标准来规范元宇宙的发展是未来的发展趋势，元宇宙基于标准进行管控与构建，各国也期望借此把握标准话语权。元宇宙标准制定权力的争夺，关乎未来发展经济命脉主导权，因此元宇宙的标准化相关工作地位将更加突出。[②] 当下，要把握好标准化的工作，就必须应对好标准化工作所带来的挑战，比如，元宇宙技术变革的快速性使标准化的过程和标准本身可能跟不上技术的发展速度，故而需要出台一些政策来平衡二者关系。

1. 元宇宙标准化政策建议

其一，应当强化顶层设计，构建国际协作框架，各国政府应当共同构建元宇宙发展的国际协作框架，明确合作目标、原则、领域和机制。其二，在联合国或相关国际组织框架下，成立元宇宙标准化协作机构，负责推动国际标准制定和协作治理。其三，加强在人工智能、区块链、云计算与虚拟现实等元宇宙关键技术领域的国际标准制定，鼓励各国在关键技术上加强合作，致力于共同推动国际标准的制定和应用。其四，各国政府与国际组织应当积极参与制定和推广元宇宙的国际标准，促进全球市场的互通和互操作性。加强与国际标准化组织（如 ISO、IEC）的合作，参与元宇宙技术标准制定工作组，确保各国在标准制定过程中拥有话语权和影响力。

作为一个有着无限可能的未来新事物，元宇宙将经历从“技术变革”到“工业变革”再到“终极形态”的过程，未来将逐步走向成熟。但在安全、知识产权等多个领域还面临挑战，因此更需要标准创新与科技联动，抢占元宇宙标准赛道话语权。元宇宙的发展机遇无限，谁能抓住机遇，谁就能实现相关科技的“弯道超车”。因此，首先，政府应当制定支持元宇宙技术创新和研发的政策措施，包括资金支持、税收优惠以及研发项目的合作，并且设立专项资金支持本国和跨国界的元宇宙技术创新项目，不断鼓励企业和科研机构开展基础研究与应用开发。其次，制定更加完善的元宇宙领域的数据安全与隐私保护的国际标准，以确保用户数据的安全与隐私权益。[③] 最后，在

---

① 辛海霞：《从技术概念到研究议题：元宇宙图书馆走向何种未来》，载《图书与情报》2021 年第 6 期。

② 宗洁琼、袁梦：《元宇宙标准化现状分析及展望》，载《中国质量监管》2022 年第 8 期。

③ 袁晓敏：《元宇宙应用的法治化路径选择》，载《河北法律职业教育》2024 年第 2 期。

元宇宙人才培养方面，要开设相关的教育课程和培训项目，其中应当包括高校课程、职业培训与在线学习资源，培养具备元宇宙开发与管理能力的元宇宙人才。[①]

2. 元宇宙标准化实施策略

应当设立元宇宙国际协作平台，为各国政府、企业和研究机构提供交流与合作的平台，并且通过平台定期举办的国际研讨会、论坛等活动，推动各方在元宇宙领域的合作与交流。[②] 应当鼓励各国政府和企业参与国际标准化项目合作，协同制定与推广元宇宙的相关标准，此外，还应当设立专项基金支持标准化项目的合作以推动关键技术的标准化进程，各国政府也应加强政策沟通和协调，共同研究制定适应于元宇宙发展的政策体系框架。随着元宇宙的不断发展，不仅应当鼓励企业加大在元宇宙领域的研发投入，推动技术创新和产业升级，也应当支持企业参与国际竞争，不断提升我国元宇宙产业的国际竞争力。[③]

另外，提升公众对元宇宙技术的认知与理解，建立起社会广泛参与的政策和机制也是非常重要的一方面。各国可以采取的措施有：开展元宇宙技术普及和应用案例的宣传活动以促进公众参与元宇宙平台的使用与反馈，建立起更加开放和透明的社会治理机制；设计应对元宇宙技术潜在风险的应急响应措施和管理政策并制定安全评估与风险预测机制，加强应急响应和处理能力以及时应对可能出现的安全威胁与风险事件；等等。

根据上述建议对元宇宙的国际标准化与协作治理模型和框架进行调整后，可以根据以下五点进行评估：国际协作机制能否有效提高标准制定的效率，减少重复工作，避免碎片化标准的出现；国际协作机制在技术快速发展和市场需求变化的背景下能否确保标准在全球范围内的接受度与适用性；国际协作机制能否促进市场的开放和公平竞争，防止技术壁垒和垄断现象的出现；国际协作机制能否符合国际法律要求和社会责任标准，确保产品和服务的合法性以及安全性；国际协作机制能否迅速响应全球性危机和突发事件，制定相应的应对标准和措施，不断提升全球风险管理能力，提前预防和减少可能造成的负面影响等多个方面。未来，在元宇宙标准化国际协作的进程中，可以比照评估标准并根据上述建议制定出与时俱进的元宇宙发展对策，有效推动元宇宙技术的健康发展和标准化进程。

结　语

元宇宙标准化推动了各国和跨国界企业之间的技术创新和合作，加速了元宇宙应

---

① 喻国明：《未来媒介的进化逻辑："人的连接"的迭代、重组与升维——从"场景时代"到"元宇宙"再到"心世界"的未来》，载《新闻界》2021 年第 10 期。

② 赵新华：《峥嵘六秩守初心 笃志标准启新程》，载《信息技术与标准化》2023 年第 7 期。

③ 张钦昱：《元宇宙治理的法治特点与边界》，载《新疆师范大学学报（哲学社会科学版）》2023 年第 5 期。

用领域的发展，推动了新技术、新应用的出现和普及，从而使元宇宙在发展方面取得了一些关键成就，但也面临诸多重要挑战。元宇宙技术的快速发展和变化，使标准化工作面临跟不上技术进步步伐的挑战，这就需要加强标准制定的灵活性和快速响应能力。同时，不同国家和地区在文化、法律法规等方面存在差异，导致元宇宙标准化过程中的理解障碍和协商困难，这就需要加强多边合作和跨文化沟通，以及妥善处理元宇宙环境中的大规模数据流动和处理。数据安全和隐私保护等方面也面临许多新的挑战，需要制定更加严格和全面的数据安全标准与管理措施等。

元宇宙的可持续发展需要建立健全的治理机制与可持续发展框架，未来的研究可以探索在技术不断发展的同时如何平衡经济增长、社会发展和环境保护的关系，不断推动元宇宙的可持续发展。元宇宙也是一个全球性的技术和市场，因此国际合作和政策协调是至关重要的，未来的研究也应聚焦于促进跨国界合作机制的建立、政策协调和信息共享，不断推动全球元宇宙生态系统的健康发展。因此，未来元宇宙标准化研究不仅关乎技术创新和市场发展，更涉及社会伦理、政策治理及全球合作等多重复杂问题。我们只有通过持续的研究和与不断的探索，不断推动技术创新与社会进步的融合，才能够为元宇宙的可持续发展和广泛应用奠定坚实的基础。

国际数字贸易法治

国际数字贸易法本体问题探究

刘学文*

摘　要：随着数字经济的迅猛发展，数字贸易已成为全球贸易中不可缺少的一部分。这一变革带来了新的法律挑战，主要涉及数据跨境传输监管、数字商品和服务的界定、数字税收政策的制定以及争议解决机制的构建。数字贸易法则是调整数字贸易关系的法律规范的总称，其涵盖了国内法与国际法双重维度。国际数字贸易法律体系正面临如何适应传统国际贸易规则数字化转型的挑战，而多边数字贸易规则的发展和各国政策的协调已成为关键议题。中国通过参与《区域全面经济伙伴关系协定》(RCEP)、《跨太平洋伙伴全面进展协定》(CPTPP)和《数字经济伙伴关系协定》(DEPA)的制定，在全球数字贸易规则的制定中发挥了积极作用。与此同时，中国还通过强化国内数字经济法律框架，为全球数字税收政策和争议解决机制的改进提供了宝贵的经验与模式。展望未来，随着人工智能、区块链和大数据等技术的不断创新，数字贸易将迎来新的发展机遇，国际法律规范也需随之调整，以更好地适应数字贸易的演进和创新需求。

关键词：数字贸易　多边规则　数字化交付　CPTPP　国际数字贸易法

随着互联网和现代数字科技的迅速发展，传统的商品和服务领域发生了深刻的数字化变革，极大地影响了全球贸易格局。数字化已深入国际贸易体系，推动了跨境商品和服务贸易的深层次变革。① 与传统依赖物理传输的国际贸易相比，数字经济背景下

---

* 刘学文，法学博士，西北政法大学国际法学院副教授、硕士生导师。研究方向：元宇宙和数字贸易国际法治。本文系如下项目的阶段性成果：陕西省教育厅2022年度重点科研计划项目（协同创新中心项目）“通用航空数字贸易平台发展与创新的法律保障机制研究”（编号：22JY064）；西北政法大学涉外法治研究专项课题“跨境电商平台国际法律治理机制研究”（编号：SWFZ2023B03）；西北政法大学研究生教育教学改革研究项目（一般项目）“以科学选题为牵引的研究生科研创新能力培养方法论研究”（编号：YJYB202320）。

① 《谷歌们的罪与罚：揭秘反垄断风暴中的互联网巨头》，载新浪科技，https://tech.sina.com.cn/it/2019-07-18/doc-ihytcitm2874623.shtml，访问日期：2024年6月30日。

的贸易可以同时通过物理和数字两种形式进行，其涵盖了数字化商品交易、无形服务的输出与输入、数据的跨境流动以及资金的跨境转移等形式。由此产生了“数字贸易”的概念，并逐渐成为多边贸易谈判中的重要议题。从《美国—墨西哥—加拿大协定》（*United States-Mexico-Canada Agreement*，USMCA）到《区域全面经济伙伴关系协定》（*Regional Comprehensive Economic Partnership Agreement*，RCEP），再到《数字经济伙伴关系协定》（*Digital Economy Partnership Agreement*，DEPA）以及WTO的多边谈判，数字贸易规则逐步形成并取得了一系列重要成果。

一、数字贸易、数字贸易法的概念界定

数字贸易作为一个新兴的领域，目前尚未形成统一的全球定义。2013年7月，美国国际贸易委员会（USITC）首次提出数字贸易的初步定义，指通过互联网传输产品和服务的商业活动。这一定义排除了实体产品和服务，所有交易活动均可在线完成。2014年8月，该机构更新了这一定义，将其扩展为依赖互联网和互联网技术建立的国内与国际贸易，互联网技术在订购、生产以及产品和服务交付中发挥着关键作用。相比2013年的定义，新的定义涵盖了更广泛的范围。[①] 2017年8月，美国国际贸易委员会进一步更新了数字贸易的定义，将其界定为“通过互联网、智能手机和网络连接传感器等设备交付的产品和服务”，涵盖了六大类：互联网基础设施、网络服务、云计算服务、数字内容、电子商务、工业应用和通信服务。在国内，龚柏华先生在《论跨境电子商务/数字贸易的“eWTO”规则构建》一文中，将数字贸易与跨境电子商务相联系，进一步扩展了数字贸易的概念。[②] 可见，关于数字贸易的概念众说纷纭，尚无定论。

笔者认为，数字贸易的通俗理解就是“数字化的贸易活动”，其指通过互联网连接，以数据流动为主要载体、以数据交换为主要方式的商品和服务交易活动。这包括交易方式的数字化、交易对象的数字化、单证模式的数字化、监管手段的数字化以及数据的跨境流动。数字贸易既包括一国国内的数字贸易，也包括以数据跨境流动、资金跨境转移和交易对象跨境交付为主要特征的国际数字贸易。相应地，数字贸易法则是调整数字贸易关系的法律规范的总称，涵盖国内法和国际法双重维度。其内容包括电子缔约、电子支付、电子交付等数字化交易规范，数字贸易平台的监管，跨境数据流动、数据权利保护等国家监管规范，以及数字贸易规则、跨境数据流动规制、海关监管框架、数字税收和金融等方面的国际协调治理规范。

总而言之，数字贸易的发展是全球数字化进程中的重要组成部分。各国和国际组织需加强合作，推动统一规则的制定，以适应数字经济时代全球贸易的深刻变革。

---

① 《中华人民共和国中央人民政府：国务院关于经营者集中申报标准的规定》，载中国政府网，http://www.gov.cn/zwgk/2008-08/04/content_1063769.htm，访问日期：2024年6月30日。

② 龚柏华：《论跨境电子商务/数字贸易的“eWTO”规制构建》，载《上海对外经贸大学学报》2016年第6期。

二、全球数字贸易多边规则的演进与中国因应

在全球化和数字经济快速发展的背景下，数字贸易逐渐成为国际经济合作的重要议题。各国通过多边协议不断努力完善数字贸易规则，为跨境数据流动、电子商务和消费者权益保护等领域提供了更加坚实的法律基础。本文将深入探讨全球数字贸易规则的发展趋势，以及它对中国可能产生的影响和应对策略。

（一）从 TPP 到 CPTT 与美国的数字贸易策略转变

2015 年 10 月 5 日，经过多年谈判，12 个亚太国家就《跨太平洋伙伴关系协定》（*Trans-Pacific Partnership Agreement*，TPP）达成了基本协议。随后，美国前任总统奥巴马发表了题为《制定全球经济规则》的演讲，指出一些国家的高关税和高贸易壁垒使美国工人处于劣势，而 TPP 将通过削减 18000 项关税，帮助美国的农场主、制造业者和小企业主获得更加公平的竞争环境。奥巴马还认为，过去的贸易规则对某些国家有所倾斜，未能兑现公平贸易的承诺，而 TPP 通过设定包括劳工标准、禁止童工和强迫劳动以及环境标准在内的多项规定，试图改变这一现状。他强调，美国应该通过 TPP 来书写全球经济规则，而非让中国主导规则的制定。[①]

然而，2017 年 1 月，唐纳德·特朗普（Donald Trump）总统上任后签署了首份行政命令，正式宣布美国退出 TPP。这一决定让 TPP 经历了重大挫折。特朗普政府认为，TPP 可能对美国制造业和就业不利，因此选择采取“美国优先”的策略。2017 年 5 月，美国亚利桑那州共和党参议员约翰·麦凯恩批评特朗普的决定，称这是“重大的战略失误”，并表示美国未来可能会纠正这一错误。尽管美国退出了 TPP，但其余 11 个亚太国家在 2017 年 11 月 11 日发表联合声明，宣布将继续推进原协议，并将其更名为《全面与进步跨太平洋伙伴关系协定》（*Comprehensive and Progressive Agreement for Trans-Pacific Partnership*，CPTPP）。2018 年 3 月 8 日，11 国代表在智利首都圣地亚哥正式签署了 CPTPP 协议，并于 2018 年 12 月 30 日生效。与 TPP 相比，CPTPP 冻结了约 20 项条款，其中 11 项与知识产权有关。在数字贸易规则方面，CPTPP 致力于消除数字贸易壁垒，推动数字贸易便利化，加强对网络与数据的安全保护，促进跨境数据的自由流动。CPTPP 设立了个人信息保护、禁止数据本地化、保护源代码等高标准规则，这些规则引领了未来数字贸易规则的发展方向，对各国的数字贸易政策与发展具有深远影响。

（二）USMCA：美国区域贸易规则的承继与新尝试

尽管美国没有加入 CPTPP，但由其主导重新谈判、取代《北美自由贸易协定》（*North*

---

① 方枪枪：《奥巴马谈 TPP 达成协议：不能让中国来书写全球经济规则》，载澎湃网，https://www.thepaper.cn/newsDetail_forward_1382148，访问日期：2024 年 6 月 30 日。

American Free Trade Agreement，NAFTA）的《美国—墨西哥—加拿大协定》（*United States-Mexico-Canada Agreement*，USMCA）已由三国领导人于 2018 年 11 月 30 日在阿根廷首都布宜诺斯艾利斯签署。由于美国国会议员提出修改要求，因此经过几个月的谈判，三国于 2019 年年底签署了修订后的协定，该协定于 2020 年 7 月 1 日正式生效。[①] USMCA 被美国贸易代表称为“范式转变的模板”，在保留 NAFTA 基本框架的基础上，吸收了大量 TPP 的内容，特别是在数字贸易领域。[②] 其中，USMCA 第 19 章专门规定了“数字贸易”（Digital Trade），涵盖定义、适用范围、关税、数字产品的非歧视性待遇、电子交易的本土架构、电子认证和电子签名、在线消费者保护、个人信息保护、无纸化贸易、使用互联网进行数字贸易的原则、跨境传递信息、计算设施本地化、未经请求的商业电子通信、网络安全、源代码、交互式计算机服务以及开放政府数据等 18 个方面的问题。

近年来，美国在国际贸易谈判中，将数字产品的非歧视性待遇、跨境数据流动、个人信息保护、网络安全以及计算设施本地化等问题作为谈判重点，并积极推动这些议题在全球范围内的规则制定。从 CPTPP 到 USMCA，再到《美日数字贸易协定》（*Agreement Between The United States Of America And Japan Concerning Digital Trade*，USJDTA），美国不断提高全球数字贸易规则的标准，力图引领全球数字经济的发展。

尽管中国的实际国情与 CPTPP 的高标准在某些方面仍存在较大差距，特别是在跨境数据流动、数字知识产权保护、数字产品的非歧视性待遇、数据本地化限制和在线消费者保护等领域，中国面临一定的制度性障碍。然而，从长远来看，CPTPP 和 USMCA 中的一些高标准规则符合中国深化改革开放的方向。中国在个人数据安全、网络安全和数字产权领域面临诸多挑战。随着如 USMCA 等国际协定在全球数字贸易体系中的作用不断增强，中国亟须采取有效措施以应对此类挑战。这就要求我们加速完善国内相关法规体系，以达到国际高标准的要求，并在数据跨境传输、数字税收等关键议题上积极参与国际合作与讨论，以争取在规则制定过程中拥有更大的话语权。通过优化政策和法规体系，中国有望缩小与国际标准的差距，并在全球数字经济的舞台上发挥更加关键的作用。

综上所述，USMCA 等国际协议的签署和实施表明，全球数字贸易规则正在迅速演进。面对这一趋势，中国需要加强自身的改革与开放，在适应全球高标准的同时，确保本国数字经济和数字贸易的可持续发展。

---

① 《美墨加协定正式生效》，载新华网，https://baijiahao.baidu.com/s?id=1671073562626519405&wfr=spider&for=pc，访问日期：2023 年 11 月 20 日。

② 张小波、李成：《论〈美国—墨西哥—加拿大协定〉背景、新变化及对中国的影响》，载《社会科学》2019 年第 5 期。

（三）中国与全球数字贸易规则的衔接与融合

2020 年 11 月 15 日，中国商务部时任部长钟山代表中国政府，与东盟十国及日本、韩国、澳大利亚、新西兰的贸易部部长共同签署了《区域全面经济伙伴关系协定》（RCEP）。2021 年 11 月 2 日，东盟秘书处宣布文莱、柬埔寨、老挝、新加坡、泰国和越南 6 个东盟成员国与中国、日本、新西兰、澳大利亚 4 国已正式提交核准书，符合协定的生效要求，RCEP 于 2022 年 1 月 1 日起正式生效。其与数字贸易相关的规定包括第十二章“信息技术的应用”，其中第四节规定了“促进跨境电子商务”，并涉及“计算设施的位置”“通过电子方式跨境传输信息”“电子商务对话”等条款。

2021 年 9 月，中国正式提交了加入《全面与进步跨太平洋伙伴关系协定》（CPTPP）的申请。同年 10 月 30 日，习近平主席在二十国集团领导人第十六次峰会上发表讲话，强调中国已正式决定申请加入《数字经济伙伴关系协定》（DEPA）。[①] 这是中国反对贸易保护主义、推动高水平对外开放、积极发展数字经济的有力举措。2021 年 11 月 1 日，中国商务部部长王文涛致信新西兰贸易与出口增长部部长奥康纳，正式提出中国加入 DEPA 的申请。[②] 在全球数字经济背景下，高水平的对外开放不仅推动了国内的深层次改革，还极大地激发了经济增长的新动能，有助于形成国内、国际双循环相互促进的格局。数字贸易正逐渐成为推动传统产业转型升级的重要引擎。

（四）由 WTO 所引领的数字贸易规则的未来走向

从 CPTPP 到 USMCA，再到 USJDTA、RCEP 和 DEPA，以 CPTPP 为基础的全球数字贸易体系逐渐成形。尤其是 CPTPP 的高标准规则，其与中国深化改革开放的方向一致，有助于中国对接国际贸易规则，在个人信息保护、数据安全以及数字技术知识产权保护等方面填补国内规则的空白，并推动完善数字贸易的法治体系。因此，中国应深化自贸试验区内的数字贸易改革试点，加快制定和完善国内相关数字贸易法规，积极推动加入 CPTPP 和 DEPA 的进程。同时，在世界贸易组织（WTO）框架下，中国应积极参与全球数字贸易规则的制定。

近年来，在 WTO 框架下，电子商务联合声明倡议（Joint Statement Initiative，JSI）的推动使数字贸易领域取得了显著进展。自 1998 年启动电子商务议程以来，WTO 涵盖了多个与数字贸易相关的重要议题，例如，跨境数据流动、消费者权益保护、隐私保护

---

① 《数字经济伙伴关系协定》是新加坡、智利和新西兰三国于 2020 年 6 月 12 日通过电子签名方式签署的多边协定，因为是数字经济条约，所以其签署也体现出条约签署领域少见的前卫性和引领性，其第 16.9 条允许成员方以电子方式签署，明确电子签名与国际条约中通行的湿墨签名具有同等重要性和法律效力。2021 年 1 月，《数字经济伙伴关系协定》在新加坡和新西兰之间生效；2021 年 8 月，《数字经济伙伴关系协定》经智利议会批准对智利正式生效。

② 《商务部召开例行新闻发布会（2021 年 11 月 11 日）》，载中华人民共和国商务部官网，http://ca.mofcom.gov.cn/article/xwfb/202111/20211103217696.shtml，访问日期：2021 年 11 月 12 日。

以及全球数字市场的透明度和稳定性。自 2017 年 JSI 启动以来，超过 90 个 WTO 成员方参与其中，旨在通过多边谈判为电子商务制定全球性规则。这些规则不仅包括电子认证与签名、电子合同、电子发票和无纸化贸易等技术层面，还涉及消费者保护、数据隐私、网络安全和数字支付系统的安全性与互操作性。截至 2023 年，JSI 成员国在数字贸易便利化、开放数字环境以及构建增强商业和消费者信任的规则框架等方面取得了实质性成果。

未来，数字贸易规则的进一步发展将集中于三个关键领域。首先，跨境数据流动，它是数字经济的基础。WTO 成员方在推动数据自由流动的同时，也在努力平衡数据安全、隐私保护和国家主权。例如，由日本、澳大利亚和新加坡共同推动的“数据自由流动与信任”（Data Free Flow with Trust，DFFT）原则，旨在促进数据自由流动的同时确保隐私和安全。其次，WTO 致力于消除电子传输的关税，确保在免税环境下数字贸易蓬勃发展。最后，数字服务与产品的监管框架也是制定规则的重点，涉及在线平台监管、知识产权保护和跨境争议解决规范。未来，数字贸易规则的进一步发展有望重塑全球经济结构，推动人类社会迈向更开放、安全、高效的数字融合新时代，关键在于实现跨境数据流动的无缝衔接、电子传输中的关税壁垒消除，以及创新的数字服务和产品监管框架构建，这些将成为推动这一变革的主要动力。

三、国际数字贸易法的核心研究范畴

相较于传统国际贸易法，国际数字贸易法面临着更加复杂与多样的挑战。数字贸易法不仅要处理商品和服务的跨境流通，还必须应对数据跨境流动中的法律问题。特别是在数据治理领域，必须解决不同国家法律法规之间的协调问题。随着跨境电子商务的迅猛发展，数字贸易法需要应对新型交易模式带来的税收、关税和监管等挑战。

（一）传统国际贸易的数字化变革法律问题

随着电子商务和跨境网络购物的快速发展，国际贸易的参与主体正在发生深刻变化。B2B、B2C 以及 B2B2C 等多样化模式的融合，对现行法律体系提出了新的要求。如何重新定义不同参与主体的权利和义务已成为亟待解决的问题。数字贸易平台在数据管理、信息安全和合同履行方面的法律义务需要进一步规范。同时，第三方服务提供商在数字贸易中发挥着越来越重要的作用，其法律监管也需要与时俱进，以适应数字化时代的新形势。①

① 跨境电子商务不仅成功打破了国家间的传统贸易壁垒，还通过鼓励商家与消费者参与跨境企业间贸易（全球 B2B）及消费者与企业间交易（全球 B2C），逐渐为世界贸易注入新动能，这一趋势也给全球经济格局和贸易模式带来了一系列重大改变。在这种背景下，平台主体权能的界定、跨境电商“平台法”（Platform Law）生成、在线交易规则的创制、平台市场竞争公平性的维持、线上支付和税收的合法合规、海关监管实施机制以及跨境电商争议解决体系的重塑等问题成为本书探讨的重要命题。

面对这些挑战，各国必须在维护本国利益与促进国际合作之间寻求平衡，国内法律体系的革新及其与国际法律体系的协调尤为重要。这不仅包括对贸易规则的重新定位，还涉及数据传输、安全和跨境支付等领域的法律规范更新。国际法律规则重构的目标在于更新现有体系，并为未来贸易形式和争议解决机制的演变奠定基础。总体而言，法律重构是一项涉及多层面调整和创新的过程，涵盖数字合同效力的认定、智能合约的应用以及平台交易规范的深入探讨。区块链和人工智能技术在争议解决中的广泛应用加速了传统争议解决机制的演变。此外，元宇宙等新型争议解决模式的兴起，也促使各国通过国际合作、规则协调和法律创新，共同应对数字化国际贸易的挑战，推动全球贸易的可持续发展与法治化进程。

在数字贸易时代，交易形式必将发生重大变化，平台成为国际贸易的重要主体。因此，数字贸易的法律秩序属于“平台法”（Platform Law）的范畴，这一概念已被学术界广泛接受，并得到了国家和国际组织的认可。平台不仅受到跨国软法与硬法规则的监管，还积极参与跨国法律的制定与形成。因此，无论是平台的内部行为还是外部行为，均受到国家或国际组织间协议的约束。随着以平台为主要载体的国际数字贸易业务的快速增长，法律规范体系也随之产生并不断完善。[①]

数字化转型为国际贸易体系带来了巨大的机遇与挑战，促使各经济体对法律监管模式进行系统性调整。当前，各国监管体系的多样性与区域化特征限制了贸易的自由流动和效率提高。特别是在跨境数据流动、电子商务平台和新型数字产品快速发展的背景下，现有的 WTO 分类体系难以满足数字化需求，亟须改革以适应新的国际贸易格局。[②] 数字关税的法律框架也亟待更新，以应对数字贸易壁垒的逐步显现，推动贸易数字化与关税征收制度的深度融合，建立符合国际规则且促进公平的数字产品关税体系，以平衡自由贸易与税收主权之间的关系。

此外，数字贸易发展过程中伴随的数据安全、隐私保护和网络安全等风险日益凸显，构建全球化的国际贸易数字安全监管体系显得尤为重要。加强各国监管机构之间的协同执行能力，通过区域监管合作机制将有助于统一和协调国际规则，推动 WTO 改革，并将贸易数字化监管议题纳入其讨论议程，促成全球共识。通过信息共享、技术交流和跨国执法合作，全球贸易监管的效能将得到显著提升。总之，国际贸易数字化监管的法律重构需要全球各方的共同努力与持续创新，通过合作建立更加开放、安全且高效的监管体系，为全球经济的繁荣与可持续发展注入新的动力。

---

① Fabio Bassan, *Introduction to Digital Platforms and Global Law*, Edward Elgar Publishing Limited, 2021, pp. 110-111.

② Yun Liu, The Classification of Digital Products in Digital Trade Rules Under the WTO, *Studies in Law and Justice*, Vol. 2, No. 4, 2023, pp. 74-79; Sam Fleuter, “The Role of Digital Products Under the WTO: A New Framework for GATT and GATS Classification”, *Chicago Journal of International Law*, Vol. 17 No. 1, 2016, pp. 153-177.

（二）数字产品与数字服务的界定及其法律适用

1. 数字产品与数字服务的基本分类

任何利用电子商务或数字贸易平台进行交易的数字化产品或服务，只要符合有关国家的法律、政策或习惯，均应被认定为合法的交易对象。数字贸易的交易对象一般分为数字产品与数字服务，这是最基本的分类。然而，数字贸易发起国如美国，以及其他数字贸易发达的经济体，似乎刻意回避对交易对象中数字产品与数字服务的明确区分。事实上，区分数字产品与数字服务对数字贸易过程中涉及的法律问题进行规制具有重要意义。从WTO的法律适用角度来看，若属于数字产品，则适用《关税与贸易总协定》（GATT）；若属于数字服务，则适用《服务贸易总协定》（GATS）。二者在核心待遇如国民待遇与最惠国待遇等方面存在明显不同[①]，因此在不同协定的规范下，数字贸易的自由化程度也有所不同。例如，2013年启动的《国际服务贸易协定》（TiSA）谈判，尽管未正式公布文本，但2016年泄露的部分文本显示，电子商务章节涉及数据跨境流动问题。若不对数字产品与数字服务加以区分，则即使《国际服务贸易协定》（*Trade in Service Agreement*，TiSA）正式发布，其在实际应用中仍可能会引发混乱。

2. 数字产品与数字服务界定方式探析

明确区分数字产品与数字服务有助于数字贸易的法律适用更加精准，因此需要探讨其区分方式。从性质来看，在传统贸易中，合同履行后，产品的效用取决于使用者。例如，购买一支笔后，卖家交付笔即履行完毕，而笔是否用于书写与合同无关，产品的取得和功能是分离的。相比之下，服务的价值只有在履行过程中才能体现。例如，购买一项运输服务，只有当货物从A地运至B地时，服务的价值才能得以实现，合同方能履行完毕。服务的履行和价值实现是同时发生的。在数字贸易中，这一原则同样适用。数据处理服务的履行与其价值的实现是同步的，数据处理完成意味着服务合同履行完毕。因此，数据处理行为属于服务。而像电子书或搜索引擎这样的数字产品，在合同履行完毕后，产品的效用则取决于用户的使用，因此这类产品应归为数字产品范畴。

现行国际法律文本对产品和服务的外延有所限制，但对其内涵并未明确界定。例如，《服务贸易总协定》（GATS）第一条将服务贸易划分为四种类型[②]，却没有对“服务”这一概念予以明确定义。类似的情况也出现在《跨太平洋伙伴关系协定》

---

① 何其生：《美国自由贸易协定中数字产品贸易的规制研究》，载《河南财经政法大学学报》2012年第5期。

② GATS第一条中第二款规定：“本协议所称服务贸易，谓：（a）自一会员境内向其他会员境内提供服务；（b）在一会员境内对其他会员之消费者提供服务；（c）由一会员之服务提供者以设立商业据点方式在其他会员境内提供服务；（d）由一会员之服务提供者以自然人呈现方式在其他会员境内提供服务。”

（TPP）等国际协议中。[①] 当前国际数字贸易环境中，各国普遍回避对数字产品与数字服务的区分，这与各国的政策环境和数字贸易开放程度不同有关。然而，随着全球数字贸易的快速发展，对数字产品与数字服务的模糊界定所带来的问题将日益凸显。在实践中，许多诸如软件即服务（Software as a Service，SaaS）或云计算等新型数字交易形式，难以明确将其归类为产品或服务，这使其在国际贸易规则下的适用面临挑战。未来，随着数字经济的进一步复杂化，数字贸易的相关规则可能需要得到进一步的更新和细化，尤其是在跨境数据流动、知识产权保护以及税收管辖权等领域，建立更明确的分类标准和法律框架，将成为全球数字贸易治理的重要议题。

3. 数字产品分类框架探讨

区分数字产品与服务对数字贸易的法律规制具有重要意义。有学者提出的分类方法值得借鉴。萨姆-弗莱特（Sam Fleuter）提出的三步核心策略为应对全球数字贸易的复杂性提供了参考。首先，采用形式主义方法，依赖字典和常规用法定义商品与服务，倾向将数字产品归类为商品；其次，功能主义或类比原则认为数字产品应与其物理形态的对应产品同等对待，但在无直接物理对应物时，这一原则的应用存在模糊性；最后，从 WTO 的目标出发，结合理论分析其认为，数字产品更适合作为服务纳入 GATS 的管理范畴，以促进自由贸易和保护发展中国家的服务市场。[②]

这一框架结合了形式主义的基础定义、功能主义的类比方法及 WTO 的自由贸易理念，适应性地解决了数字产品分类的难题。形式主义为分类提供了明确起点，但在处理无形数字产品时存在局限；功能主义则通过类比物理产品提供辅助标准，但缺乏物理对应物时其有效性受限。将数字产品归类为服务并纳入 GATS 管理，不仅降低了分类成本，还促进了跨境数据流动与数字贸易的发展。未来，随着技术的不断进步，这一分类框架将有助于建立更加灵活和统一的国际数字贸易规范。在全球数字贸易规则尚未完全统一的背景下，各国在立法上可以暂时不对数字产品与服务进行严格区分，而是根据自身政策、市场环境和技术发展情况灵活确定分类标准。

（三）国际数字贸易中的跨境数据流动法律问题

在当前国际服务贸易中，跨境数据流动在跨境电子商务、金融科技和云计算等领域中扮演着至关重要的角色。然而，由于各国法律法规的差异，因此企业在全球数字贸易中的合规问题日益复杂。尤其是在人工智能、大数据和云计算等新兴技术迅速发展的背景下，现行法律往往难以充分规制这些技术的跨境应用，导致企业在法律合规与技术创新之间陷入两难境地。此外，关于跨境数据流动的争议解决机制尚不完善，

---

① TPP 协议第十条第一款。

② Sam Fleuter, "The Role of Digital Products Under the WTO: A New Framework for GATT and GATS Classification", *Chicago Journal of International Law*, Vol. 17 No. 1, 2016, pp. 153-177.

企业可能因此面临额外的法律风险。在国际数字贸易的实践中，跨境数据流动伴随着不同国家法律适用的问题，这无疑增加了企业发展的不确定性。例如，一旦发生数据泄露或隐私侵犯事件，企业可能需要应对多国监管机构和不同的法律诉讼程序，这些程序的复杂性不仅耗时耗力，而且法律要求也不尽相同。由于各国对个人数据保护的法律执行存在差异，因此企业在处理跨境数据流动争议时可能面临烦琐的法律程序和沉重的合规负担，这不仅对企业的国际化经营产生不利影响，也可能削弱数字贸易整体信任与发展。

因此，建立统一的跨境数据保护标准和有效的争议解决机制，已成为国际社会亟待解决的法律问题。为促进全球数字贸易的健康发展，国际合作与多边协商发挥了至关重要的作用。跨境数据传输已经成为国际贸易中不可或缺的一环，全球社会需要加强合作，共同努力构建统一的数据保护与治理体系。例如，我国正在积极参与由世界贸易组织推动的《电子商务议定书》的制定工作，该议定书涵盖了跨境数据传输的相关规则与标准。同时，我国也正致力于通过自由贸易协定中的数字贸易条款，实现数据传输与数据保护政策的协调发展，以减弱数据本地化对数字贸易的限制。在全球化商业环境中，企业通过参与多边合作机制，可以有效地降低合规成本，提高在国际市场中的业务灵活性。为了适应这一发展趋势，企业应当将技术创新与法律合规相结合，不断提升数据安全管理水平。这包括运用先进的数据加密和传输技术，保障数据在全球范围内的安全与合规性，同时满足不同法律区域对数据保护的多样化需求。

总体而言，跨境数据流动的法律挑战主要涉及数据保护法规的差异、数据主权与数据自由流动的冲突、法律与技术发展的不协调，以及争议解决机制的不足等诸多方面。面对国际数字贸易的快速发展，解决这些问题亟须全球范围内的合作与协调。我们应共同努力，通过建立国际标准和推动技术创新，以求在数据保护与自由流动之间达成平衡，进而促进数字经济的健康与可持续发展。各国应携手合作，在维护个人隐私和国家安全的前提下，共同营造一个公正、透明、可预见的跨境数据流动法律环境，推动国际数字贸易的繁荣。

（四）国际数字贸易争议解决方式

以人工智能、区块链、云计算以及大数据（Artificial Intelligence，Blockchain，Cloud Computing，Big Data，ABCD）[①] 为代表的数字技术，正在开拓与传统争议解决方式截然不同的新领域。尽管目前数字科技带来的新模式和新技术的发展边界尚不明确，但解决这些发展中滋生的争议所需的应对方式已呈现出一定趋势。世界各国纷纷尝试将数字技术融入争议解决体制，以打破传统争议解决机制的局限，提高争议解决的效

① Shahriar Akter，Katina Michael，et al.，“Transforming Business Using Digital Innovations：the Application of AI，Blockchain，Cloud and Data Analytics”，*Annals of Operations Research*，Vol. 308，2022，pp. 7-39.

率。概而言之，民商事判决、商事仲裁和商事调解下的和解协议已有国际条约的支持。如何充分利用这些机制，并借助区块链等新技术促进跨境电商争议的有效处理，是未来需要重点解决的议题。传统争议解决模式已不足以应对当前多样化的争议需求，必须逐步向数字化转型，以应对新的发展现状。“数字正义”的概念正得到越来越多的关注。

在数字经济时代，传统法院在处理跨境电商争议时面临诸多挑战，包括诉讼程序的复杂性、跨境执行的难度以及法律适用的不确定性。为应对这些挑战，法院需进行跨境商事争议解决的数字化转型，建设电子法院和互联网法院，以更高效、透明的方式为跨境电商提供诉讼服务。[①] 在管辖权方面，由于虚拟网络环境的无边界性，因此确定受理争议的法域成为一个难题。这可以通过调整被告住所地规则、明确合同履行地规则的适用范围、规范管辖协议的使用来增强管辖权认定的确定性和合理性。跨境强制执行是另一个关键问题。即便消费者在诉讼或仲裁后获得了具有执行力的裁决，跨境执行仍然面临诸多障碍。因此，必须推动与在线争议解决机制相匹配的在线执行机制，通过网络平台自治机制来推动争议解决和跨境商事裁决的有效执行。

此外，国际数字贸易争议的替代性争议解决（ADR）和在线争议解决（ODR）机制为跨境电商争议解决提供了更加高效和灵活的途径。这有助于降低诉讼成本和缩短解决时间。尤其是 ODR 机制，其能够通过在线平台提供不受地理限制的争议解决服务，大大增强了便利性和可及性。同时，国际数字贸易争议中的仲裁机制与平台机制的衔接也日益重要，包括网上仲裁的管辖权问题、格式合同的法律保障、临时仲裁与机构仲裁规则的衔接，以及国际商事仲裁执行机制的进一步发展。未来，随着全球化的深入和数字经济的不断发展，跨境电商平台的争议解决机制将面临更多的挑战和机遇。一方面，跨境电商争议的复杂性和国际性将进一步加剧，这要求争议解决机制须更加灵活高效；另一方面，技术的进步为解决这些争议提供了新的可能性。随着人工智能和大数据技术的发展，在线争议解决平台有望实现更加高效的争议分析与处理。

国际合作在跨境电商争议解决中的作用也将越发重要。随着“一带一路”等国际合作项目的推进，跨境电商活动日趋频繁，这对相关法律的完善提出了更高的要求。国际社会应加强合作，制定相关国际规则和条约，以增强争议解决的有效性、及时性和公正性。未来，随着在线仲裁规则的不断完善，以及国际仲裁机构之间合作的加深，仲裁将逐渐成为解决国际数字贸易争议的首选途径。越来越多的跨境电商争议仲裁机构和专家将涌现，为争议解决提供更加专业和高效的服务，推动国际商事法律实践适应数字经济的持续进步。

---

① 法院网络化的初级形态是电子法院，以吉林省以及杭州市的西湖区、滨江区、余杭区设立的电子法院最为典型；法院网络化的高级形态即为互联网法院，目前我国设有杭州互联网法院、广州互联网法院以及北京互联网法院三家互联网法院。

结　语

在全球数字贸易迅猛发展的背景下，构建完善的法律法规框架对于世界经济的稳定与持续增长起着不可缺少的作用。随着数字经济的深入发展，国际社会面临诸多挑战，如跨境数据传输的监管、数字产品与服务的分类、数字税收政策的制定以及国际争议解决机制的创新。这些问题已成为数字贸易法律研究的焦点。为应对这些挑战，全球各经济体和国际组织之间的紧密合作至关重要，其可促进法律规范的健全和完善，适应这一领域的飞速进步。

中国在全球数字贸易规则的制定中展现了积极的参与态度。通过参与 RCEP、CPTPP 以及 DEPA，中国发挥了建设性作用。在国内，中国通过强化数字经济相关法律体系，不仅有效应对了跨境数据流动中的法律与技术挑战，还为全球数字税收政策和争议解决机制提供了有价值的参考。展望未来，随着人工智能、区块链和大数据等技术的持续创新，国际数字贸易争议的解决将迎来新的机遇与挑战。

当前，我国正加速构建适应数字经济发展需求的法律法规体系。此举旨在解决数据跨境流动所涉及的法律和技术难题，并为全球数字税收政策及争议解决机制的优化提供借鉴。在国际数字贸易领域，我国将持续深化法治建设，推动国内法律与国际规则的协调，为全球数字经济的公平、透明与可持续发展贡献中国智慧。前沿技术如人工智能、区块链和大数据的发展，将为跨境电子商务和国际数字贸易的争议解决提供创新路径。为此，我国需继续深化改革，促进法律与技术的协同发展，积极参与全球数字贸易规则的完善与执行，助力构建一个更加公平、开放的国际数字经济环境。

我国个人金融数据跨境流动规制研究

宋瑞琛[*]　郭毕欢[**]

摘　要：个人金融数据跨境流动是开展跨境金融业务的基础资源，也关系着国家的金融安全和个人隐私安全。我国对个人金融数据的规制已经初成体系，但仍存在着个人金融数据分级分类不统一、数据出境情形区分不明确、数据处理者义务不清晰等问题。我国可以从调整个人金融数据规制思路，细化个人金融数据内涵、统一分级分类、明确跨境流动场景、明确和细化个人金融数据处理者的范围与义务等方面加以完善提升。

关键词：个人金融数据　跨境流动　规制　完善

数字技术的发展为金融业注入了新的活力，数据跨境流动提高了金融服务效率、创新了金融服务产品及方式，但也给金融数据跨境流动规制提出了新的挑战。个人金融数据跨境流动是企业开展跨境金融业务的基础资源，其不仅关系着金融安全和数据主权问题，也关系着个人隐私安全。因此，为保障国家金融安全，同时促进数字经济和金融市场的发展，我国目前虽已出台不少相关法律法规，但对个人金融数据跨境流动的规制还不够清晰，因此，厘清我国对个人金融数据跨境流动的规制，有利于完善我国个人金融数据跨境流动法律法规体系，在实现维护国家金融安全的同时促进金融市场的开放。

---

* 宋瑞琛，云南民族大学政治与公共管理学院政治学系主任，副教授，硕士生导师。研究方向：国际投资法、数字贸易、美国法律问题。本文系 2020 年度国家社科基金青年项目“美国外资安全审查的改革与国际投资保护主义研究”（批准号：20CGJ020）、2019 年度教育部人文社会科学研究一般项目“《美国外资风险审查现代化法案》与中美贸易关系研究”（批准号：19XJCZH004）、2022 年陕西省教育厅重点科研计划项目“通用航空数字贸易平台发展与创新的法律保障机制研究”（批准号：22JY064）、2023 年云南省“兴滇英才支持计划”项目“云南省国有企业对外投资中的国家安全风险研究”研究成果。

** 郭毕欢，云南民族大学政治与公共管理学院硕士研究生。

一、个人金融数据跨境流动的安全风险

数据是金融的基本要素，国际金融业务创新和全球经济发展离不开数据的跨境流动，由于个人金融数据对国家和个人的重要性，因此其跨境流动也会对个人隐私、金融安全和国家安全产生新的挑战与风险。

（一）个人隐私存在泄露风险

近年来，全球个人金融数据泄露事件时有发生。例如，美国星旗银行和美国第一资本金融公司遭网络攻击导致上亿美国人的数据遭泄露。① 全球跨境金融服务已经普遍存在，个人金融数据跨境流动需求也日益增加，但是个人金融数据一旦跨境泄露，会极大地增加个人信息安全风险和跨境犯罪的可能性。

个人金融数据是金融机构业务中积累的重要基础数据，也是个人隐私的重要内容。如果未经个人知情同意，跨境泄露个人金融数据，则有可能造成个人财产损失；个人身份信息如被冒用，则有可能引发金融诈骗等犯罪行为。尤其是人脸、指纹等生物识别信息具有唯一性，一旦跨境泄露，不但可能遭受各种境外短信炸弹、不明电话骚扰，而且可能被用于境外网站虚拟注册、网络攻击、电信网络诈骗等跨境犯罪活动。

此外，据亚信网络安全产业技术研究院2020年12月18日发布的《金融行业网络安全白皮书（2020年）》统计，“2019年微信公众号App个人信息举报共收到网民举报12125条，涉及2300多款App，其中移动金融App是违规收集使用个人信息的重灾区”。可见，一些金融软件对个人金融数据的违规收集，也是个人金融数据泄露以及个人隐私安全风险的主要来源之一。

（二）金融机构运营遭受安全威胁

个人金融数据对于金融机构至关重要，其跨境流动也存在一定的安全风险。一是金融机构通过数据可以了解客户需求，这是提升竞争力的关键。但金融机构在运营中产生的个人金融信息和经营信息一旦被泄露，就会对企业自身运营状况和商业秘密产生不利影响。二是随着金融科技的迅速发展，金融业务使保险、银行、第三方支付互联互通，如果包括个人金融数据在内的重大数据泄露、重要数据资产被窃取，则可能会引发连锁反应，风险可能扩散到其他行业。三是有些金融机构过多依赖境外服务供应商提供的信息产品或系统的外包服务，这些外包商信息管理水平参差不齐，有些还集中托管多家金融机构，个人金融数据一旦泄露，传播速度快、影响面大，就会对金融机构造成重大影响。2019年，美国房地产和产权保险巨头First American约8亿多条客户数据记录遭泄露，其中包括客户的银行账户和对账单、抵押贷款交易记录、税务

① 彭德雷、张子琳：《数字时代金融数据跨境流动的风险与规制研究》，载《国际商务研究》2022年第1期。

文件、电汇收据等，导致其关闭了数据网站。[①] 2020 年，英国金融科技公司 Finastra 被勒索软件攻击后不得不关闭服务器。可见，个人金融数据泄露事件会对金融机构产生巨大的不利影响，其不仅会影响金融机构的正常运营和信誉，甚至会成为境外不法分子攻击的目标。

（三）国家金融安全面临挑战

金融数据是国家的核心数据，对个人金融数据进行总体分析能够反映一个国家的财政、经济发展、国防开支、物流等，因此金融数据容易成为境外敌对势力攻击的目标。据中国国家互联网应急中心发布的《2020 年中国互联网网络安全报告》统计，我国境内被篡改网站中，商业机构所占比例最大，为 77%，其中也存在着大量仿冒金融机构的网页[②]，直接威胁到我国的金融稳定和国家安全。

基于金融安全的重要性，近年来，许多国家也将金融安全作为国家安全的重点领域。例如，美国在外资安全审查中，将涉及美国公民敏感数据的投资纳入了审查范围，2018 年，美国外资安全委员会以涉及美国 240 万个银行和移动账户以及大量个人消费数据可能危害美国国家安全为由，否决了蚂蚁金服对美国大型汇款公司速汇金（Money Gram）的收购。[③] 日本、英国等国也先后出台新的外资安全审查法律法规，加强对涉及金融数据的投资审查。2020 年欧盟更是将维护金融数据安全、促进金融创新提升到国家战略高度，发布了《欧洲数字金融战略》，强调了应对金融数字化转型产生的新挑战和风险。

二、我国对个人金融数据跨境流动的规制

为维护数据安全，促进数字经济良性发展，2015 年 7 月 1 日通过的《国家安全法》中首次纳入了“数据安全”，并强调了金融安全和重要领域信息系统数据安全的重要性。[④]

2016 年 11 月 7 日通过的《网络安全法》第 30 条也强调了金融行业需要在“网络安全等级保护的基础上，实行重点保护”。《个人信息保护法》第 28 条、第 36 条和第 38 条规定，金融账户信息是敏感个人信息，因业务需要，确需向境外提供个人信息的，需具备相应条件。从法律设计上来看，《网络安全法》《国家安全法》《数据安全法》

① 《数据泄露事件频发，企业如何做好数据保护?》，载环球网，https://baijiahao.baidu.com/s?id=1662918235344352968&wfr=spider&for=pc，访问日期：2020 年 4 月 5 日。

② 《2020 年中国互联网网络安全报告》，载中国国家互联网应急中心，https://www.cert.org.cn/publish/main/upload/File/2020%20Annual%20Report.pdf，访问日期：2021 年 7 月 20 日。

③ 彭德雷、张子琳：《数字时代金融数据跨境流动的风险与规制研究》，载《国际商务研究》2022 年第 1 期。

④ 《国家安全法》第 20 条规定：“国家健全金融宏观审慎管理和金融风险防范、处置机制，加强金融基础设施和基础能力建设，防范和化解系统性、区域性金融风险，防范和抵御外部金融风险的冲击。”

更偏重于维护国家总体安全以及规范行业数据管理，《个人信息保护法》则更侧重于对个人信息的保护。但以上法律都体现出我国在个人金融数据跨境流动上的态度，即在维护国家安全和个人隐私的基础上，对数据实行分级分类保护，实现数据安全、有序、自由地跨境流动。除相关立法外，我国关于个人金融数据跨境流动的规制还散见于国务院部门的规范性文件中，这也为个人金融数据跨境流动提供了较为具体的依据。一些行业标准虽不具有约束力，但为相关实际业务提供了有益的参考。

（一）对个人金融数据的界定

目前国内法律法规对“个人金融数据”尚无统一明确界定，我国法律主要是从“个人金融信息”（personal financial information）角度进行界定[①]，将其归为个人信息下的子类。《数据安全法》《个人信息保护法》《网络安全法》都没有对“个人金融数据”作出明确界定。《数据安全法》仅在第 3 条界定了“数据”的概念，《网络安全法》中仅提出了“重要数据”的概念。我国对个人金融数据的具体规定还集中在中国人民银行发布的部门规章中。例如，2011 年《中国人民银行关于银行业金融机构做好个人金融信息保护工作的通知》（以下简称 2011 年《通知》）中规定，“个人金融信息是指银行业金融机构在开展业务时，或通过接入中国人民银行征信系统、支付系统以及其他系统获取、加工和保存的个人信息”。2020 年中国人民银行发布的《中国人民银行金融消费者权益保护实施办法》仅对“消费者金融信息”作出了相应规定。[②]

（二）对个人金融数据跨境流动目的的规定

我国《数据安全法》《个人信息保护法》《网络安全法》都规定了金融数据原则上应在本地处理，除非法律法规另有规定，数据跨境流动应符合一定目的、条件并应遵循相关原则。我国法律法规允许个人金融数据跨境流动，主要基于以下两个方面：

首先是业务需要。《个人信息保护法》第 38 条规定，因业务等需要，确需向我国境外提供个人信息的，应当具备相应条件并经过安全评估后方能跨境流动。从实践来看，因业务需要进行个人金融数据跨境流动的情形主要有：一国金融分支机构与他国金融机构总部传输个人金融数据、金融机构与他国第三方机构进行数据共享或转让、委托境外关联公司或第三方处理业务（金融、审计等业务外包）等。

其次是境外监管部门的要求，为满足境外反洗钱、反恐等规则适用的个人金融数

① 由于我国法律法规中多数未对个人金融数据和个人金融信息加以区别，因此，本文在表述时也不加以区别，采取法律法规中的原文表述。

② 2020 年中国人民银行发布的《中国人民银行金融消费者权益保护实施办法》第 28 条第 1 款规定：“本办法所称消费者金融信息是指银行、支付机构通过开展业务或者其他合法渠道处理的消费者信息，包括个人身份信息、财产信息、账户信息、信用信息、金融交易信息及其他与特定消费者购买、使用金融产品或者服务相关的信息。”

据流动，主要依据我国缔结或者参加的国际条约、协定中的相关规定执行。例如，我国加入批准的《联合国制止向恐怖主义提供资助的国际公约》第18条第3款（a）中明确规定，“缔约国应进一步合作，防止发生第2条所述罪行，按照其国内法交换经核实的准确情报，并协调为防止实施第2条所述罪行而酌情采取的行政及其他措施，特别是：（a）在各主管机构和厅处之间建立和维持联系渠道，以便就第2条所述罪行的所有方面安全、迅速交换资料”，其中就包括相关的个人金融数据。

（三）对个人金融数据的分类分级规定

首先，《数据安全法》第20条从总体上明确了我国对数据实行分类分级保护，将数据分为核心数据、重要数据、一般数据，其中明确了核心数据的内涵，《数据出境安全评估办法》第19条虽明确了重要数据的内涵，但并未明确重要数据的范围。一些行业标准中对重要数据的范围进一步细化，但分类标准不同，未形成统一认识。

其次，2020年，中国人民银行发布了金融行业标准《个人金融信息保护技术规范》（以下简称2020年《规范》），虽不具有强制性，但对银行开展业务和企业合规具有重要指引作用。根据个人信息敏感程度的高低，2020年《规范》第4.2条将个人金融信息划分为C3、C2、C1三类[①]，并针对个人金融信息生命周期的各环节，规定了不同等级个人金融信息跨境流动时，数据处理者的安全保护义务。

最后，2020年中国人民银行发布的《金融数据安全分级指南》（以下简称2020年《指南》）中进一步细化了对个人金融数据的分级、分级标准、原则和识别。一方面，2020年《指南》根据金融数据的安全性，将金融数据从高到低划分为五级，其中第五级是最高级即“主要用于金融业大型或特大型机构、金融交易过程中重要核心节点类机构的关键业务使用，一般针对特定人员公开，且仅为必须知悉的对象访问或使用”的个人金融信息，个人金融信息中的C3类信息属于第四级，C2类信息属于第三级，C1类信息属于第二级，个人金融信息主体主动公开的信息属于第一级。另一方面，2020年《指南》明确了重要数据的内涵即第五级个人金融信息，强调了个人金融信息定级应根据相关标准从高考虑，对于涉及数据体量和资金量大，以及涉及多客户、多行业的，影响程度宜从高确定。[②]

（四）对允许个人金融数据跨境流动条件的规定

从法律层面来看，《数据安全法》第31条原则上确立了金融数据因业务需要确需跨境流动时，应当经过安全评估，但对“个人金融数据”没有进行具体规定。根据

---

① 2020年《规范》第4.2条规定，C3是客户鉴别信息，C2是可识别特定个人金融信息主体身份和金融状况的个人金融信息，C1是机构内部的信息资产，主要指供金融业机构内部使用的个人金融信息。

② 2020年《指南》第5.3.2条（定级通用规则）规定，“重要数据的安全等级不可低于本标准所述5级，个人金融信息相关数据参照JR/T 0171—2020进行定级，并在数据安全定级过程中从高考虑”。

《个人信息保护法》第28条的规定，个人金融信息属于敏感个人信息，跨境流动应取得个人的单独同意，达到网信部门规定数量的，原则上应储存在境内；确需境外提供的，应经过安全评估。此外，《数据出境安全评估办法》第4条第（三）项还明确了自上年1月1日起累计向境外提供10万人个人信息或1万人敏感个人信息的数据处理者向境外提供个人信息的，应当申报数据出境安全评估。

从部门规章层面来看，2011年《通知》第6条明确规定，除另有规定外，银行业金融机构不得向境外提供境内个人金融信息，但并未对例外情形做进一步说明。2011年5月印发的《中国人民银行上海分行关于银行业金融机构做好个人金融信息保护工作有关问题的通知》对例外情形作了进一步说明，即因业务需要、经客户授权同意，并保证境外总行、母行、分行、子行对获得的个人金融信息保密的，可以向境外总行、母行、分行、子行提供个人金融信息。2016年中国人民银行发布的《金融消费者权益保护实施办法》则将适用范围从银行个人金融信息扩大到所有个人金融信息，并细化了例外情形。[①] 2020年修订的《金融消费者权益保护实施办法》中删除了关于个人金融信息跨境提供的明确规定，但对银行和支付机构提出，处理消费者金融信息需征求消费者同意，对消费者金融信息具有保护义务。2020年《规范》第7.1.3条（d）款采取了和我国《数据安全法》等法规一致的规定，即个人金融信息应在境内存储、处理和分析，确因业务需要，确需跨境流动的，应符合相关条件。[②] 此外，还应值得注意的是，上海自贸区对个人金融数据跨境流动方面进行了更为开放性的探索。[③]

（五）对个人金融数据处理者义务的规定

对于确需出境的个人金融数据，我国法律法规为维护个人金融数据安全，不仅规定了数据处理者的安全保护义务，还规定了个人在个人信息处理中的权利。《数据安全法》第27条至第36条，《个人信息保护法》第38条至第43条、第51条至第59条规定了数据处理者的数据分级保护义务、数据全生命周期保护义务和数据处理环境保护义务。《个人信息保护法》第44条至50条明确了个人享有对个人信息处理（包括个人

---

① 2016年《金融消费者权益保护实施办法》第33条第2款规定："境内金融机构为处理跨境业务且经当事人授权，向境外机构（含总公司、母公司或者分公司、子公司及其他为完成该业务所必需的关联机构）传输境内收集的相关个人金融信息的，应当符合法律、行政法规和相关监管部门的规定，并通过签订协议、现场核查等有效措施，要求境外机构为所获得的个人金融信息保密。"

② 2020年《规范》第7.1.3条（d）规定了个人金融数据出境应符合四个条件：（1）符合国家法律法规及行业主管部门有关规定；（2）获得个人金融信息主体明示同意；（3）依法依规开展个人金融信息出境安全评估，确保境外机构数据安全保护能力达到国家、行业有关部门与金融业机构的安全要求；（4）与境外机构通过签订协议、现场核查等方式，明确并监督境外机构有效履行个人金融信息保密、数据删除、案件协查等职责义务。

③ 2023年11月国务院印发的《全面对接国际高标准经贸规则推进中国（上海）自由贸易试验区高水平制度型开放总体方案》明确提出，"在国家数据跨境传输安全管理制度框架下，允许金融机构向境外传输日常经营所需的数据"。

金融信息出境）的知情权、查阅权、复制权、决定权、可携带权、删除权、撤回同意权、要求解释说明权、拒绝完全自动化决策权等，为充分保护我国个人金融数据提供了法律依据。

三、我国个人金融数据跨境流动规制存在的问题

我国个人金融数据跨境流动规制虽已成体系，但仍有一些问题需要进一步厘清，主要包括以下五个方面：

（一）不同法律规制思路导致对个人金融数据跨境流动规制的不统一

目前，我国对个人金融数据跨境流动的法律规制思路主要有两种：一是以网信部门主导、以《网络安全法》和配套指南为依据，规定了个人金融数据是重要数据，并将整个金融业纳入关键信息基础设施运营范围内。2021 年《信息安全技术重要数据识别指南（征求意见稿）》中不再按行业将金融业全部纳入重要数据，而是从安全性定义了重要数据，个人金融数据是否属于重要数据，要根据其安全性判断。[①] 可见，网信部门属于一般性规制，重点解决的问题是重要数据跨境流动给国家安全和公共利益带来的风险。[②] 二是《个人信息保护法》和中国人民银行出台的相关部门规章考虑到个人金融数据关乎个人隐私安全，一旦泄露会产生严重后果，因而更加侧重保护个人隐私和防范个人金融信息跨境泄露风险，属于特殊规制。

这两种不同的规制思路在实务中引发了不少法律困境。因此，应进一步厘清金融监管机构的规制和网信部门的规制之间的关系，才能够使金融行业从业者更好地把握个人金融数据跨境流动的义务要求。

（二）对个人金融数据的界定不明确

目前，我国法律法规、行业标准中存在着对个人金融数据与个人金融信息混用和相互替代的情况。二者在数字技术概念下一般不会引起误解[③]，但在法律意义上存在一定的差别。例如，当事人在信息权益和数据权益方面的侧重不同时，就会存在信息和数据问题的差别。又如，在网络侵害知识产权的情形下，被侵害人的利益主要是受知识产权保护的信息内容，网络侵权只是侵权手段，这属于信息问题；但在个人信息保护中，当事人理论上享有的可携带权，其利益主要体现在对表达该信息的数据进行支

---

① 2021 年《信息安全技术重要数据识别指南》第 3.2 条将重要数据定义为“以电子方式存在的，一旦遭到篡改、破坏、泄露或者非法获取、非法利用，可能危害国家安全、公共利益的数据”。

② 朱明婷、徐崇利：《自由贸易试验区金融数据出境的治理制度研究——基于“交通枢纽”数据流通制度设计》，载《金融监管研究》2023 年第 7 期。

③ 梅夏英：《信息和数据概念区分的法律意义》，载《比较法研究》2020 年第 6 期。

配，这属于数据问题。[①]

（三）对个人金融数据的分类分级不统一

首先，我国法律法规及行业标准对金融数据的分类分级不统一，并且与跨境流动关联较小。[②]《数据安全法》中按照数据的重要性将其分为核心数据、重要数据和一般数据，并根据这三种分类或因业务需求而决定是否允许跨境流动；2011 年《通知》中则按照金融业务内容将个人金融信息划分为个人身份信息、个人财产信息等；2020 年《规范》和 2020 年《指南》中将个人金融信息划分为借贷信息、鉴别信息、个人账户信息、身份信息等，2020 年《指南》中还区分了金融数据和金融信息。以上分类标准各不相同，既与《数据安全法》中的分类不同，也未明确个人金融信息属于《数据安全法》中的哪类数据，这给监管部门和企业合规都增加了难度。

（四）对数据出境情形区分不明确，造成个人金融数据出境难

个人金融数据跨境流动有着不同目的，大致可以分为两种：一种是因业务需求跨境流动，主要体现数据的经济价值；另一种是境外监管要求，主要涉及数据主权。从实践来看，对于这两类目的的个人金融数据出境应符合何种条件，目前国内法律法规没有明确区分。因此，面对不同出境目的的场景时，企业和金融机构数据出境情况因个案而异，很大程度上取决于金融监管部门的态度，容易导致业务亟须出境的数据难以出境的状况。如果按照"一刀切"的方式在原则上将个人金融数据储存本地，则缺乏一定的科学性和灵活性，也不容易发挥金融数据的活力。

（五）金融数据处理者的范围和法定义务不明确

首先，由于立法维度不同，因此我国《数据安全法》《网络安全法》《个人信息保护法》以及银行业、保险业、证券业相关法律法规中对金融数据处理者的范围有着不同的理解和规定。但这种交叉规制对同一金融企业而言，如果涉及个人金融数据跨境流动业务需求，就需要同时满足不同法律监管项的合规义务，从而大幅增加金融企业的负担，因此有必要对个人金融数据处理者的范围进行进一步统一和细化。其次，尽管我国各类法律法规均规定了数据处理者对金融数据全生命周期的保护义务，但对于在跨境传输时维护个人金融数据应承担义务的具体规定不多，这对企业和金融机构来说就较为模糊。

---

① 梅夏英：《信息和数据概念区分的法律意义》，载《比较法研究》2020 年第 6 期。

② 宋瑞琛、冯纯纯：《中美数据跨境流动的国际法规制及中国的因应》，载《国际贸易》2022 年第 7 期。

四、完善我国个人金融数据跨境流动规制的思路

总体上仍应从我国立法取向出发，兼顾发展与安全，在维护我国金融安全和个人隐私安全的同时，促进金融业务的发展，本文主要从以下五个方面提出建议。

（一）协调对个人金融数据的不同规制思路

我国应协调不同法律法规对个人金融数据的规制思路，因为从目前我国对金融数据跨境流动的禁止性原则来看，在个人金融数据业务的开展中既不便于具体操作，也不符合我国数字金融的发展布局。总体上，在规制个人金融数据方面，首先，应在维护我国国家安全的基础上，维护金融稳定；同时维护个人的金融数据权益，提高金融服务效率。其次，不应将所有金融业数据全部纳入某一分类，而是要结合数据的特征、用途、重要性等考虑不同金融数据所属分类。因此，首先需要明确个人金融数据是属于核心数据、重要数据还是一般数据，再结合个人金融数据跨境流动的目的、数据量、涉及的资金量和客户数量、涉及的行业范围、安全性、敏感程度等对个人金融数据进行分级，采取不同规制，不应“一刀切”地规定禁止或允许跨境流动。最后，目前国内法律规定个人金融数据跨境流动属于“因业务需求确需出境的”的例外情形，但由于对例外情形没有清晰、明确和统一的规定，实践中存在个人金融数据跨境流动难的情况。因此，很有必要对不同法律中个人金融数据跨境流动的情形和法定条件进行统一，否则会在实践中造成判断标准和执行的混乱。

（二）进一步细化个人金融数据的内涵

在大数据时代，数据和信息往往难以分离，虽然二者在法律上有一定区别，但从国内外立法实践来看，数据和信息几乎可以相互替代，一般不会产生误解。欧盟、美国、日本、韩国等相关立法中，多数使用了“Data”的表述。我国法律中有必要对个人金融数据的内涵作统一界定，可以不必纠结个人金融信息和个人金融数据的统一表述，但可在不同场景下对个人金融数据和个人金融信息加以区别，这有利于相关主体在实际业务中能够更加精准地把握个人金融数据的范围。在强调人格利益保护的场景中使用个人金融信息更为准确，例如，用户的金融账户信息、住所信息等；而在强调财产利益保护的场景中使用“个人金融数据”更为准确，例如，将对个人金融数据的抓取用于大数据分析和交易等。

（三）统一现有法律法规中对个人金融数据的分级和分类

首先，明确界定《数据安全法》中的核心数据、重要数据和一般数据，形成重要数据目录、一般数据清单和个人金融数据跨境流动的白名单，以便更好地明确个人金融数据归属的类别。对重要数据目录和一般数据清单也应定期更新，同时建立个人金

融数据跨境流动备案制度，既可以实现个人金融数据的有效流动，节约成本和提高效率，也可以实现预防风险的目的。对于一般数据，可以结合个人金融数据的分级进行备案即可。对于应备案而未备案的个人金融数据跨境流动需暂停、整改后重新备案或终止。在备案中提交虚假材料的，应追究相应法律责任。

其次，2020 年《规范》按照敏感程度对个人金融信息的分类更符合实际应用场景，可将此种分类和《数据安全法》中按重要性的分类联系起来。例如，C1 个人金融信息属于一般数据，原则上在个人告知同意下应允许跨境流动；C2 个人金融信息属于重要数据，应经安全评估后，符合一定条件或匿名化后允许跨境流动；C3 因为属于高敏感信息涉及数据安全，所以属于核心数据，原则上应禁止跨境提供。这样便于企业和相关机构的合规操作。

最后，在对个人金融数据进行分类的前提下，根据个人金融数据的安全性，并考虑其遭受破坏时可能受到的影响对象、影响程度对个人金融数据进行分级，并把分级和分类关联起来。例如，可参照 2020 年《指南》将第 5 级数据归属为重要数据，这类个人金融数据如确需出境，则必须经过相关部门安全评估才能跨境流动，第 1 级数据是个人金融数据主动公开的信息，对个人和企业不造成影响或影响微弱，将其归为一般数据，经过备案后就可以跨境流动。

（四）进一步明确个人金融数据跨境流动的场景

目前，我国对个人金融数据的规制主要秉持禁止跨境流动的原则，但可以根据个人金融数据跨境流动的不同目的区分场景，并设置允许个人金融数据跨境流动的法定条件。主要分为两类：

一是个人金融数据因业务需求而跨境流动。首先，可以规定原则上在个人知情同意的前提下允许跨境流动，因为个人金融数据是从银行与客户、客户与客户之间的商业交易行为中所产生的，该数据属于个人的数据资产，只是根据国家监管机制和商业惯例进行特定存储，因此应尊重个人对数据的支配权利，在个人知情同意的前提下原则上允许个人金融数据跨境流动。然而，原则上同意个人金融数据跨境流动并非无条件限制，还需要金融数据处理者承担数据保护义务，金融机构应承担数据出境前的审查义务，保证个人金融数据在合法、安全的前提下跨境流动。其次，为保障我国数据和金融安全，需设置例外情形限制某些个人金融数据跨境流动。例如，某些大批量个人金融数据出境可能影响国家金融安全，或者个人金融数据处理者不具有对个人金融数据保护能力，等等。

二是个人金融数据因国外监管或国际协定而适用跨境流动。此种情形是对国家数据主权的突破①，因此，此类个人金融数据原则上应不允许跨境流动，同时应规定在例

① 王远志：《我国银行金融数据跨境流动的法律规制》，载《金融监管研究》2020 年第 1 期。

外情形下可以出境。该场景下的例外情形应由我国与其他国家签订的双边或多边协定以及其他国际合作的形式确定。这既可以充分维护国家金融安全，也能够保持个人金融数据流动的灵活性。

（五）进一步明确和细化个人金融数据处理者的范围与义务

应进一步明确个人金融数据处理者的范围和在个人金融数据跨境流动中的义务。首先，可参照2020年《规范》将金融业机构全部纳入个人金融数据处理者范围，包括持牌的金融机构和涉及个人金融信息处理的机构，同时把为持牌金融机构提供身份验证、技术支持的基础服务公司也纳入个人金融数据处理者的范围。因为金融公司往往与这些基础服务公司合作，通过对个人金融消费信息的分析，实现对金融产品的精准投放和营销。[①] 其次，应进一步明确在个人金融数据跨境流动的全过程、各环节和不同场景中，数据处理者都有不同的数据安全保护义务。同时应明确数据处理者在处理个人金融数据跨境流动业务时，应和使用目的、场景等保持一致，确保个人金融数据的出境安全；加强风险监测，定期对出境的个人金融数据开展风险评估，对于安全漏洞或安全事件应及时采取补救措施。

① 马兰：《金融数据跨境流动的核心问题和中国因应》，载《国际法研究》2020年第3期。

“元宇宙”下国际贸易跨境数据流动的规制困境及其优化

费颖超*

摘　要：作为一种全新的数字技术平台，“元宇宙”是一个由区块链、云计算、人工智能等新技术共同构成的、反映社会生活各方面的虚拟空间。它模糊了虚拟生活与现实生活的边界，使虚拟世界与现实世界高度融合。跨境数据流动是国际数字贸易的重要议题，其规制及优化是数据贸易安全的关键。传统的WTO机制已经难以适应当今国际贸易的发展，在数字贸易背景下，国际贸易跨境数据流动治理空间存在冲突，跨境数据流动规则呈现出自由流动、安全限制、隐私保护优先以及本地存储四种监管模式。在“元宇宙”时代，国际贸易中的跨境数据流动将驱使国际贸易规则向去单一化、价值融合、技术辅助方向迈进，中国应把握其中的主动权，积极参与全球和区域贸易协定的制定、主动参与元宇宙新规则的构建，为未来国际贸易数据治理争取率先发展的优势地位。

关键词：元宇宙　跨境数据流动　国际贸易　数据治理

引　言

元宇宙是一个能与现实世界在线交互的虚拟空间，涵盖人们的工作、娱乐等社会生活场景。依托互联网储存的海量数据，处于逐步发展中的元宇宙时代在互联网的基础上进一步拓展数据的存储量，这对互联网时代而言将是一次伟大的变革。随着互联网数据存储量的增加以及数据跨境流动的迅猛发展，人工智能等新技术出现了前所未有的转变。此外，全球治理体系正在发生重大变革，贸易结构不断向虚拟方向发展，

---

* 费颖超，西北政法大学涉外法治研究中心、法治学院法律硕士研究生。研究方向：国际法、国际贸易法。本文系西北政法大学涉外法治研究专项课题“中国—中亚数字基础设施跨境投资合作法律问题研究”（编号：SWFZ2023A16）阶段性成果。

跨境数据流动成为重要议题。各国经济文化发展水平存在差异，对经济利益的追求各不相同，现有的国际贸易规则正遭受严峻挑战。然而，随着各国之间的贸易往来日益增多，新形势也对数据贸易、跨境数据的安全流动也提出了新的要求，原有的国际贸易规则也出现了很多漏洞，难以继续有效指导国际贸易，因此，协商制定能够适应当下数字贸易发展要求的新贸易规则势在必行。

在元宇宙这一虚拟空间内，通过数据产生、数据存储、数据收集、数据处理、数据使用这一过程，数据本身已经成为一种虚拟资产。数据对国家安全、社会生活、个人隐私等方面都具有重要影响。元宇宙空间中数字服务的跨境流动也影响着各国的切实利益，数据跨境流动规制成为核心问题。数据的跨境安全流动主要包括个人信息安全、相应机关对数据的有效监管以及数据的保密等方面，而未经法律规制或未能有效规制的跨境数据流动可能会导致数据泄露、相关机构对数据失去控制进而危及一国主权的情况发生。

随着元宇宙范围的日渐扩大以及各国经济水平的不断提升，元宇宙空间中的国际贸易已经超越了传统的贸易模式，呈现出以下三个特点：一是贸易双方不再使用传统的交易方式，而是在数字空间中进行，效率明显提高；二是数据流动量大幅增加，流转速度也明显提高，因此监管难度也随之加大；三是新兴数字技术得到发展，为国际贸易的进一步发展提供了机遇，各国也越来越重视贸易规则的制定。本文通过探讨传统贸易规制法的缺陷，讨论跨境数据流动规制的困境与挑战，探索应对元宇宙背景下跨境数据流动风险的有效之策，助力中国提升在国际贸易中的地位，以更加自信的姿态参与全球数字竞争。

一、传统贸易法难以适应当下数字经济的要求

（一）WTO 规则对于现代国际贸易发展的局限性

目前，各国经济快速发展，新技术与新要求不断出现，WTO 规则已难以满足国际贸易的发展要求，其缺陷日益凸显。

首先，WTO 规则诞生于数字经济发展初期，彼时各国（地区）数字经济发展水平不高，对于贸易法的要求也不高。但在经济高速发展的现阶段，WTO 规则的一些相关规定已经不再适应国际贸易的新要求，在指导跨境数据流动的过程中出现了很多问题。例如，不同的商品与服务分类背后是不同的关税征收规则，明确的分类对正确适用 WTO 规则而言非常重要，网络游戏既可归类为计算机服务，也可归类为视听服务。在前一种情况下，各成员必须严格遵循国民待遇原则；而在后一种情况下，各成员则可以采取限制性措施。随着数字贸易时代新型商品与服务的不断发展，这类问题受到广

泛关注，在未来的元宇宙时代将更为突出。①

其次，虽然各国（地区）积极针对跨境数据流动安全问题提出对策，也相应地采取了一定的行动，但是由于各自的利益不同，诉求也存在差别，因此无法达成统一意见。随着跨境数据流动过程中问题逐渐增多，各国（地区）的主张也明显不同。以美国为代表的国家强调贸易自由化，禁止一切限制性措施；欧盟主张制定严格的隐私保护规则；中国则持谨慎态度，认为应该重点关注互联网背景下的跨境货物贸易，不过多关注数据流动等问题。由此看出，想在WTO体系内达成一致是非常困难的，现有WTO规则无法有效维持元宇宙背景下数字贸易的正常进行，难以对跨境数据流动进行有效指引，总体上难以适应数字经济的发展需求。

（二）国际贸易跨境数据流动过程中WTO规则的积极设想

在传统贸易中，WTO规则对各成员的贸易往来具有重要影响，是世界各国（地区）开展贸易的重要依据。在数字经济快速发展的当代，成员之间的数字贸易逐年增多，WTO规则对于数字贸易仍有很大的指引作用。通过修订WTO规则，在世界范围内构建统一的、包容性强的跨境数据流动规则，推动国际数字贸易更加自由、安全地进行，不失为一种积极设想。

第一，WTO规则基于消除各成员歧视原则，对最惠国待遇和国民待遇原则作出了相关规定，这对促进数据的安全流动以及加强各成员之间的数字贸易具有积极意义。这一规定对于经济生活具有积极影响，因此被世界各国（地区）广泛接受。第二，WTO规则具有较强的包容性、较高的灵活程度，允许成员在不违反基本要求的前提下，存在部分违反义务或承诺的行为。第三，WTO规则设有强制性规定，对违反义务的成员施以严厉惩罚。由此看来，WTO规则作为重要的贸易规则，对世界贸易发展有一定的价值。

二、跨境数据流动规制的模式及元宇宙规则的制定

（一）跨境数据流动的规制模式

当前，WTO规则、双边和多边协定是跨境数据流动规制的主要依据。由于各成员在发展利益和价值取向上的不同，许多成员对数据的跨境流动以及数据管理作出了严格规定，形成了以中国、美国、欧盟、俄罗斯为典型代表的规制模式。这些模式呈现出高要求、差异化的特征。这些特征主要体现在推动数字贸易自由与安全发展、避免个人信息与隐私泄露、强化国家对数据安全的监督管理等不同的目标和价值取向上。

---

① 王君洁：《“元宇宙”下国际贸易跨境数据流动规则展望与中国因应》，载《上海法学研究》（第11卷），上海人民出版社2022年版，第118—133页。

1. 中国采取数据安全限制模式

数据自由流动模式与安全限制模式形成鲜明对比，中国是安全限制模式的典型代表。中国在考虑数据跨境流动特定需求的同时，以数据本地化存储为基础，构建了一种不仅重视经济发展，而且注重数据主权与安全的跨境数据流动治理模式。在这种情况下，国家通常将贸易协定的重点放在传统的边境贸易壁垒上，考虑国家安全、企业发展和个人保护等因素，限制跨境数据的自由流动，并实施特定的数据本地存储要求。中国对跨境数据流动采取独特的规制模式，主要原因有两个：一是国家对国际贸易实施严格监管；二是对国内现有贸易体系进行审慎考量。

首先，为保障国家安全并落实严格规范，中国对数字经济采取了强制性监管措施。《数据安全法》等法律对互联网内发生的数据流动行为设定了详细而严格的规定。即使是由私营企业发起的世界电子贸易平台，中国政府部门和相关机构也会进行指导和深度参与，以确保其运营安全和规范。

其次，现阶段中国数字经济中，劳务贸易等传统贸易内容仍占主要地位。主要的互联网企业如京东等，利用互联网平台主要面向国内市场进行实体商品销售。此外，面对来自谷歌等外国企业的强大竞争力，中国通过安全限制模式，优先保护国内市场，支持腾讯、百度等本土企业的发展。这种策略不仅保护了本土企业，还有效地推动了中国数字经济的繁荣与发展。

2. 美国采取数据自由流动模式

美国在引领全球贸易的同时，也一直倡导自由贸易。其数据自由流动与信息共享规制模式依托于快速发展的数字经济和自由贸易的理念。美国之所以支持数据自由流动，是因为其在数字经济和国际贸易中具有显著优势，跨境数据流动能够极大地增进美国的利益。近年来，美国不断推动数据流动的自由化，希望其他国家能接受这一模式，从而在全球范围内获取更多的便利，进一步巩固其全球领先地位。

3. 欧盟采取数据隐私保护优先模式

数据隐私保护优先的欧盟模式位于数据自由流动和安全限制之间，是跨境数据流动规范的另一种重要取向，以欧盟为代表。这些国家（地区）一方面对数字贸易采取相对自由宽松的监管方式，另一方面高度重视个人信息保护问题。① 在跨境数据流动的规范中，为了有效保护隐私权，该模式允许国家（地区）在本国（地区）境内采取一定的限制措施。2018 年，欧盟委员会基于跨境数据流动与贸易和个人数据保护提出建

① Yakovleva, “Should Fundamental Rights to Privacy and Data Protection Be a Part of the EU’ s International Trade ‘Deals’?”, *World Trade Review*, Vol. 17, No. 3, 2018, pp. 477-508.

议，在支持跨境数据流动的同时，通过安全例外条款强调保护数据隐私的基本权利①，2019 年 4 月，欧盟在 WTO 电子商务多边谈判中也采取了类似的立场。

4. 俄罗斯采取数据本地存储模式

俄罗斯在针对跨境数据流动的问题上采取了不同于其他国家的做法，其实施了严格的数据本地存储要求。2021 年修订的《俄罗斯联邦个人数据保护法》中明确规定，个人数据在服务器中的存储和处理以及整个数据的使用过程中，都必须在境内和境内的服务器上完成，并设有相应数据留存设备。同时，接收方为非公约缔约国的个人数据跨境传输的，必须先评估是否将其列入“白名单”，才能决定是否允许数据流出。尽管这一模式旨在强化个人数据安全和国家监管能力，但可能会对数据的跨境流动产生阻碍，进而对俄罗斯在全球竞争中的国际贸易造成不利影响。

（二）制定元宇宙中的跨境数据流动规范

有学者总结了元宇宙的七个特征：区块链、VR/AR、数字孪生、用户内容生成器、UGC、经济学和人工智能。② 基于这些特征的影响，元宇宙背景下的数据生成、使用、存储以及流动都呈现出新形态，跨境数据流动也出现了新的模式转变。

1. 元宇宙内国际数字贸易跨境数据流动的特点

（1）数据数量庞大，世界各国共同参与

在元宇宙空间中，跨境数据流动的一个显著特征是数据数量庞大。首先，元宇宙类似于互联网，是一个各国共同参与、共享共赢的虚拟环境，科技进步促使各国之间的合作更加便捷和频繁。其次，跨境数据流动涵盖了社会生活的各个方面，数据种类显著增加。随着物联网、区块链、云计算、人工智能等技术的发展，人们将会为元宇宙带来更加丰富的数据资料，这些数据会随着跨境流动在各个国家之间转换，使元宇宙空间更为活跃。

（2）数据安全需要技术手段加以保护

在元宇宙中，新出现的保护数据安全的要求将对法律上的权利义务关系进行根本性的重塑③，新兴技术推动了法律监管迈向全新的轨道。在数字身份体系中，区块链技术凭借自身不可篡改和可追溯特性，能够对交易数据的完整性、可验证性和透明度进

---

① “Horizontal Provisions for Cross-Border Data Flows and for Personal Data Protection.”, https://www.businesseurope.eu/publications/horizontal-provisions-cross-border-data-flows-and-personal-data-protection-eu-trade-and, 2018, 2024-06-25.

② Haihan Duan, Zhonghao Lin, Jiaye Li, Xiao Xu, Sizheng Fan, & Wei Cai, “Metaverse for Social Good: A University Campus Proto-type”, Proceedings of the 29th ACM International Conference on Multimedia, 2021, pp. 153-161. 转引自程金华：《元宇宙治理的法治原则》，载《东方法学》2022 年第 2 期。

③ 孙益武：《论元宇宙与智能社会法律秩序调整》，载《法治研究》2022 年第 2 期。

行直接的技术保障。[①] 通过新兴技术的使用，元宇宙空间的数据流动能够以更加安全的方式进行，数据所有者对数据的控制更加严密，以免出现数据泄露、侵犯个人信息等问题。

（3）数据渗透于生活的各方面

在元宇宙中，跨境数据流动的显著特征是数据渗透至社会生活的各个角落，并与现实世界相互映射。首先，为了与现实世界更好地融合，元宇宙中的数据与现实生活中的数据频繁交互，成为现实世界的映射。其次，数据间的频繁互动可能会影响数据的正常管理，相关主体必须采取一定措施，以防止威胁国家安全、影响正常社会生活的事件发生。此外，过度依赖虚拟空间中的数据流动也会增加跨境数据流动的风险，因此各国必须重视相关监管规则的制定。

（4）去中心化与不确定性

元宇宙的核心理念之一是去中心化，这意味着减弱中心化机构的管理权，将给跨境数据流动的治理带来一系列挑战。首先，当国际贸易在元宇宙空间进行时，各个国家都会参与其中，此时各国政府或国际组织可能会对数据的流动失去有效监管。不过，也有学者认为，互联网在存在之初也是去中心化的，但其不断发展以及监管的介入，大大降低了互联网的去中心化程度。由此看来，元宇宙也未必能够达到理想中的去中心化水平。[②] 因此，对于跨境数据流动的监管仍有不确定性，未来谁能有效监管或是否依靠元宇宙的自我治理，仍是一大难题。

2. 元宇宙中跨境数据流动治理的趋势

在数字全球化的时代背景下，跨境数据流动对全球贸易产生了不容忽视的影响，同时也面临着治理困难等问题，元宇宙中的跨境数据治理也不例外。在短期内难以形成比较统一的治理模式，因此国际合作成为新的可能，国家政策以及区域规则的进一步调和成为促进跨境数据流动的重要趋势。

（1）国家政策方面。传统国家政策在适应跨境数据流动的独特性上面临着巨大的挑战。各国关于元宇宙治理数据流动的目标不一，反映了全球各方在这一领域期望的利益差异。此外，在数字经济竞争的背景下，各国之间的利益难以协调一致，国家安全和数据安全难以保障。在此种情况下，要想实现各国对于数据治理体系的统一难度较大。数据流动的治理规则亟须更新，而国家之间又难以达成统一。因此，实现各国在合作理念与实际操作之间的对等、提高国家政策之间的互操作性，以此来缩小跨境数据流动治理的差异，使数据安全流动成为可能。

---

① Gönenç, Gürkaynak, İlay Yılmaz, Burak Yeşilaltay, Berk Bengi, "Intellectual Property Law and Practice in the Blockchain Realm", *Computer Law & Security Review*, Vol. 34, No. 4, 2018, p. 853.

② Moerel, Lokke, "Blockchain & Data Protection and Why They Are Not on a Collision Course?", *European Review of Private Law*, 2018, p. 838.

（2）区域规则方面。多边合作难以实现，但区域合作成为可能。一方面，传统的多边合作机制面临着跨境数据流动治理的挑战。虽然全球贸易合作在以世贸组织为代表的多边贸易体系下稳步发展，但在电子商务领域中的跨境数据流动的治理方面，各地区至今没有达成统一意见。另一方面，区域合作能够积极促进跨境数据治理，例如，美国与欧盟就新的隐私框架展开合作，欧盟与日本也签署了涉及跨境数据流动的协议，这些都为跨境数据流动的有效管理提供了实际范例。元宇宙中的跨境数据也不能采用碎片化的治理方式，推动区域规则的进一步统一是必由之路。

三、元宇宙中跨境数据流动的规制困境

数据安全对于各国具有重要意义，对跨境数据流动的规制成为元宇宙背景下国际贸易的核心问题。一般而言，数据的自由流动有利于各国数字经济发展以及国际交流合作，因此很多国家积极出台相关政策支持数据的自由流动以获得更多的利益。然而，近年来，随着反全球化浪潮的出现，国家之间在数字贸易中出现了信任危机，也有许多国家反思数据自由流动带来的一系列问题，数据流动的规制困境引起了世界各国的广泛关注。

（一）国际数据流动规制困境

1. 数据要素隐性壁垒阻碍自由流动

传统的数字贸易主要通过互联网来交付数据要素，而相关研究表明，数据要素是数字贸易最重要的载体，数字贸易已经远超传统贸易的数量。数据要素在各国数字贸易往来中具有重要的共享价值，因此，要想使这一价值得到最大限度的释放，就必须促进数据的自由流动和共享。元宇宙时代的国际贸易也离不开数据的有序流动，数据有序流动能够促进元宇宙中新技术的创新，促进资源的充分利用。但是，当前数据主权、数据治理体系不完善导致数据要素隐性壁垒出现，致使各国之间的数据要素无法自由、有序流动，甚至部分国家采取的限制政策也阻碍了数据流动的有效进行。

2. 全球贸易规则体系在处理跨境数据流动方面存在碎片化的规定

数字贸易在全球范围内迅速发展，使得跨境数据流动变得越来越频繁。为规范和稳定这一过程，建立统一协调的国际贸易规则体系成为促进各国友好合作的关键。传统贸易规则和多边贸易体系在应对数字贸易新需求方面显得力不从心，因此一些全球贸易大国开始推动以自身利益为核心的单边政策或者双边、区域贸易协定。这导致贸易大国之间在跨境数据流动监管上出现了一定程度的碎片化趋势。随着双边协定的达成以及区域合作的展开，全球范围内形成了种类繁多的跨境数据流动规制路径。这些规制办法未形成统一的模式，表现出碎片化的状态，对我国乃至全球的贸易体系形成一种巨大冲击，扩大了各国之间贸易发展的差距。

3. 数据流动自由与数据安全之间的冲突愈加显著

在全球范围内数字贸易高速发展的背景下，以及区块链、云计算等新技术的出现，推动数据自由流动已成为国际共识。特别是在元宇宙背景下，数据量的增加对数据的自由流动提出了更高的要求。然而，数据的自由流动和安全是一个不容忽视的矛盾。数据的自由流动会涉及某些国家的数据安全问题，很有可能出现侵犯个人隐私、侵犯商业秘密等不良影响。

近年来，网络空间的范围随着互联网的发展以及数据的流动而进一步扩大，元宇宙这种虚拟空间打破了传统贸易中地域的限制，虚拟空间成为新的数据竞争的场所。元宇宙中的大量数据得到前所未有的释放，强调数据主权和安全的国家更加注重数据的属地模式，要求数据在本地的储存和处理；而强调数据自由流动的国家利用自身的技术和优势，积极推进数据的自由流动，这个过程可能会侵犯其他国家的利益。因此持有不同态度的国家之间对于规制规则难以达成一致意见，这也导致数据自由流动和数据安全的矛盾难以有效解决。

（二）国内跨境数据流动规则体系面临的困境

在数据流动议题上，发达国家通常关注本国数据流出所带来的利益，却忽视了对发展中国家的不利影响。在这种形势下，我国面临多方面挑战。

1. 国内相关法律法规仍有改进空间

目前，我国在规范数据流动方面的法律体系较为不足，部分已有的法律法规仍不健全。比如，《网络安全法》要求对数据信息进行本地化存储和处理，这在一定程度上限制了数据的有效流动。此外，对于“重要信息”的规定应该更加明确，对于什么数据可以被确定为“重要数据”，需要制定一个严格的标准，方便相关主体在进行贸易时能够有明确的法律依据可以遵循。

2. 对于网络空间的主权问题不明确

网络空间是目前各国重要的合作平台，随着新技术的发展，元宇宙下的空间主权问题不容忽视。如何建立一个互相尊重、互不干涉，又能互相合作的元宇宙空间是我们应该深入思考的问题。元宇宙中的数据流动是必然趋势，而对有数据流动需求的国家来说，元宇宙中的数据主权问题会受到国家主权理论的影响，这种影响可能会导致元宇宙空间中出现不良竞争、无序发展的局面。

四、元宇宙背景下跨境数据流动规制的中国回应

在跨境数据流动的过程中，现有的国际规则大多以维护国家主权、保护数据安全为核心。因此，跨境数据的自由流动会受到一定的阻碍，国际贸易也会变得更加困难。数据要素正成为重塑全球经济结构的关键力量，而在跨境数据流动过程中所隐藏的经

济价值是巨大的。跨境数据流动的快速发展，以及各国对这一过程的价值追求的差异，使有关数据流动的新议题被纳入各国的计划。为进一步推动数据要素的发展，各国应重新考虑对于跨境数据流动的治理问题以及在元宇宙背景下如何发挥数据要素的最大价值。

随着数字经济的蓬勃发展，我国正在积极促进国际贸易与合作。在地区层面，中国正在推动电子丝绸之路的建设，探索新的数据安全流动发展路径；在国际层面，中国也在积极推进企业与全球电子贸易平台的合作。当前的国际贸易中，发达国家占有较大的话语权，并且积极推进数据自由流动。而元宇宙本身所具有的不确定性以及数据流动的不安全性，也是我们必须面对的一大困难。因此，考虑到数据安全与国家利益，可以在适当范围内放宽对部分数据的监管，完善国内相关法律法规，在积极参与元宇宙国际贸易新规则构建的同时，采取分类分级监管等措施来管理跨境数据流动，以在国际贸易中赢得优势地位并增强主动性。

（一）对跨境数据流动采取分类分级监管措施

基于现有的国际贸易框架，我国需要持续优化国内法规，以响应全球跨境数据流动监管规范。必须谨慎处理国际贸易中的例外条款，避免滥用，以确保跨境数据安全流动的可持续性。因此，我国要建立一个完善的分类分级管理体系来防止此类问题的发生。首先，对于“重要数据”“核心数据”以及“其他数据”进行更加明确的解释，对划分后的数据类型分别进行管理，以防出现因解释模糊而难以监管的情况。其次，建立更加细致准确的数据分级分类制度，除现有的数据类别外，国家还应细化各个行业的数据类别，以便更好地管理。

此外，跨境数据的分类处理方式多种多样，根据数据对应的主体可分为个人数据、社会数据和国家数据；按照数据重要性的不同可分为一般数据和特殊数据。个人数据、社会数据和国家数据均可进一步划分为一般数据和特殊数据。例如，个人数据的一般数据包括姓名、年龄、性别等基本信息，而较为敏感的身份信息、家庭住址则属于特殊数据；社会数据既可能包括社会经济发展水平等一般数据，也包括涉及多个主体或不能公开的特殊信息；国家数据的一般数据可能涉及国家财政支持等基础信息，而特殊数据可能涉及国家安全、科技发展等敏感信息。对数据进行分类化处理，有助于完成对数据的流动规划。例如，个人数据中的一般数据，如果其符合国内相关法律规定，经事先登记并批准后就可以进行跨境流动①；国家数据则需根据其所涉及的领域以及安全系数，决定由哪种主体核准登记，或者决定禁止某项国家数据进行跨境流动。

---

① 张国琪、魏晨：《跨境数据流动国内规则体系的困境与完善》，载《克拉玛依学刊》2024年第2期。

（二）优化国内法律法规，协调数据自由流动与数据安全的关系

各国正在积极构建符合自身利益的数据流动规制体系，我国在跨境数据流动方面与美国、俄罗斯等国相比，法律法规存在一定差距。我们应基于实践经验，完善现有规定并出台新的政策，探索适合中国发展的特色数据流动治理路径。首先，深入研究国内外相关法律、国际公约和区域协定，努力在数据安全和自由流动之间寻求平衡。不符合社会发展的规制措施会导致贸易成本的增加以及贸易过程的混乱等问题，因此需要在保证数据要素正常流动的基础上，平衡好数据安全和流动自由的关系。其次，加强有关确定数据主权、保护数据安全的规定。在达成数据保护共识的基础上，明确数据保护的标准，积极推动在国际上形成数据保护合意，尊重各国主权，维护各国对重要数据的监管。

以美国为代表的国家推行严禁对数据进行限制的政策，通过自身优势来获取利益，这对于我国的政策及国家对数据的有效监管不利。然而，在全球贸易快速发展的背景下，过于严格限制数据流动可能导致我国在全球竞争中失去竞争力，可能错失国际合作机会，进而影响我国数字经济的发展。综合考量，可以通过对法律进行局部修改，以适度放宽对数据流动的限制。具体来说，可以缩小重要数据的范围，排除不再适用的重要数据，这更有利于在国际贸易中提高国际地位。

（三）积极参与元宇宙国际贸易新规则的构建

积极参与元宇宙背景下国际贸易新规则的制定，对于跨境数据流动的治理具有积极意义，也是促进国际数字贸易安全发展的有效途径。首先，我国坚持合作共赢、促进数据安全发展的理念，促进跨境数据流动的安全进行，反对任何形式的数据霸权主义，充分尊重不同国家之间的利益追求，在平等互利的基础上开展合作，在全球跨境数据治理中尊重世界各国的权利，积极参与国际数字贸易，在元宇宙空间以及跨境数字流动治理方面作出积极回应。其次，积极参加区域协定和多边贸易协定的制定，充分表达我国关于跨境数据流动规制的意见和建议，努力在国际数字贸易中增强自身的话语权和影响力。与其他国家就元宇宙背景下的跨境数据流动展开友好协商，共同解决跨境数据流动治理中的法律差异等问题，合作探索新的数据流动规制机制。结合数据权利、数据处理原则、数据安全要求等方面，探索出一条新的治理道路。

在中国参与的国际条约中，很少涉及数据自由流动的规定。事实上，推动跨境数据的安全流动已经成为国际贸易中不可分割的一部分，各国也越来越重视对数据流动的规制。在这一形势下，我国更应积极参与新的贸易规则的制定。在区域贸易协定以及“一带一路”建设中，中国应肩负起重任，积极响应各国对于跨境数据流动的各项政策，努力提升在国际贸易以及新规则制定中的话语权。

（四）加强跨境数据流动的全方位管理

加强跨境数据流动的全方位管理是保障数据安全流动，确保国家对数据流动有效监管的重要举措。全方位管理指的是监管机构对数据从产生、存储、传输至使用全过程进行有效监督，排查各环节有无潜在风险或问题。首先，对于数据的产生要做好比较完善的备案，防止数据产生之后出现难以控制的问题；其次，对于数据的存储和传输过程，可以设置一定的加密技术，防止在此过程中数据的泄露；最后，要做好数据访问记录，严格按照标准记录数据的流动和使用情况，便于日后复盘追溯。

在跨境数据流动的过程中，在加大合法性审查力度的同时，提升自身的技术手段，提高数据安全保护的技术投入，能够及时处理数据流动过程中发生的安全问题，避免风险扩大甚至危及国家安全。同时，积极推进数字基础设施建设，促进数据要素加快发展，利用人工智能、云计算等先进技术优势，在元宇宙内对数据的跨境流动进行全面监管，保障数据有序流动。

结　语

在“元宇宙”时代下，国际贸易中的跨境数据流动促使已有的贸易规则革新。从传统的货物贸易、劳务贸易、运输贸易等贸易内容转变为以数字贸易为代表的新兴贸易方式，这一过程中逐步衍生出了以美国、欧盟、俄罗斯、中国为代表的跨境数据流动模式，引发了关于数据自由流动、数据安全以及国家对数据监管的争论。各国坚持的立场以及核心利益存在差异，面对数据在各国之间的快速流动，跨境数据的发展已经呈现出不确定的趋势，对于国际数字贸易中的新挑战，现有规则已经难以保障数据的安全流动。

作为拥有先进技术的发展中大国，中国应当在兼顾数据自由与安全的前提下，适度设置必要限制，采取分级分类的方式完善元宇宙中的跨境数据流动管理机制①，完善国内相关法律法规并出台新的政策规定，积极参与国际贸易规则的协商和制定，努力提升自身技术水平，力争实现对跨境数据流动的全方位监管。不仅要保护数据安全，而且要促进数据要素以更加活跃、前所未有的形态在元宇宙空间中得到最大化释放，从而促进我国国际数字贸易的繁荣发展。在“元宇宙”时代国际贸易数据变革中，通过争取制定跨境数据流动规则的话语权，积极参与元宇宙空间的数字贸易发展，从而巩固我国在国际竞争中的优势地位。这将为未来国际贸易法律规则的制定以及各国数字经济的发展奠定更为坚实的基础。

---

① 王君洁：《“元宇宙”下国际贸易跨境数据流动规则展望与中国因应》，载《上海法学研究》（第11卷），上海人民出版社2022年版，第118—133页。

美国单边经济制裁的中国法律因应

——数字货币的机遇、挑战与策略

李 燕*

摘 要： 在传统美元结算体系中，美元在国际货币体系及SWIFT、CHIPS系统中的霸权地位成为美国扩张管辖权、实施次级制裁及金融制裁与获取各国交易信息的工具。数字货币为应对美国单边经济制裁措施提供了新的契机：其一，法定数字货币与私人数字货币都具有去中心化、匿名性等有助于绕过美国金融制裁、次级制裁路径的特征；其二，各国对数字货币监管政策不一致也为数字货币逃避经济制裁提供了现实基础。但我国数字货币应对美国单边经济制裁的措施存在适用范围难以应对美国单边经济制裁、数字货币应用具有安全技术风险、容易滋生其他犯罪行为（如洗钱等）等问题。为解决这些问题，我国应当采取利用加密货币规避“紧急资源”制裁影响、进一步推动人民币国际化、加强安全技术研发与构建数字化监管框架等策略。

关键词： 数字货币 经济制裁 应对策略

引 言

自美国《出口管制条例》出台以来，美国已经对中国多家企业进行制裁。美国对华出口管制政策也由来已久，尤其是近年来，美国对中国的出口管制呈现出针对性强、严苛性高和扩张明显的特点，这在高科技和关键技术领域体现得尤为明显——美国的《出口管制条例》与《出口管制改革法》以及配套的规则都呈现出对中国关键技术发展的遏制倾向，尤其是在芯片方面，其出口管制范围从“中兴”“华为”等企业不断

---

* 李燕，西北政法大学国际法学院（国际仲裁学院）法律硕士（涉外律师）研究生。研究方向：国际经济法学。本文系西北政法大学涉外法治研究专项课题“中国—中亚旅游服务贸易法治发展研究”（编号：SWFZ2023A17）阶段性成果。

扩大。而以美元为中心的国际货币体系则成为美国实施制裁的工具手段，为维护我国国家安全与经济利益，我们应当利用数字化时代提供的契机，如利用数字货币等来应对美国单边经济制裁。

一、传统美元结算体系下的反制裁困境

经济制裁成为现代国家普遍使用的外交工具，国家通过经济制裁措施对目标国施加经济压力从而迫使其行为符合制裁发起国的政治目的。虽然单边经济制裁的合法性遭到联合国的质疑，但国际实践中，越来越多的国家、国际组织采取单边经济制裁措施。美国作为当今利用经济制裁最频繁的国家[①]，在国际货币体系中占主导地位的美元成为其实施经济制裁的重要工具。以美元为中心的国际货币体系不仅会转嫁以美元作为主导国际货币带来的金融风险[②]，还意味着美国以其货币优势地位对世界各国实行单边主义与霸权主义。美国利用美元的国际货币优势地位实施单边经济制裁主要表现在以下四个方面。

（一）扩张管辖权的依据

首先，美国利用以“美元结算”的国际货币优势地位作为其扩张管辖权的依据之一。美国为扩大其域外管辖权，利用诸多未形成“实质联系”的因素建立连接点，比如，其根据货物或技术的国籍来建立其管辖的连接点。美国自 1969 年出台《出口管理法》时，就将“来源于美国的货物”作为其行使管辖权的依据[③]，后《出口管制条例》进一步确定了最低比例原则（de minimis rule）来确定含有美国成分的货物在出口情形下行使管辖权的范围。而后美国又将高性能计算机、半导体等关键物项的最低比例调整至 0%，进一步扩张其管辖权。再如，美国还通过将美元作为连接点来扩张治外法权。其认为，美元交易需要通过一个位于美国境内的中间银行账户，因此，外国银行的交易部分发生在美国境内，美国可以行使属地管辖权。[④] 虽然国际货币体系正朝着多元化方向发展，但美元在全球货币支付中的占比仍占据首位——国际贸易仍主要通过美元结算，这也使诸多被制裁国与第三方国家之间的贸易会因“美元结算”这一因素而被纳入美国管辖范围之内。

其次，在国际实践中，美国认定经由 SWIFT 系统向美国境内银行发送的涉及美国

---

① 参见霍政欣、陈彦茹：《反外国制裁的路径演化与中国选择》，载《社会科学》2023 年第 2 期。

② 虽然美元不是唯一行使世界货币职能的国家主权货币，但其仍然在国际货币体系中占主导地位，其作为国际货币的“特里芬难题”并没有解决，反而以周期性的经济危机的形式表现出来。2008 年的国际金融危机便是这一问题的直接产物。所谓“特里芬难题”，就是“罗伯特·特里芬”提出的将一国主权货币作为国际货币所面临的币值稳定要求与实际贸易逆差必然导致的货币贬值相矛盾的问题。参见李骏、李俊葶：《基于“特里芬难题”的国际货币体系改革探讨——兼论稳慎推进人民币国际化》，载《金融发展研究》2022 年第 3 期。

③ Export Administration Act of 1969，Pub. L. No. 91-184，§ 4（b），83 Stat. 841.

④ 参见杜涛：《国际经济制裁法律问题研究》，法律出版社 2023 年版，第 139 页。

制裁主体的美元结算信息可作为以美元结算为连接点的认定依据。[①] 如英国渣打银行、巴黎银行等都因通过 SWIFT 系统向美国境内银行发送涉及美国制裁主体的美元结算信息而被认定为以"美元结算"，从而受到美国的制裁并被处以高额罚款。通过"美元结算"作为扩大域外管辖权的连接因素已经成为美国的制裁实践，这一实践给涉案企业及相关国家造成严重经济损失，也使美国的域外管辖权以"美元结算"以及 SWIFT 传达以"美元结算"的相关结算信息作为连接点进一步扩张成为现实。

（二）实施次级制裁的工具

以美元结算是国际贸易的主要结算方式，这也是美国实施次级制裁的重要工具。美国的历史实践证明，仅对目标国采取单边经济制裁措施，很难真正实现单边经济制裁的目的[②]，原因是美国的单边经济制裁若只针对目标国，则这一措施只约束美国内部的企业和相关部门与目标国之间的交易往来及行为措施，而对第三国与目标国之间的贸易不产生影响。在当今全球化趋势的影响下，各国之间交易往来频繁，各国之间贸易客体来源多呈现出多元化与可替代性强的特征，即使存在不可替代的货物或技术，目标国也可从第三国等渠道获取这些货物或技术。美国为实现单边经济制裁效果提出了次级制裁。所谓次级制裁，即为实现促使"第三国"或其非国家行为者改变其与"目标国"对象的经济交往政策或做法等政治目的的一种经济措施。[③] 美国次级制裁得以实施的重要因素就是美国利用 SWIFT 系统和 CHIPS 系统在清算过程中监控到的交易信息以及利用美元结算对他国的金融与贸易等行业形成压制，从而迫使第三国遵守制裁命令，阻断与被制裁国之间的贸易、金融往来等。如上述英国渣打银行、巴黎银行等因被 SWIFT 系统监控到其与被美国制裁的目标国发送美元结算信息而被认定为为目标国提供服务，从而受到美国的制裁并被处以高额罚款；再如，中兴通讯公司被美国商务部指控违反针对伊朗的制裁规定而被迫接受美国的制裁并支付 14 亿美元罚金[④]；又如，2019 年美国商务部工业与安全局（BIS）以华为涉嫌与美国制裁的目标国伊朗进行交易为由，将华为及其 150 多家境外附属实体列入商务部的实体清单；等等。[⑤]

美国通过实施次级制裁，也即通过制裁与目标国进行贸易或为目标国提供服务的第三国，来迫使第三国禁止与目标国交易，从而有效遏制目标国在国际金融、贸易活

---

① 参见石佳友、刘连炻：《美国扩大美元交易域外管辖对中国的挑战及其应对》，载《上海大学学报（社会科学版）》2018 年第 4 期。

② Jeffrey J. Schott, Kimberly Ann Elliott and Gary Clyde Hufbauer, Economic Sanctions Reconsidered: History and Current Policy, *Institute for International Economics*, 1990, pp. 35–48.

③ 参见郑玲丽、侯宇锋：《俄乌冲突下美国对华次级制裁的违法性分析及对策研究》，载《国际经济法学刊》2023 年第 1 期。

④ 参见龚柏华：《中美经贸摩擦背景下美国单边经贸制裁及其法律应对》，载《经贸法律评论》2019 年第 6 期。

⑤ 参见杜涛：《国际经济制裁法律问题研究》，法律出版社 2023 年版，第 141 页。

动中寻求替代美国的伙伴并强化美国的制裁效果。①

（三）获取各国贸易往来信息的来源

此外，国际贸易中的清算与结算主要通过 SWIFT 系统进行电文传输，通过 CHIPS 系统进行清算。SWIFT 系统中虽有多种货币进行清算，但美元结算仍旧占据国际贸易结算的主体地位，美国占据国际金融的中心地位。这就赋予了美国在 SWIFT 系统中的优势地位，其可通过 SWIFT 系统对不涉及美国主体的交易及结算信息进行监控，并根据其所获取的结算信息等追溯到国家间的交易往来，从而实现对国家间行为等信息的实时掌控。尤其是美国利用这一信息来源，可以对与被美国禁止交易的目标国进行贸易的第三国进行制裁，如英国渣打银行与巴黎银行等都是因被美国从 SWIFT 系统中监测到其为目标国提供服务而被实施次级制裁。美国利用美元的国际地位扩张信息获取来源，掌握各国之间的交易信息，尤其是各国与被制裁目标国之间的交易往来，这将进一步促进美国单边经济制裁措施的具体实践与实施效果。

（四）实施金融制裁的工具

除了冻结在管辖范围内的资产、限制金融机构提供的服务与交易等金融制裁措施，美国主要利用美元的优势地位对外实施金融制裁，将被制裁国全部或部分机构从 CHIPS 掌控的美元大额清算网络或 SWIFT 主导的跨境金融电文传送系统中剔除②——利用 SWIFT 系统等美元清算系统给予被制裁国以重压是美国的惯常做法③，比如，将因俄乌冲突而被美国采取制裁措施的部分俄罗斯银行排除在 SWIFT 支付系统之外④，也即美国通过禁止被制裁国使用 SWIFT 和 CHIPS 系统，来使被制裁目标国的美元结算、支付过程中断。也就是说，第三国除有因与目标国之间的贸易而被美国次级制裁的风险外，还有其贸易资金结算与金融结算被终止的风险。此外，美国还通过限制目标国相关企业对美国金融市场的准入从而限制被制裁国美元外汇的获取。简言之，美国利用美元在国际清算支付体系和国际金融体系的中心地位对第三国与目标国实行金融封锁，将不遵从美国制裁规则与金融规则的国家排除于世界金融体系之外，从而实现其霸权主义。

---

① 参见沈伟、陈睿毅：《中美金融“脱钩”和“再挂钩”的逻辑与应对——一个反制裁的视角》，载《东南大学学报（哲学社会科学版）》2022 年第 3 期。

② 参见鞠建东、夏广涛：《金融安全与数字人民币跨境支付结算新体系》，载《清华金融评论》2020 年第 9 期。

③ 参见［美］霍夫鲍尔等：《反思经济制裁》（第 3 版），杜涛译，上海人民出版社 2011 年版，第 124 页。

④ 参见袁正、李志丹：《应对 SWIFT 系统金融制裁法律框架的三个层面建构》，载《贸大法学》2022 年第 00 期。

二、数字货币应对单边经济制裁的机理

以美元结算为中心的传统跨境支付结算体系是美国实施单边经济制裁的重要工具，美国的金融制裁改变了以往国际金融市场的运作逻辑，国际金融市场不再遵循中立原则，美元甚至可能成为“高风险”的国际结算工具。[①] 为了应对美国利用国际货币体系与传统跨境支付结算体系中美元的中心地位优势对各国形成的制裁压力，各国掀起“去美元化”浪潮，通过探索推动本币结算、建立新的支付系统、外汇储备多元化、区域货币合作等路径来减少对美元的依赖，从而减小美国制裁措施的影响。换言之，各国主要通过降低对美元与传统结算支付体系的依赖，建立新的结算支付体系、国际货币体系与国际金融体系等方式来实现“去美元化”，从而打破美元传统霸权地位格局，缩减美元对世界经济格局的影响。数字化技术的发展为这一目标的实现提供了新的契机。

随着数字化时代的发展，数字技术已渗透到国际制裁与反制裁的各方面。不仅经济制裁呈现出数字化的趋势与特点[②]，与之相对应的反制裁措施与手段也呈现出数字化特点。利用数字货币来规避或缓解利用“美元结算”优势地位发起的制裁措施对目标国的金融与经济打击影响，也成为数字时代具有可行性的手段。数字货币（Digital Currency，DC）是电子货币形式的替代货币[③]，是一种不受管制的、数字化的货币，通常由开发者发行和管理，被特定虚拟社区的成员所接受和使用。数字货币不同于虚拟货币，其能被用于真实的商品和服务交易。根据发行方的属性不同，数字货币可分为私人数字货币和法定数字货币（即央行数字货币）。[④] 私人数字货币又可被分为加密资产（加密货币）和数字稳定币。加密资产是指不受任何发行人或其他数字代币背书的以加密技术和分布式账本技术作为感知或固有价值的私人资产；[⑤] 数字稳定币是一种旨在针对特定资产或一篮子资产保持固定价值的加密资产。[⑥]

---

① 高乔：《美元“武器化”加速全球“去美元化”》，载人民网，http://opinion.people.com.cn/n1/2022/0903/c1003-32518509.html，访问日期：2024年7月22日。

② 经济制裁数字化具体表现为制裁对象数字化、制裁方式数字化、制裁目的数字化、跨境数据流动等数字化特征。这些特征在西方国家对俄罗斯的制裁措施中可以看出，西方国家对俄罗斯发动的数字制裁着重于削弱俄罗斯数字技术实力、破坏俄罗斯数字产业创新生态系统、切断俄罗斯与全球数字空间的连接、压制俄罗斯的“数字竞争力”。参见陈楷基：《俄乌冲突背景下西方对俄“数字制裁”：表征、动因与影响》，载《长治学院学报》2022年第6期。

③ Melik，James，“Digital currency：Brave new world or criminal haven?”，BBC News，https://www.bbc.co.uk/news/business-19785935，2024-07-24.

④ 参见许多奇：《从监管走向治理——数字货币规制的全球格局与实践共识》，载《法律科学（西北政法大学学报）》2021年第2期。

⑤ 参见宋爽、熊爱宗、华佳丽：《日本数字货币发展策略及启示》，载《国际经济合作》2024年第3期。

⑥ 《数字货币入门》，载国际货币基金组织网站，https://www.imf.org/zh/Publications/fandd/issues/2022/09/Digital-Money-101-explainer，访问日期：2024年7月16日。

根据上述分类，基于发行主体的不同，私人数字货币与法定数字货币不仅规避制裁措施的具体原理有所不同，其在现有的国际法体系下的可操作性也有所差别。法定数字货币是以数字形式呈现的以国家信用为基础的货币①，其主要通过数字货币交易成本低、交易速度快等特征吸引更多国家以数字货币进行结算，实现数字货币替代美元结算。加密货币等私人发行的货币，则主要是利用其去中心化、高度匿名化等特征，增强用户交易的隐私性，从而避免美国对国家间交易信息的获取，同时绕过金融制裁，减少流动资金被追踪与阻断的风险。数字货币应对单边制裁措施的共性可归纳为以下两个方面：利用数字货币的特性与各国数字货币监管政策的缺位、不协调。

（一）数字货币的去中心化、匿名性有助于绕过美元制裁路径

传统美元结算体系下美国实施单边制裁主要是通过美元结算扩大管辖权，利用美元结算在 SWIFT 系统中的优势地位实施次级制裁、金融制裁（主要将目标国的银行等金融机构从 SWIFT 系统中剔除出去，或是终止目标国与第三国之间的资金流动与结算）、监控各国交易结算信息等。被制裁的国家可以通过数字货币的应用实践以及数字货币本身所具有的特性来规避上述制裁路径。

首先，无论是私人发行的加密货币还是国家发行的央行数字货币，其都以去中心化的特征规避了以美元结算的方式以及以美元结算为中心的 SWIFT 系统、CHIPS 系统。传统跨境交易的结算方式都需要依赖 SWIFT 等中心化管理的金融报文传送系统传输信息，最终实现境内外银行间资金清结算的点对点（Peer to Peer）处理。② 而数字货币采取了支付即结算的形式（这一形式区别于传统的结算体系，无须独立的结算过程），实现点对点支付，即直接从付款方的数字钱包转移到收款方的数字钱包中，无须通过银行账户。③ 这一结算形式避开了传统美元结算体系中通过美国的银行等金融机构等中间环节，也避免美国以美元结算的交易过程中需经过美国境内的中间账户为由主张属地管辖权从而扩大制裁的管辖范围。此外，数字货币点对点的支付形式具有去中心化特征，其通过去除通过 SWIFT 系统、CHIPS 系统等电文传输与清算等中间环节，被制裁主体主动从源头上脱离以美元为中心的金融体系，从而规避了美国将其金融机构剔除出 SWIFT 系统、CHIPS 系统的被动局面。这一特征不仅减少了被制裁方的资金流动被追踪和阻断的风险，还直接降低了美国对其实施次级制裁与直接金融制裁的影响。数字货币也基于此给世界其他国家提供了建立自身支付结算体系的契机，如伊朗、俄罗

---

① 正如马克思主义的观点，货币的本质是资本，资本的本质是信用。参见余淼杰、陈新禹、王昊宇：《推进人民币国际化：美元主导国际货币体系的应对之策》，载《江海学刊》2022 年第 6 期。

② 欧阳静森、温博欣：《突围中的 CBDC——“多边央行数字货币桥”》，载北大金融评论杂志，https://new.qq.com/rain/a/20230519A0535D00，访问日期：2024 年 7 月 22 日。

③ 《一问数字货币——数字货币的支付、结算与清算》，载移动支付网，https://www.mpaypass.com.cn/news/202103/12111841.html，访问日期：2024 年 7 月 22 日。

斯、委内瑞拉等被西方国家制裁的国家使用或者考虑使用加密货币“逃避”经济制裁；[①] 又如逾130个经济体正在探索央行数字货币（Central Bank Digital Currency，CBDC），近70%的央行预计未来十年内将发行CBDC。[②]

其次，数字货币的匿名性特征赋予了交易用户较高的隐私保护体验，使交易难以被追踪到个人或实体。且数字货币的技术性不仅有助于隐藏交易双方的身份并帮助被制裁国与第三国规避制裁监管和审查，还有助于相应国家在受到制裁后通过交易的技术安排转移资产。

再次，数字货币因其数字化、流动性的特征，可以不受地理与政治边界的限制而在全球范围内自由流动与转移，这不仅可进一步降低交易成本、提高交易效率，还可为被制裁国在传统支付被迫中断（如因受到制裁而被迫终止资金流动与结算）的情况下提供可替代的支付渠道，降低国际贸易的支付风险。

最后，某些数字货币通过绕过传统金融系统、跨境支付和资金转移、隐私保护和去中心化、建立自主的金融体系等路径，实现提供隐私保护功能、隐藏资金流动路径。相较于法定数字货币，加密货币由私人发行，交易方与责任主体更加不易被识别、追踪，且由于交易方、发行方、中介机构等各方是由市场自发形成的秩序，其本身具有营利性的目的，因此即使各方可能掌握交易信息与责任主体信息，基于盈利与维持市场秩序的目的，其也不会透露交易信息，甚至迎合被制裁国家的需求而提供加密货币服务。

（二）各国对数字货币缺乏统一监管

各国对数字货币监管政策的缺位以及国际监管政策碎片化的特征赋予了数字货币持续发展的可能性。虽然世界多数国家正在探索央行数字货币（CBDC），但各国在实践中对数字货币的监管政策呈现出的态度各不相同。首先，各国对数字货币的货币属性及其法定地位的规定与定位存在差异，如美国CFTC将数字资产视为商品进行监管，怀俄明州通过立法案赋予数字资产与法定货币同等地位；[③] 俄罗斯推动数字卢布作为法定货币的地位。此外，各国对数字货币的应用态度与监管政策也不相同：日本作为全球最早确立加密资产监管框架的国家之一，其为更有效地实施金融制裁，加强反洗钱

---

① 参见曾灿：《利用加密货币“逃避”经济制裁的国际规制——兼论其对中国的启示》，载《河南财经政法大学学报》2024年第2期。

② 家俊辉、胡天姣：《专访Swift中国区总裁杨文：如何打破不同CBDC系统在跨境领域中的交互障碍?》，载21世纪经济报道，https://m.21jingji.com/article/20240516/f7906c4975e1964f9b0def1bf2031f9c.html，访问日期：2024年7月23日。

③ 董月英、戚一博：《各国加密数字资产监管政策比对与中国监管趋势探析》，载新浪财经，https://finance.sina.com.cn/zl/china/2022-04-26/zl-imcwiwst4050067.shtml，访问日期：2024年7月24日。

（AML）/反恐怖融资（CFT）等相关法规的修订；[①] 美国采取了州与联邦双线监管体系；[②] 欧盟重视数字货币中涉及洗钱、金融犯罪和恐怖主义融资行为的监管；中国全面禁止数字资产的证券化、金融化，严格限制数字货币的发行与流通[③]，《关于防范虚拟货币交易炒作风险的公告》明确虚拟货币不具有与法定货币等同的法律地位，相关业务活动属于非法金融活动；[④] 尼日利亚央行禁止当地金融机构与参与加密交易的实体进行交易；[⑤] 哈萨克斯坦允许开采加密货币，但使用加密货币和其他数字资产是非法的[⑥]……由此可见，各国对数字货币的法律定位与监管政策碎片化、不一致，且各国现有立法及实践的监管重点主要在于遏制利用数字货币进行金融活动及洗钱等犯罪行为，甚至部分国家未对加密货币采取任何法律措施。这也表明许多国家并未对利用数字货币来规避经济制裁这一行为进行单独立法规制，数字货币的实际用途规制存在立法空白，这使得利用数字货币来规避制裁具有理论基础与现实可能性。

三、我国数字货币应对美国单边经济制裁的问题

（一）我国数字货币的适用范围难以应对美国单边经济制裁

1. 数字人民币国际化面临认可度风险与挑战

中国积极开发的央行数字货币（CBDC）具有终结性、流动性和完整性的特点，可以构成一个高效的新数字支付系统的基础，能实现广泛访问，并提供完善的数据治理和隐私标准。我国也积极推进多边央行数字货币桥（mBridge）[⑦] 项目平台，该项目已进入参与机构可结合实际按照相应程序有序开展真实交易的最小可行化产品（MVP）阶段。此外，沙特阿拉伯央行成为 mBridge 项目的全面合作伙伴也标志着全球石油贸易减少对美元的依赖。央行数字货币桥项目的进展有望进一步促进去美元化、推动人民币国际化，但中国要进一步扩大数字人民币的适用范围也存在一定的挑战。

---

① 参见宋爽、刘朋辉：《全球数字货币发展的最新进展与展望》，载《国际金融》2023 年第 4 期。

② 董月英、戚一博：《各国加密数字资产监管政策比对与中国监管趋势探析》，载新浪财经，https://finance.sina.com.cn/zl/china/2022-04-26/zl-imcwiwst4050067.shtml，访问日期：2024 年 7 月 24 日。

③ 在 2022 年 4 月 13 日发布的《关于防范 NFT 相关金融风险的倡议》中，明确表示：NFT 不得使用代币结算；禁止金融证券化；禁止集资，禁止炒作；反洗钱。

④ 人民银行等：《关于进一步防范和处置虚拟货币交易炒作风险的通知》，载中华人民共和国中央人民政府，https://www.gov.cn/zhengce/zhengceku/2021-10/08/content_5641404.htm，访问日期：2024 年 7 月 23 日。

⑤ 董宇佳：《全球区块链政策年终盘点：这些国家分别支持、中立、禁止加密货币》，载科创板日报，https://new.qq.com/rain/a/20211228A08IT600，访问日期：2024 年 7 月 23 日。

⑥ 董宇佳：《全球区块链政策年终盘点：这些国家分别支持、中立、禁止加密货币》，载科创板日报，https://new.qq.com/rain/a/20211228A08IT600，访问日期：2024 年 7 月 23 日。

⑦ 多边央行数字货币桥项目（mBridge）由国际清算银行（中国香港）创新中心、泰国银行（泰国央行）、阿联酋中央银行、中国人民银行数字货币研究所和中国香港金融管理局联合建设。该项目已宣布进入最小可行化产品（MVP）阶段。这也意味着，上述司法管辖区内的货币桥参与机构可结合实际按照相应程序有序开展真实交易。

首先，人民币国际化面临的第一个挑战是美元地位的持续强劲与美国可能有的反对措施。从经济层面看，俄乌冲突一定程度上存在美国大资本财团为了维护美元霸权而干涉的因素，其目标包含打击欧元和控制欧盟的经济，进而在全世界制造通货膨胀等。[①] 再如，日元的广场协议、欧元的欧洲主权债务危机等，背后都有美国操控的影子。[②] 因此，推进人民币国际化所要面临的一个重要问题就是美国为维护美元的霸权地位所做出的一系列针对性行为。

其次，推进人民币国际化的现状中存在一些短板。中国银行发布的《2024 年度人民币国际化白皮书》中指出，虽然人民币国际化服务实体经济、促进跨境经贸投资便利化的积极作用进一步显现，人民币的国际货币职能继续提升（人民币结算使用、融资和投资使用、人民币的计价使用等方面进一步提升），境外金融机构参与境内金融市场更加主动、人民币多边使用的网络效应进一步增强，但是，人民币存在一些短板：特定业务参与比例较低[③]；政策复杂性强，一致性和兼容性较差[④]；交易对手对人民币的接受度较低；存在资本流动障碍（如对资金出入境的审批要求、额度控制以及税收政策等）与风险对冲困难（如风险对冲的衍生品工具不足）；金融服务网络的覆盖面和深度不足。[⑤] 这些都阻碍了人民币国际化的进程。

2. **加密货币难以规模化应对美国单边经济制裁**

部分学者认为加密货币难以实现规模化应对美国单边经济制裁，主要是因为加密货币作为一项新兴事物，其现在仅适用于小部分用户，尚未形成适用上的规模化。[⑥] 加

---

① 参见刘永佶：《从货币本质论美元霸权》，载《当代经济研究》2022 年第 10 期。

② 参见李骏、李俊葶：《基于“特里芬难题”的国际货币体系改革探讨——兼论稳慎推进人民币国际化》，载《金融发展研究》2022 年第 3 期。

③ 虽然人民币的跨境使用场景较为丰富，但各业务的发展水平差距明显。只有 19.18% 的受访企业开展了人民币贸易融资，跨境人民币现金管理的应用比例为 16.18%，这反映出企业在实践相关业务时存在信息不对称、操作不便或风险管理工具不足等问题。同时，离岸人民币相关业务的应用比例也普遍较低，其资金池较小、流动性不足、市场进入不便等可能是重要的影响因素。中国人民大学财政金融学院课题组：《跨境人民币观察报告（2024 年第 1 季度）》，载中国人民大学国际货币研究所网站，www. imi. ruc. edu. cn/cbw/yjbg/c549088948484724a598c947d562ca5e. htm，访问日期：2024 年 7 月 22 日。

④ 受访企业普遍认为政策复杂性、一致性和兼容性是跨境人民币结算进一步发展的主要障碍。如涉及跨境人民币使用的法律法规可能在不同的经济领域和交易类型中有所差异，使企业难以全面理解和掌握。此外，政策的更新和调整需要企业不断适应新的政策环境，可能会分散企业运营的注意力和资源。业务开展过程中烦琐的审批和报告程序，以及相关政策指导或执行标准的差异会影响企业交易的效率和顺畅性。中国人民大学财政金融学院课题组：《跨境人民币观察报告（2024 年第 1 季度）》，载中国人民大学国际货币研究所网站，www. imi. ruc. edu. cn/cbw/yjbg/c549088948484724a598c947d562ca5e. htm，访问日期：2024 年 7 月 22 日。

⑤ 参见中国人民大学财政金融学院课题组：《跨境人民币观察报告（2024 年第 1 季度）》，载中国人民大学国际货币研究所网站，www. imi. ruc. edu. cn/cbw/yjbg/c549088948484724a598c947d562ca5e. htm，访问日期：2024 年 7 月 22 日。

⑥ Summer Wright, “The Evolution of Sanctions Evasion: How Cryptocurrency Is the New Game in Evading Sanction and How to Stop it”, *International Journal Law, Ethics, and Technology*, Vol. 5, No. 1, 2023, pp. 18-20.

密货币的适用范围现状只能证明其在小部分交易结算上应对单边经济制裁的可能性与潜力，各国普遍适用加密货币来应对美国单边经济制裁缺乏现实基础。此外，加密货币作为一种依靠区块链等技术的货币，其技术依赖性强，现有的区块链技术以及配套的去中心化金融技术并不足以支撑规模化处理金融信息，难以实现规模化交易，且加密货币的币值容易受到网络攻击等其他因素的影响，不适合作为国际贸易中普遍使用的结算方式。

（二）数字货币本体问题

首先，数字货币交易由于依赖去中心化的区块链等技术，面临交易所被攻击、钱包被盗、技术漏洞等技术和网络安全问题，由此可能导致交易用户身份认证等私人隐私泄露、交易信息被第三方截获或因技术本身漏洞导致资金流失与货币贬值。其次，私人数字货币由私主体自行发布，缺乏第三方监管，其发行量由发行方自行决定、交易主体的价格波动性较强，如加密货币市场价格波动剧烈，可能导致资金风险。再次，不法分子通过攻击央行数字货币认证登录系统或破解数字货币算法等技术化手段对数字人民币进行伪造和编造，形成新的金融犯罪风险[①]，这也将在很大程度上打击数字人民币的国际信用，阻碍人民币的国际化和“去美元化”进程。最后，数字货币本身具有去中心化和匿名化的特征，容易被犯罪分子利用从事贩毒、走私、洗钱等犯罪活动，这也会进一步破坏数字货币的市场秩序与损害国家利益。

（三）数字货币法律合规与监管问题

数字货币依赖的区块链技术本身具有分布式、去中心化、去信任、不可篡改等特征，其弥补了传统金融机构容易受政治因素等的影响造成币值波动等不足，但其匿名性、数字化、去中心化的特征也为数字货币监管带来一定的难度。虽然本文试图探讨以数字货币为切入点，规避美元霸权、应对美国单边经济制裁的策略，但对于数字货币本身带来的一些风险也应当予以规避，如被犯罪分子利用从事贩毒、走私、洗钱等犯罪活动的风险。且私人发行的非法定数字货币在我国不具有法偿性与强制性等货币属性，而数字货币在各国的法律地位、货币属性各不相同，各国对数字货币的法律定位与监管政策呈现碎片化、不一致状态。在非反制裁领域中，数字货币引发的法律问题也需要各国建立相应的监管框架，从而避免给本国带来不利后果。

（四）数字货币的制裁风险

尽管数字货币可以通过其去中心化、匿名化的特征绕过部分制裁，但加密货币由

---

① 参见黄碧君：《我国数字人民币监管制度的构建》，载《新兴权利》（2023 年第 1 卷），中南财经政法大学 2023 年版，第 230—238 页。

于技术限制以及安全隐患等问题而难以实现规模化、普遍化适用，其目前使用范围仅局限于部分人群，部分交易还需通过加密货币交易中介机构进行，难以有效抵御美国单边经济制裁措施的影响。朝鲜、俄罗斯、委内瑞拉、伊朗等被制裁国家的实践表明，通过加密货币交易对经济制裁消极作用的抵消可以忽略不计。[①] 正如马克思主义的观点，货币的本质是资本，资本的本质是信用。[②] 一国的信用一般取决于该国的政治、经济、军事等综合实力，而当今世界中，美国的综合实力仍旧远强于其他国家，且美国也采取措施发展数字货币，替代美元、直接用数字人民币进行结算仍旧“道阻且长”。换言之，无论是发展私人发行的数字货币还是国家发行的法定数字货币，仍可能面临来自制裁发起国的法律风险和经济处罚。

此外，利用数字货币规避经济制裁的行为已经引起相关国家（尤其是美国）的注意。除了利用现有的监管框架和法律体系规制数字货币逃避经济制裁行为（美国司法部门将加密货币逃避规制的行为纳入 IEEPA 规制范围内）[③]，美国已经着手在立法、执法等方面建立专门针对加密货币的监管框架与监管体系。美国海外资产控制办公室（OFAC）于 2021 年发布的《虚拟货币行业制裁合规指南》（*Sanctions Compliance Guidance For The Virtual Currency Industry*）中禁止相关实体和个人通过虚拟货币与被制裁的目标国进行交易，2023 年批准的《21 世纪金融创新与技术法案》（*Financial Innovation and Technology For the 21st Century Act*）与提交的《2023 年加密资产国家安全加强和执法法案》，均证明美国对于加密货币逃避制裁加强规制。俄乌冲突爆发后，针对俄罗斯利用加密货币逃避制裁的行为，美国联邦调查局通过查封加密货币转换的域名、关闭相关服务器等执法措施对此种行为进行规制。[④] 所以，即使通过加密货币等数字货币可以逃避经济制裁，仍存在被制裁的风险。

四、我国应对单边经济制裁的数字货币完善策略

（一）企业利用加密货币规避“紧急资源”制裁影响

尽管我国采取禁止加密货币交易的基本立场，但是国际社会中各国家的监管政策与实践表明，绝大多数国家并不完全禁止加密货币交易，而是将加密货币纳入监管框架，使之符合各国国情与国家利益并实现监管目的。一些非洲、南美洲国家的监管政

---

① 参见曾灿：《利用加密货币“逃避”经济制裁的国际规制——兼论其对中国的启示》，载《河南财经政法大学学报》2024 年第 2 期。

② 余淼杰、陈新禹、王昊宇：《推进人民币国际化：美元主导国际货币体系的应对之策》，载《江海学刊》2022 年第 6 期。

③ See Sanctions Compliance Guidance For The Virtual Currency Industry，Office of Foreign Assets Control，https://ofac.treasury.Gov/media/913571/download?inline，2024-07-24.

④ 曾灿：《利用加密货币“逃避”经济制裁的国际规制——兼论其对中国的启示》，载《河南财经政法大学学报》2024 年第 2 期。

策较为宽松，我国企业在我国法治环境允许的情况下可以利用这些国家宽松的监管环境，从事小规模的紧急资源交易，避免与第三国的交易信息被美国获取而引发新一轮制裁，并实现紧急资源的获取，从而缓解美国突然发起的制裁对企业的不利影响。

（二）推动数字人民币国际化，实现“去美元化”

中国积极开发中央银行数字货币（Central Bank Digital Currency，CBDC），CBDC具有终结性、流动性和完整性的特点，能够构建起高效的新数字支付系统的基础，实现广泛访问，并能够提供完善的数据治理和隐私保护标准，为中央银行在革新国际结算方式、加强本国货币结算方面开辟新的路径。

1. 继续推进平台国际合作

首先，我国应持续引领多边央行数字货币桥项目（mBridge），mBridge致力于打造以央行数字货币为核心的高效率、低成本、高可扩展性，且符合监管要求的跨境支付解决方案，通过覆盖不同司法辖区和货币，探索分布式账本技术和央行数字货币在跨境支付中的应用，实现更快速、成本更低和更安全的跨境支付与结算。该平台客观上将为各国规避风险、维护金融独立提供一种新的选择。这一项目现在也取得了一定成果：如沙特阿拉伯正式加入由中国主导的跨境央行数字货币试验项目，这标志着全球石油贸易减少了对美元的依赖，也将进一步推动人民币的国际化进程。因此，应不断推进央行数字货币桥项目，吸引更多国家加入，推广央行数字货币结算模式，扩大人民币的适用范围。

其次，中国应当持续推进高质量共建“一带一路”，促进“一带一路”合作伙伴与中国的经贸关系，通过与合作伙伴的贸易、投资往来扩大人民币的适用范围，刺激合作伙伴的人民币跨境结算需求，从而提升人民币在跨境结算中的占比。

2. 优化跨境人民币业务政策

为促进人民币的适用与发展，我国应当针对人民币国际化的短板制定针对性策略。针对特定业务参与比例较低的情况，我们应当进一步发展离岸人民币，扩大离岸人民币的资金池规模，进一步优化人民币流动性调控工具，并形成以香港为核心、上海为辅助的离岸人民币业务中心，从而实现人民币在岸与离岸业务的优化和协调，实现人民币体系的进一步开放并促进人民币的国际化。针对政策复杂性强、一致性和兼容性较差的短板，政府应当进一步完善法律法规，明确其适用位阶与适用顺序，避免因不同部门之间的法律法规差异而引发的适用标准混乱问题，优化跨境人民币业务政策，保持政策的适当稳定，简政公开，优化审批程序，简化人民币的结算流程，提高人民币结算效率，从而降低交易的时间成本；同时，政府应当对企业提供更多的政策指导和支持，强化政策解读，明确相关执行与适用标准，提高企业对人民币国际化业务的认知和参与度。针对交易对手对人民币接受度较低与金融服务网络的覆盖面和深度不足的问题，政府应当扩大人民币结算的宣传面，使外国企业或机构了解我国人民币结算的政策并对我国国家主权信用产生信心，从而吸引更多金融机构与企业使用人民币。针对资本流动障碍与风险对冲困难问题，我国应当从立法、行政、司法方面进一步完善对资金出入境的审批要求、额度控制以及税收政策等，同时发展衍生品工具市场，从而进一步完善风险对冲机制。此外，我国政府还应当持续推进金融市场双向开放，优化金融市场基础设施，完善跨境支付系统，增强国际合作，营造良好的人民币国际使用生态环境。

3. **加强区块链等技术与国际货币体系结合**

以数字人民币为代表的主权数字货币发行、流通与国际化有利于改变以美元为代表的少数西方国家货币主导国际货币体系的缺陷和不足，促进公平、公正、高效的新国际货币体系的构建与完善。[①] 作为区块链技术发展的产物，数字人民币自然与算法相关，而算法并不受其他外在因素影响，可以满足人民币作为国际货币所要求的保持币值稳定与实现资本流出现实一致的要求，实现国际清偿力与币值稳定的双重保障。因此，我国应当致力于区块链等技术的研发和数字货币的适用，构建以区块链为基础、以算法为保障的跨境数字货币支付与结算平台，从而构建以数字技术为前提的国际货币体系，促进人民币的国际化。

（三）技术与监管框架的补充

针对数字货币应用过程中所面临的交易所被攻击、钱包被盗、技术漏洞等技术和网络安全问题，我国应当加强区块链等技术的研发，保证数字货币交易过程中交易用户的私人信息保护、资金交易安全与数字货币币值的相对稳定。同时，对于数字货币在非反制裁领域可能引发的法律问题构建监管框架、建立密钥托管机制、构建数字化监管体系、运用监管沙盒模式、完善国际监管合作模式、实现信息共享等[②]，从而遏制其他犯罪行为的滋生。

结　语

自俄乌冲突开始后，美国利用美元的霸权地位对俄罗斯实施金融制裁与封锁，并将俄罗斯多家金融机构踢出 SWIFT 系统。这一事实让世界各国更深刻认识到，美国将美元及 SWIFT 系统作为单边制裁的武器与工具。为应对美国这一单边经济制裁措施，各国都开始探索去美元化路径，数字货币的出现为各国建立新的结算支付体系提供了

---

① 参见保建云：《主权数字货币、金融科技创新与国际货币体系改革——兼论数字人民币发行、流通及国际化》，载《人民论坛·学术前沿》2020 年第 2 期。

② 参见周伟健、吴应甲：《数字货币关涉法律风险分析与应对研究》，载《湖北经济学院学报（人文社会科学版）》2024 年第 1 期。

契机，我国也致力于推行多边央行数字货币桥项目以期实现人民币的国际化，从而真正降低美元对我国国际贸易结算的影响，进而规避美国单边经济制裁对我国及相关企业的不利影响。对于加密货币，我国采取审慎态度，但相关企业可以在法律允许的范围内探索经济制裁的规避路径。但是，我国也应当注重数字货币应用过程中的技术安全保护与监管，避免出现信息泄露、钱包被盗以及滋生其他犯罪等情况。

国际数字正义法治

法学视阈下生成式人工智能的潜在危机和应对路径

柴裕红[*]　吴　越[**]

摘　要：生成式人工智能技术的产生与发展在极大提高人类生产效率的同时也潜伏着种种危机。个人信息安全危机、生成式人工智能内容侵权危机和社会伦理危机是最为典型的三种类型。虽然我国目前已经拥有了规制生成式人工智能的基本框架，但是依然存在着规制范围的有限性和规制手段的软弱性的法律漏洞。这是立法选择不可避免的结果，其根源在于科技发展迅速和法律政策滞后之间的矛盾。因此在危机应对路径上要将软法和硬法相结合，政府要坚持审慎原则下的灵活监管，形成个人—企业—政府多元规制体系，构建敏捷型治理范式。通过多条路径化解生成式人工智能的潜在危机，在技术和法律之间寻找平衡点，最终促进生成式人工智能的良善发展，以及生产力的不断进步。

关键词：生成式人工智能　数字法治　危机化解　敏捷治理

一、问题的提出

生成式人工智能是一种通过算法、规则、程序、模型等研习大规模数据集而产生原创性文字、图像、音频、视频、代码、算法等新内容的计算机技术。2023 年世界经济论坛表示，生成式人工智能技术将是 3 年到 5 年内对全球产生最大影响的高新技术手段之一。生成式人工智能在飞速发展的同时也潜伏着种种危机，比如存在个人信息泄露、生成式人工智能生成内容侵权、社会价值伦理混乱等隐患。目前，学术界对生成式人工智能的规制方法并没有形成统一的认识，学术研究多集中于生成式人工智能

* 柴裕红，兰州大学法学院副教授，硕士生导师，兰州大学—甘肃省侨联涉外法治研究中心执行主任。本文系兰州大学中央高校基本科研业务费专项资金资助项目、重点研究基地建设专项“涉外法治视阈下‘一带一路’法律保障问题研究”（项目编号：2024jbkyjd012）阶段性研究成果。

** 吴越，兰州大学—甘肃省侨联涉外法治研究中心研究人员。

的法律地位以及侵权责任事后承担领域。本文将通过分析生成式人工智能现有规制途径存在的法律漏洞及其填补困境，结合国家互联网信息办公室联合国家发展和改革委员会等七部委于2023年7月颁布的《生成式人工智能服务管理暂行办法》（以下简称《暂行办法》），试图为生成式人工智能危机解决提供一个系统的应对路径，并对生成式人工智能技术的产生和发展、服务和管理以及监督与职责进行规制，试图回答实践中对生成式人工智能规制的难题，在推动生成式人工智能产业的健全与和谐发展的同时为人类文明进步提供一些参考建议。

二、生成式人工智能浪潮下的潜在危机

生成式人工智能是一种通过学习海量数据进而生成新内容的人工智能。[①] 随着人机互动技术的高速发展进步以及大规模语言模型的普及应用，以ChatGPT为代表的生成式人工智能不断发展迭代，通过大数据爬取、机器学习、内容优化、反馈激励等环节不断为人类提供精确性、高效性、定制性服务。可以说，生成式人工智能已经具有拟人属性。但是在其生成和发展过程中，也潜伏着种种危机。

（一）个人信息安全危机

生成式人工智能是通过学习大量的文本数据集，模拟人类的写作风格和思维模式，生成具有原创性的内容。生成式人工智能的发展迭代离不开数以万计的数据信息。人类活动的每一条痕迹和信息都有可能会成为机器学习数据集中的一部分，并对最终生成的内容产生影响。换言之，互联网时代里的每个个体都有可能成为生成式人工智能最终内容的贡献者，同时也是个人信息安全危机的潜在受害者。首先，在大数据爬取阶段，个人的信息安全受到了极大的挑战。如果开发者需要的数据属于公民私人性的信息，那么依据《中华人民共和国个人信息保护法》第13条的规定，只有获得信息主体的同意后才能处理公民的个人信息。显而易见，要求开发者对每一条私人数据的来源获取授权无异于天方夜谭，这会让开发者的实际工作停留在门槛性的授权获取中，当然性地降低机器学习的效率，势必会使生成式人工智能发展陷入僵局。再者，因为个人信息之间存在着内在的勾连关系，所以虽然前期收集的信息均为公开可获取的个人数据，但经生成式人工智能处理后，这些数据经历了重新组合与分析，很可能会推演出相关的私密信息，从而威胁到公共隐私安全。[②] 其次，在生成式人工智能运用阶段，个人信息安全得不到合理保护。以ChatGPT为例，其对个人信息进行分析利用时，特别擅长挖掘潜藏在数据池深处的个人数据信息，使用者往往对生成式人工智能的数

① 於兴中、郑戈、丁晓东：《“生成式人工智能”与法律的六大议题：以ChatGPT为例》，载《中国法律评论》2023年第2期。

② 郭春镇：《生成式AI的融贯性法律治理：以生成式预训练模型（GPT）为例》，载《现代法学》2023年第3期。

据挖掘深度难以预测，因此加重了使用者对生成式人工智能的不信任。[①] 个人信息一旦进入大数据集中，信息生产者就会对其失去控制。在浩繁的数据池中，个人信息会被不断用于生成式人工智能的迭代训练，如何对相关信息进行安全存储是一个复杂的课题。数据的合规性要求确保数据（特别是敏感的数据）不会遭受丢失、盗窃、损坏或滥用的风险，因此，相关的组织和机构必须制定一套完整的数据收集、管理和存储方法。[②] 如果发生个人信息泄露事件，那么开发者能否及时彻底更正或者删除在数次迭代中个人信息存在的痕迹，目前还是个未知数。虽然在互联网时代，我国的《网络安全法》《数据安全法》以及《个人信息保护法》这 3 部法律已经为个人信息编织了初步的保护网络，但基于生成式人工智能的主体多元性和技术复杂性，一旦发生个人信息泄露事件，造成的损失几乎是无法挽回的。

（二）生成式人工智能内容侵权危机

生成式人工智能内容是由开发者事前书写的算法同用户端输入的服务指令相结合后得出的，而开发者在设计算法、搭建模型时往往对其最终生成的内容是无法预测的。换句话说，开发者完成算法后，对最终生成的内容几乎是不可控的。生成式人工智能的核心技术之一就是计算机的深度学习，深度学习技术就像一个“黑匣子”，普通人完全无法透析存在于生成式人工智能用户输入的信息和系统最终输出的结果之间的“隐藏层”。[③] 这就是我们所说的算法“黑箱”。因为机器学习的复杂性、算法运行迭代的高速性，所以生成式人工智能的具体工作机制很难为自然人所察觉，其最终生成的内容自然也难以预测。同时，生成式人工智能在机器学习中可能会吸收、生成一些脏数据[④]，而平台的数据清理机制未必可以完全过滤掉这些信息，这会导致生成式人工智能基于这些脏数据生成一些虚假内容，在以传播高效率著称的互联网媒介中迅速扩散开来，甚至侵犯他人的合法权益，比如侵犯公民个人隐私、传播不实信息、泄露商业机密等。

退一步说，即使生成式人工智能新生成的内容本身是符合法律法规的规定的，但是也存在被不法分子用于非法目的而侵害他人合法权益的可能性。比如，将生成式人工智能产品的结果用于电信诈骗、侮辱诽谤、贩卖他人隐私、大数据杀熟等，会急剧恶化互联网络健康生态，干扰人们正常生活。更令人无奈的是，这种情况下的事后救济往往更为复杂困难。主体的多元化和法律关系的复杂化导致责任主体不清晰，开发

---

① 邵仁荣、刘宇昂、张伟等：《深度学习中知识蒸馏研究综述》，载《计算机学报》2022 年第 8 期。

② 胡玲、马忠法：《论我国企业数据合规体系的构建及其法律障碍》，载《科技与法律（中英文）》2023 年第 2 期。

③ 徐凤：《人工智能算法黑箱的法律规制——以智能投顾为例展开》，载《东方法学》2019 第 6 期。

④ 脏数据：指由于人为错误、系统故障或者其他原因，让数据库或数据集的数据存在错误、不一致或不完整的数据。脏数据可能导致错误的决策和不一致的数据分析，因此需要对其进行数据清洗和修复。

者的修正删除行为往往很难达到及时性和彻底性，真正的侵权主体躲在算法模型的背后逃避责任。通过传统诉讼的争端解决途径也因举证困难而最终只能使很小一部分人的权利获得救济。作为先进技术的产物，生成式人工智能的内部技术原理通常不为公众所理解。在此背景下，受损方难以证实 AI 对其造成了确切的伤害，更不用提损害的程度了。①

（三）社会伦理危机

《暂行办法》第 4 条规定，在推广和使用生成型人工智能服务的过程中，必须严格遵守国家法律法规，尊重社会公共道德和伦理道德。但因为开发者在技术开发过程中，对于伦理道德的建构比较粗糙，其在算法的编写、模型的搭建、数据的投喂以及数据的训练等一系列过程中都会自觉或者不自觉地映射自己的主观认知，所以机器学习的结果会不自觉带有开发者个人的主观性和片面性。在数据训练阶段，生成式人工智能不会主动地对数据进行筛选，而且某些数据本身就带有明显的偏见或歧视成分，且在应用相关算法时，数据的主观性并不会被消除，这种主观意识甚至可能会被放大和加强，最终产生的后果也可能是这种偏见的持续存在，最后输出的结果也会保留这种偏见。② 生成式人工智能的数据输入和内容输出的过程中都存在着价值判断与价值选择，在不断往复的人机互动中，生成式人工智能会不断重复并加强其主观性。使用者在使用服务时会潜移默化受到开发者主观偏见的影响。有不良开发者甚至会故意利用机器学习的特点，将自己的价值观输入算法中，企图引导生成式人工智能输出符合其主观认知的内容，以影响最终生成结果的客观性和合理性。因为价值观总是无形的、隐蔽的，大多时候无法在第一时间被察觉到，这就给社会伦理带来极大的挑战。更严峻地说，甚至有引起国家安全风险发生的可能性。境外势力可以利用人工智能分析国内客户画像，将中国境内数据传回开发者母国，甚至通过算法向中国国内用户推荐符合开发者私人偏好的内容从而影响我国国民的基础认知和判断。

虽然在技术层面上，服务开发者能够对一些敏感内容进行某种程度的控制与规避，但对事关社会公共利益的基础性信息，立法者往往会对开发者课以更加严格的注意义务。只需投入足够的人力、物力与时间，则即使是匿名化信息，开发者也可以追根溯源、重新识别。③ 如对于恐怖主义、种族歧视、反对人道主义等方面内容可以较好地避免生成，但是对于一些隐性的偏见如性别歧视、外貌歧视、年龄歧视等却很难控制。我们无法针对每种偏见都课以严格的注意义务，因为偏见种类繁多，甚至有些偏见深藏于文化心理层面，尚未被社会充分察觉。单纯地给算法设置边界，效果有时会适得

---

① 何国强：《风险社会下侵权法的功能变迁与制度建构》，载《政治与法律》2019 年第 7 期。

② 陆贵曦：《技术可供性视域下 ChatGPT 在元宇宙中的应用与法律规制》，载《互联网周刊》2023 年第 11 期。

③ 京东法律研究院：《欧盟数据宪章：〈一般数据保护条例〉GDPR 评述及实务指引》，法律出版社 2018 年版，第 8 页。

其反，甚至阻碍数字经济的蓬勃发展、损害民事主体的合法权益。这些结果与生成式人工智能促进人类社会发展进步的开发初衷是背道而驰的。因此，仅利用技术手段在事前完全避免侵权内容的产生也是不切实际的。

三、现有方法规制的法律漏洞识别与困境填补

随着对人工智能认识的逐渐深入，我国关于人工智能规制的基本框架已经初具模型，并且可以解决实务中的大部分问题。从宏观视角看，我国已经出台了法律、部门规章、地方性法规、政策性文件、行业标准等一系列多层级规范框架，初步形成了硬法和软法相结合的综合治理体系。从微观视角看，以《互联网信息服务算法推荐管理规定》《互联网信息服务深度合成管理规定》和最新出台的《暂行办法》3 部法律为基础，对特殊关键的精尖智能技术服务领域作出了更为细致具体的规定，使人工智能规范体系更加完善。《暂行办法》对数据合规义务、责任承担、算法安全评估、备案制度、信息数据获取合法性、用户信息存储安全性以及投诉监管机制等内容进行了明确规定。[①]

我国对人工智能技术的规制已经构建起从无到有、从粗到细的法律框架，这在全球范围内都属于领先水平。然而，面对实务中的诸多诉求，当前的治理体系仍难以给出尽善尽美的回应。

（一）法律漏洞识别

1. 规制范围的有限性

《暂行办法》是由国家互联网信息办公室、国家发展和改革委员会、教育部、科学技术部、工业和信息化部、公安部、国家广播电视总局七部委共同发布的部门规章，是当前国内规范生成式人工智能技术的主要法律文件之一，对生成式人工智能技术进行了规制指导。但是，其立法层次决定了其规制范围是极其有限的。根据《立法法》对部门规章的限制，《暂行办法》只能对七部委权限范围内的事务作出规定。因此《暂行办法》只能对生成式人工智能技术的生成与发展、技术服务规范和监督治理的法律责任承担作出一些基础性的规定。生成式人工智能在发展过程中需要大量使用各类数据，特别是政务数据，而这类数据又非常敏感，因此需要特别细致具体的规制。但是《暂行办法》在政务管理、数据管理和金融数据管理等方面存在空白，其仅就促进公共数据分类有序开放作出了一般性规定，并没有对更加微观细节的领域进行合理规制。同时，随着生成式人工智能的持续发展，其需要的数据类型会越来越多，数据体量也会越来越大，七部委的规制范围局限性越发凸显。为了进一步促进生成式人工智能的

① 毕文轩：《生成式人工智能的风险规制困境及其化解：以 ChatGPT 的规制为视角》，载《比较法研究》2023 年第 3 期。

有序发展，只能通过不断出台新的法律法规加以补充规定。而新法的出台，又势必会导致新旧法律之间的衔接问题，同时还有可能引发各个监管主体之间具体权责的划分问题。

2. 规制手段的软弱性

《中华人民共和国行政处罚法》第 13 条明确指出，若还未设立相应的法律和行政法规，则政府部门规章可对违反行政秩序的行为实施处罚，包括发出警告、通报批评或者一定数额罚款的行政处罚。虽然七部委出台的《暂行办法》中规定了若干针对生成式人工智能治理的禁止性行为，但是因为部门规章不可以设置减损公民、法人和其他组织权利或者增加其义务的规范，所以《暂行办法》只能选择一些相对柔性的行政手段进行管理规制，比如采取警告、通报批评或者罚款等措施。《暂行办法》第 21 条规定，提供者违反本办法规定的，由有关主管部门依照《中华人民共和国网络安全法》《中华人民共和国数据安全法》《中华人民共和国个人信息保护法》等法律、行政法规的规定予以处罚；法律、行政法规没有规定的，由有关主管部门依据职责予以警告、通报批评，责令限期改正；拒不改正或者情节严重的，责令暂停提供相关服务。很显然，这些手段的强制力较弱，威慑力不足，因而使相关禁止性规范因为缺乏足够的强制力而形同虚设。

（二）法律漏洞填补的困境

1. 困境表征：立法选择导致的规制不能

我国当前对人工智能的规制手段更多类似于依靠法律法规的硬性治理模式。换句话说，当前对人工智能的治理模式主要是立法规制，以有关部门出具的相关法律法规为执法监管的依据，防止出现因为法律制度的缺失而带来监督缺位的情形。虽然生成式人工智能发展不过短短数年，但是我国已经初步构建起由《网络安全法》《数据安全法》《个人信息保护法》以及《互联网信息服务算法推荐管理规定》《互联网信息服务深度合成管理规定》和《暂行办法》等多项法律法规共同构成的生成式人工智能法律规制体系。

立法规制虽能为生成式人工智能的规制的应用发展划定边界，但毋庸置疑的是，立法并非最优解。首先，当前的立法层级致使法律的规制范围和手段有限，无法有效遏制违法事件的发生。其次，立法所规定的内容多是对自然人行为所作的禁止性规定，对于不涉及自然人的生成式人工智能产品造成的损害结果并没有进行系统的梳理分析。最后，类生成式人工智能这样的创新性技术的发展进步总是会不断引发新问题、新矛盾，在处理这些新问题、新矛盾时，因为立法手段固有的保守与滞后，在法律责任的分配上总是会显得暧昧，所以，选择立法规制本身就会不可避免地导致法律适用上存在困境。

2. 困境根源：科技发展与法律滞后之间的矛盾

在法律正式发布之前，需经历一段既漫长又复杂的制定过程。相关研究数据表明，平均3年到5年的时间才能出台一部法律，而人工智能的迭代周期则越来越短。人工智能技术问世不过60多年，随着深度学习技能的习得，人工智能开始出现跃进式发展。以ChatGPT为例，其发展到今天经历了多次迭代。人工智能的更新迭代速度已经远远超乎人们的想象。

现有法律很难规制生成式人工智能产生的新问题，这是无法避免的困境。一部法律的制定过程需要消费大量的人力、物力、财力，法律颁布之后，又需要进行大量的宣传科普与释法教育活动。同时，在实践中往往又会出现新的适用问题，还需对法律进行多次修订。因为法律颁布速度总是会滞后于科技发展速度，所以当法律的步伐总是在疲于追赶科技的发展时，就无法真正有效应用于实践，这也使现有的法律规制路径无奈地陷入形式主义的泥潭。立法和实践投入了大量的成本却得不到良好的规制效果，这也会使法律公信力受到质疑和非难。

虽然科技发展迅速与法律出台滞后之间的矛盾是不可避免的，但并非无法解决。我们不能因为没有完美匹配的法律政策而去限制科技的发展进步。法律自诞生起就具有滞后性，我们无法前瞻性地看到科技发展的具体蓝图，只能对其作出一般性的、框架性的规定。因此，在现有规制框架下，我们要尽可能寻求多元灵活的治理路径，对于新技术带来的新治理模式和新规制挑战，在确保不越过安全红线的前提下，应最大限度地展现包容与开放的姿态，并倡导运用技术方法先行解决当前问题。同时，尽可能采取行政指导、警告、处分、罚款等相对柔和的方式进行规制，尽量避免采取停业整顿、吊销营业资格等刚性措施。[①]

四、生成式人工智能潜在危机的应对路径

综上所述，如何更好地规制生成式人工智能，使其为人类社会作出更大贡献，这已经成为全球各国共同高度关注的热点话题。联合国贸易和发展会议的数据显示，世界范围内已有137个国家通过了保护数据隐私的法律法规。[②] 各国都已意识到传统的应对路径已然不能适配迅速发展的生成式人工智能现状。从比较法角度看，欧洲更强调人格权益保障，重视法律构建，主张先规范后发展，稳步推进监管；而美国截然相反，其更倾向采取有利于生成式人工智能迅速发展的宽松监管措施，致力于清除人工智能应用创新中的各种障碍。域外的规制方案对我国生成式人工智能的治理路径有极大的借鉴意义。根据《暂行办法》促进生成式人工智能发展和保护社会与公民利益的立法目的，我国应该秉持审慎监管原则下促进生成式人工智能发展进步的科学理念，探寻

---

① 徐继敏：《生成式人工智能治理原则与法律策略》，载《理论与改革》2023年第5期。

② 张凌寒：《生成式人工智能的法律定位与分层治理》，载《现代法学》2023年第4期。

具有中国特色的多层次治理路径。

（一）体系治理路径：软法与硬法相结合的治理体系

首先，可以在法律层面搭建起相应的基础性框架。针对现有生成式人工智能规制路径的情况，考虑用综合立法的手段来规制生成式人工智能的进展及其应用场景。尽管《暂行办法》的实施在某种程度上缓解了生成式人工智能规制中的混乱和模糊性，但考虑到生成式人工智能的实际情况，即因为其迭代迅速性以及现有法律规制的框架性和滞后性，生成式人工智能领域依旧潜伏着诸多风险。比如因为场景局限性无法进行直接规制，或者规制手段过于单一柔性不具有强制效力，甚至存在相关规制政策散见于各种不同的指导意见和标准文件中导致执行程序混乱的现象。对此，立法机构可以考虑制定针对人工智能的规制法典，并建立更完善流畅的归责原则。生成式人工智能的生成是一种“从有到有”的生成，它仅仅是对个人数据信息进行了重新优化整合，而不是新知识的生产，并没有影响人机之间的主客体关系。① 因此，相关规则体系的出台，虽然具有一定的困难性却并非天方夜谭。具体而言，在事前模型算法搭建、大数据爬取和训练阶段，就应建立起一套法律监督机制，将一般性危机扼杀在摇篮中。针对人工智能法律主体，需明确人工智能服务使用方、提供方和平台开发者的权利、义务及责任，避免因为责任划分而产生矛盾。在风险预防方面，可以完善数据算法风险评估机制，将数据算法中的潜在风险提前预测以便及时应对。为解决“算法黑箱”的问题，人工智能应用开发者应主动公开其算法源代码和运作细节，包括算法执行过程的相关信息。② 使用立法手段可以让隐秘的算法从幕后走向台前，提升增加算法的清晰度与解释能力。在事后阶段，赋予服务使用者或者其他被侵权方反馈申诉途径。

其次，从软法视角进行填补式的规定。新一轮智能技术革命的发展为世界带来了“软法革命”，因此软法也需要承担起“软法之治”的神圣使命。③ 因为法律总是滞后于科技的发展进步，所以一旦发生侵权风险，法律的事后救济往往难以及时有效弥补损失。同时，“算法黑箱”的存在使普通自然人甚至是官方监管机构在面对生成式人工智能时，常处于相对弱势的地位。因为生成式人工智能具有高科技性和强隐秘性，自然人无法有效应对其带来的风险，所以需要更多的软手段如技术规范和行业标准等在治理中发挥作用。在新兴技术领域，事前运用技术手段预防解决纠纷总是比风险发生

---

① 肖峰：《何种生成？能否创造？——ChatGPT 的附魅与祛魅》，载《中国社会科学报》2023 年 3 月 6 日，第 5 版。

② 王叶刚：《个人信息处理者算法自动化决策致害的民事责任——以〈个人信息保护法〉第 24 条为中心》，载《中国人民大学学报》2022 年第 6 期。

③ 马长山：《互联网+时代“软法之治”的问题与对策》，载《现代法学》2016 年第 5 期。

后通过法律手段解决更为有效。[①] 为了更好地规避相关风险，行业协会和行业标准组织应当主动履行自治职能。专业性和技术性上占据优势的生成式人工智能服务提供者应该联合起来制定行业标准。[②] 更进一步说，行业标准和技术规范的推广应用将会有助于提前揭示部分生成式人工智能的潜在风险，同时对良好的行业共识和行业风气的打造有极大的裨益，从而更好地促进生成式人工智能技术的发展进步。举个例子，在基础模型搭建阶段，生成式人工智能服务提供者或者算法开发者可以建立事前的算法模型风险评估标准，对在应用中可能出现的风险进行公示和说明；在模型运用阶段，对于生成式人工智能可能运用到的私人数据，应当提前告知相关数据主体并获取同意；在事后申诉阶段，行业应该为使用者或者受害方开辟出有效的申诉渠道，确保诉求得到有效的处理。这些指导性、号召性的软规则更具有灵活性、适应性，可以更好地服务于生成式人工智能的治理体系。同时，软法手段也是应对生成式人工智能伦理道德风险的最佳手段之一。以美国的监管策略为例，在行业层面，美国信息科技企业成立了人工智能伦理委员会，对可能发生的伦理道德风险进行预测和解决；同时在企业内部，公司通过自主组织方式增强企业内部员工的伦理道德意识，实现自下而上的自我监管以实现预防风险。

最后，要实现硬法和软法协同。为了适应生成式人工智能发展的现状，我国也需要在大数据共享、数字交易、数字联合，数据信息提供等敏感领域制定硬法。对于一些一般性数据授权的获取和交换，可以考虑使用一些技术标准和由行业协会制定的行业标准进行规范，最终搭建起软法和硬法相结合的治理手段。

（二）行政监管路径：审慎原则下的灵活监管

生成式人工智能的潜在危机表面上体现在个人信息安全、生成式人工智能侵权以及社会伦理道德等方面，实质上却是科技发展迅速与法律政策颁布滞后之间的矛盾。这个根本矛盾是人工智能技术不断发展进步，与人类生活密不可分后所产生的新问题，即如何在推动科技进步的同时维护个人私域利益。在现有法律框架下，实现科技创新和人类安全的合理平衡是一个复杂的课题，这不仅要求政府在审慎原则下对其进行灵活机动的规制，对相关不法行为进行“禁止”，同时也要求对生成式人工智能进行“保护”和“促进”。

《暂行办法》规定，要采取相关措施鼓励人工智能创新发展，更具体来说，要推动生成式人工智能的算法、模型、芯片等一系列的配套技术的创新发展。政府应当综合运用技术、法律等多种手段对生成式人工智能进行规制。因此，对于生成式人工智能

① ［英］罗杰·布朗斯沃德：《法律3.0：规则、规制和技术》，毛海栋译，北京大学出版社2023年版，第42，119—125页。

② 汪莉：《行业协会自治权性质探析》，载《政法论坛》2010年第4期。

通过自身技术发展可以解决的问题，可以暂缓使用法律手段。第一，使用更多技术手段，应对生成式人工智能的基础监管，将监管从产品外部推向算法内部，增强算法模型的自律性和主动性。第二，充分利用技术规范和行业公约等软手段对生成式人工智能进行合理规制，努力引导生成式人工智能企业和行业协会进行自主风险管理。第三，对于新模式和新产业，可以使用"试点—推广"模式。将具有创新性和可行性的新模型在划定的时空范围内适用，并将在此期间发生的安全风险予以豁免，只有通过安全测试的产品才可以进一步推广使用。第四，建立生成式人工智能领域的"避风港规则"。如果发生了侵权事件，生成式人工智能服务提供者在"接到通知"之后及时采取了"删除、屏蔽、断开连接等必要措施"，则不必承担侵权责任。

面对科技创新，监管的缺位会放大其中潜在的安全风险，而严密的监管又会反过来制约科技的创新发展。生成式人工智能的技术发展路径具有多变性和不可预见性，在对其进行监管控制时需要不断考虑各种风险因素。因此，要想促进生成式人工智能产业的良善有序发展，需要在科技监管与科技创新之间找到相对平衡点。

（三）多元治理路径：个人—企业—政府

生成式人工智能的合理规制是一个整体化工程，需要其使用者、服务提供者以及立法、执法、司法等行政机关的共同参与。生成式人工智能的产品内容由服务提供者与平台使用者共同完成，生成最终内容的首要条件就是需要生成式人工智能平台使用者输入相关的指令。因此平台使用者必须是善意的，需要承担起合理使用的责任，禁止其利用生成式人工智能生成恶意的产品，危害社会秩序。具体而言，第一，平台使用者不得输入诱导性、偏见性指令，防止生成式人工智能生成违背法律法规以及社会公共伦理道德的内容。第二，平台使用者不得恶意输入对抗生成式人工智能服务提供者清洁机制①的指令，跨越服务提供者设置的安全防线。第三，如果平台使用者有干扰生成式人工智能正常合法运营或者侵犯其他用户合法权益的行为，那么服务开发者可以考虑采取技术手段对相关用户的信息进行二次审查甚至限制相关用户继续使用该生成式人工智能服务。

生成式人工智能领域里最为活跃的因素就是企业。首先，企业应当细化合规管理机制。对于已经拥有健全的管理机制的企业，在非因企业自身原因发生数据合规风险时，可以减轻甚至免除企业的行政责任。如果发生数据合规危机，那么企业也可以考虑选择通过行政和解等柔性方式积极主动进行整改赔偿，将矛盾化解在初始阶段。其次，企业应当承担起主体责任。《暂行办法》第 9 条规定，"提供者应当依法承担网络信息内容生产者责任""提供者应当与注册其服务的生成式人工智能服务使用者签订服

① 数据清洗：指发现并纠正数据文件中可识别错误的最后一道程序，包括检查数据一致性、处理无效值和缺失值等。

务协议，明确双方权利义务”。企业作为生成式人工智能领域的绝对优势方，由其来承担提升算法模型的透明度和可解释性、促进数据获取和训练应用的合法性、安全风险发生后的修正删除义务、避免算法模型侵犯个人隐私、尊重知识产权等具体责任是具有期待性的。最后，企业之间应该积极建设行业协会，推动建设生成式人工智能领域的自治机制和监督机制，同时加强对生成式人工智能系统的标准化评估，对相关安全风险做好预测监控和及时应对。① 企业应主动承担起社会责任，以软手段不断促进生成式人工智能的良善发展，营造良好的行业风气。

政府在生成式人工智能领域不仅是监管者，更是实践者和促进者。第一，作为监管者。《暂行办法》对政府的检查、调查、处罚等监管职责进行了授权。与此对应，也赋予生成式人工智能服务使用者针对服务提供者不符合法律、行政法规的规定等情况向政府投诉、举报的权利。第二，作为实践者。因为政府掌握着海量的数据信息，在大数据浪潮下，政府不可避免地会成为生成式人工智能服务的使用者、实践者，特别是近年来，政府利用大数据平台极大地提高了办公效率，更好地实现了简政放权的目标。第三，作为促进者。《暂行办法》中要求政府对生成式人工智能的创新发展提供有效的促进措施。政府拥有大量包括但不限于经济、生态、医疗、信用等方面的大数据信息，其可以通过合理利用这些大数据集，推动全国一体化政务服务系统的搭建，充分发挥我国的大数据优势作用，在保证安全性的前提下，促进我国政务数据共享平台的建设发展，使生成式人工智能更好地为人民服务。

实现规制效果最优就必须发挥出个人、企业和政府的多方主体优势。在国家规范引导下，增强各主体的协作交流，对出现在治理环节中的各类风险，需要依据不同参与主体进行有针对性的反馈。保持向上反馈与向下治理的整体路径畅通②，促进社会整体抗风险能力的提升，多方合作在追求创新效率与风险治理之间找到平衡。

（四）动态治理路径：敏捷型治理范式

关于数字经济的具体治理模式，目前国际社会中存在回应型治理、集中型治理和敏捷型治理等模式。集中型治理模式更加强调监管部门统一集中管理，为回应风险不集中和治理不及时的问题，对整个行业采取较为严厉的监管措施。回应型治理模式则更倾向于事后治理模式，会更加依赖市场的作用，监管部门只会对已经出现的问题进行回应管理。敏捷治理模式的主要特点是参与主体多元性和治理手段灵活性。③ 敏捷性治理，是指一种对场景变化具有较强适应能力的体系，可以依据产业模型结构进行分层治理构建，进而形成全面治理格局。它通过对已知和未知风险进行合理的划分，同

① 郭小东：《生成式人工智能的风险及其包容性法律治理》，载《北京理工大学学报（社会科学版）》2023年第6期。

② 邓悦、许弘楷、王诗菲：《人工智能风险治理：模式、工具与策略》，载《改革》2024年第1期。

③ 张欣：《生成式人工智能的算法治理挑战与治理型监管》，载《现代法学》2023年第3期。

时在风险纠纷的预防与治理层面建立有效应对策略，搭建起适应性治理机制；运用技术解决监管难题，创新法律监管制度，使用灵活性治理工具，运用多种技术手段解决监管难题。我国目前采用的治理模式更加接近集中型治理。[①] 我国已出台《数据安全法》《网络安全法》《个人信息保护法》等一系列法律法规，同时监管部门对以生成式人工智能为代表的新兴技术产业，也施行比较严厉的监管举措，特别重视对互联网络平台的数据安全审查。虽然目前使用的集中型治理模式基本可以有效规制当前出现的相关技术风险，但因为当前的集中治理模式采取了相对严格复杂的事前干预机制，所以使用该治理模式时，极有可能对市场经济的创新发展造成损害，同时也会产生相对高昂的治理成本，从而阻碍生成式人工智能的发展进步。

笔者建议采取更具灵活性的敏捷型治理模式。这种模式在促进生成式人工智能生成发展的同时也注重行政监管的有效性。敏捷型治理不要求国家或者政府在风险治理中完全占据主导地位，而是主张政府、企业、个体共同参与治理，通过多元主体的通力协作，以匹配技术高速发展的现实需求。在治理过程中，应同时采用法律法规等强监管手段和行业规则等柔监管手段，对风险进行规避和解决。为更好地体现中国特色并有效规制我国的生成式人工智能，也可以把我国社会主义核心价值观以及人类社会基本价值伦理道德融入监管政策中。

在治理主体上，我国应发挥多元规制主体协同治理的制度优势，推动规制主体从单一制向多元化转变；在治理对象上，考虑采取分层治理模式，将数据算法模型与应用企业用户剥离，单独且充分考虑到每一类主体的主动性；在治理环节上，“事前预防—事中干预—事后救济”的全过程监管模式比单一的事后补救监督会更全面有效；在治理手段上，需更加丰富多样，除了依赖官方硬性的立法规制，还需发挥行业协会制定的行业标准甚至企业规章制度的辅助作用，全面编织起生成式人工智能的治理网络，实现治理的有效性和可靠性。

虽然现阶段涉及生成式人工智能的风险可以通过技术手段妥善解决，但目前人工智能发展存在的根本矛盾依旧在于人工智能技术迭代过快与国家法律治理体系的更新滞后之间的矛盾，仅仅依靠技术治理无法从根本上实现规制目的。目前人工智能等新兴高精尖科技产业在全球所处的战略地位优越、经济社会价值突出，为了更好地促进我国综合国力的提升，我们必须审慎考量生成式人工智能的妥善规制路径，敏捷型治理模式是既能够避免风险扩大又能匹配我国经济发展实际的不二之选。

结　语

虽然目前生成式人工智能的发展还处于起步发展阶段，但其已经在全球范围内掀

---

① 张凌寒、于琳：《从传统治理到敏捷治理：生成式人工智能的治理范式革新》，载《电子政务》2023 年第 9 期。

起了研发应用的高潮，新一轮技术革命和产业变革是大势所趋，然而，在迅猛发展的时代洪流下也隐藏着种种社会危机。个人信息安全危机、生成式人工智能内容侵权危机和社会伦理危机是其中最为典型的类型。各类法律法规的出台以及《暂行办法》的颁布为我国生成式人工智能的规制搭建起了基本框架，但仍存在着规制手段单一和规制力度不足的法律困境。而这是选择立法规制不可避免的现象，这是由于科技迅速发展而法律政策难免滞后。因此，我们不能仅依靠法律对生成式人工智能进行规制，而应考虑更丰富多样的规制路径。要构建将软法与硬法相结合的治理体系，行政监管上要坚持审慎原则下的灵活监管。在治理路径的选择上，应发挥多元主体共同治理的优势，尽量将危机消弭在事前。考虑到目前的行业现状，兼顾科技创新性和监管统一性的敏捷型治理体系是规制良策。人工智能技术高速发展已然势不可当，我们应该以主动的姿态迎接未来的新挑战，竭尽全力应对实践中出现的各种纠纷，抓住时代发展机遇，让高科技更好地服务于人类社会。

在线刑事审判基本权利的教义学反思

——以辩护权保护为视角

杨海蕴*

摘　要：辩护权作为一项基本权利，其内涵可展开为“辩护能力的提供”“辩护意见的表达”和“辩护利益的救济”三项教义。在线刑事审判涉及辩护权的内容，并构成对辩护权的干预。从实质正当性角度来看，在线刑事审判具备“审判效能”提升的公益目的，但并不能作为覆盖刑事审判且保障辩护权的唯一手段，因此难以符合比例原则的要求。当前，在线刑事审判需要完善其立法基础，并仅在满足适用轻罪案件、提升辩护权保障强度等前提下方具备正当性。

关键词：在线刑事审判　辩护权　基本权利保护范围　基本权利干预　比例原则

一、问题的提出

随着数字技术的发展，审判活动中开始大量使用在线技术，以寻求效率的提高以及摆脱线下空间的限制。新冠疫情时期的特殊需求进一步推动了在线审判的发展，使其逐渐深入应用到刑事诉讼领域，形成了包括“被告人远程”“公诉人远程”和“三方远程”三种类型的刑事审判模式。① 2021 年《人民法院在线诉讼规则》的出台则进一步为在线刑事审判提供了规范依据，促进了在线刑事审判制度的发展。

---

* 杨海蕴，深圳大学法学院宪法与行政法学博士研究生。研究方向：宪法学、行政法学。本文系如下项目的阶段性成果：西北政法大学研究生教育教学改革研究项目“以科学选题为牵引的研究生科研创新能力培养方法论研究”（编号：YJYB202320）；西北政法大学涉外法治研究专项课题“跨境电商平台国际法律治理机制研究”（SWFZ2023B03）。

① 参见陈卫东、崔永存：《刑事远程审判的实践样态与理论补给》，载《中外法学》2021 年第 6 期。

然而，在线刑事审判在司法实践中广泛应用的同时也带来了诸多问题。传统刑事诉讼规则与线上的审判场域、被告方的程序诉求与效率为导向的审判模式形成了天然张力，在实践中体现为诸多因程序权利受损而上诉的案例。[①] 近年来，围绕上述现象，已有诸多学者开始关注并针对程序权利或辩护权受限的现象展开正当性基础的思考或提出制度完善建议。[②]

综观既有理论成果和司法实践，可以得出两项结论：第一，在线刑事审判中受损的程序权利涉及作为基本权利的辩护权，存在“基本权利干预”的可能性；第二，当前的研究成果大多局限于对策性考量，少量对在线刑事审判正当性的理论补给也主要基于刑事诉讼理念反思，或是呼吁技术理念与刑事诉讼规则之融合，难以完全回应数字技术应用带来的正当性拷问。辩护权作为一项宪法规定的基本权利，对辩护权的妨碍显然应纳入宪法正当性审查的范围中。[③] 通过宪法的审视，不仅能够为基本权利保护提供更加精细化的思考，同时也能立基于宪法的指引，弥合数字技术应用与传统刑事诉讼规则的张力，为在线刑事审判的未来建构提供合宪性的制度方案。因此，本文采用“基本权利干预”的教义学论证框架，分析在线刑事审判中的辩护权受限与保障问题，探索制度完善的正当性边界。[④]

二、辩护权作为基本权利的保护范围

基本权利存在受到国家行为妨碍的可能时，首先需确定该项基本权利的内涵，进而论证国家行为涉及的保护范围。《宪法》第 130 条规定，“被告人有权获得辩护”，对于辩护权这项基本权利的主体、客体等内容，需要通过解释方法进行明确，确定其保护范围的界限。一般情况下，由于宪法规范的原则性，因此基本权利的内容需要通过具体立法和实践得以构建。对于宪法辩护权的主体，国内宪法学者存在争议，一种观点严格遵循文义解释，认为应限定为“审判阶段的被告人”[⑤]；另一种观点则认为应理

① 有学者对采用在线刑事审判后，以程序非正当为由上诉的案例进行了统计。其中包括“与其他同案被告人对质的权利被剥夺”“未征求原审被告人意见，程序违法”“原审法院审理程序存在重大瑕疵”等程序问题。参见崔永存：《论刑事远程审判的制度规制》，载《法学研究》2023 年第 2 期。

② 参见吴思远：《论数字技术与诉讼规则的互动关系——以我国刑事在线诉讼为视角》，载《政治与法律》2023 年第 5 期；崔永存：《论刑事远程审判的制度规制》，载《法学研究》2023 年第 2 期；崔鲲鹏：《刑事在线审判的正当性反思》，载《中国法律评论》2023 年第 6 期。

③ 学界对我国《宪法》第 130 条规定的“被告人有权获得辩护”是一项司法原则还是基本权利曾有讨论。基于“人权条款”的辐射效果、“基本权利的体系思维”等理由，辩护权应被认定为我国的一项基本权利。参见尹晓红：《获得辩护权是被追诉人的基本权利——对〈宪法〉第 125 条“获得辩护”规定的法解释》，载《法学》2012 年第 3 期；张翔：《“近亲属证人免于强制出庭”之合宪性限缩》，载《华东政法大学学报》2016 年第 1 期。

④ “基本权利干预”的审查框架包括对“基本权利的保护范围”“对基本权利的干预”和“基本权利干预的正当化”的递进式分析。参见张翔、田伟：《基本权利案件的审查框架（一）：概论》，载《燕大法学教室》2021 年第 3 期。

⑤ 参见周伟：《宪法依据的缺失：侦查阶段辩护权缺位的思考》，载《政治与法律》2003 年第 6 期。

解为“包括犯罪嫌疑人、被告人在内的‘被追诉人’”。[①] 本文赞同后一种观点，这类观点的解释依据显然未局限于单纯的宪法文本，而是立基于宪法体系与法秩序的互动，既容留了立法发展空间，又符合宪法规范内涵的边界，无疑是一种更具说服力的解释。

对于宪法辩护权的客体，我国刑诉法学界一般将其内涵解释为“获得有效辩护”。[②] 对于何为“获得有效辩护”，一般基于国际标准将其概括为：“调查案件的权利”“享有充足时间与便利条件以准备辩护的权利”“询问证人时控辩双方力量平衡的权利”“免费获得口笔译的权利”。[③] 通过这一标准，刑事诉讼法中的各项程序权利方可被纳入宪法辩护权的保护范围中，例如，张翔教授通过对刑诉法学界围绕“对质权”所做研究的梳理，提炼出“辩护权—获得有效辩护权—对质权”的逻辑推演，确定“对质权”属于宪法辩护权的具体内容。[④]

上述论证是颇为有力的，但对于辩护权的保护范围仍存在进一步探讨和明确的空间。据笔者观察，刑诉法学界和宪法学界目前并未对“获得有效辩护”进行系统的教义学归纳。按照解释与权衡的方法，基本权利的保障范围分为“宽泛界定”与“狭窄界定”。[⑤] 仅将“获得有效辩护”作为辩护权的内容，仍存在原则性规定解释的不确定性，辩护权的保护边界可能难以通过解释或者权衡方法得出，最终导致辩护权的保护范围过于宽泛或狭隘。因此，本文尝试基于当前学者的成果，明确其本质内涵，对辩护权的保障范围做进一步的教义学展开。[⑥]

一般来说，基本权利的保护范围需要通过法律和事实两种方式形成，比较特殊的如程序权，其内容则主要依据立法来形塑。辩护权一般被认为是一项程序性基本权利，其内容主要通过法律形成，这一点应无太大争议，然而是否存在事实上形成的内容呢？从辩护权的运行状态看，其内容是在法律框架下的“控辩审”三方的具体交往互动中产生的。立法对辩护权的具体化约束着公权力机关、保障辩护方的利益，但同时仍存在大量不在法律框架内的公权力行为，如审前检察机关是否配合辩护方的阅卷请求、

---

① 持此种观点的学者主要依据“对基本权利最有利的解释——应做体系和扩张解释”，以及通过解释刑事诉讼法的具体化内容两种方法得出。参见尹晓红：《获得辩护权是被追诉人的基本权利——对〈宪法〉第125条“获得辩护”规定的法解释》，载《法学》2012年第3期；奚玮、沈鹏：《论被追诉人辩护权的宪法保障》，载《广东社会科学》2015年第3期；王震：《基本权利教义学中刑事诉讼法与宪法规范解释的互动——以〈宪法〉第130条获得辩护权条款为例》，载《厦门大学法律评论》2022年第2期。

② 参见陈卫东、郝银钟：《被告人诉讼权利与程序救济论纲——基于国际标准的分析》，载《中外法学》1999年第3期；陈瑞华：《刑事诉讼中的有效辩护问题》，载《苏州大学学报（哲学社会科学版）》2014年第5期；汪家宝：《论刑事被追诉人的有效辩护权》，载《政治与法律》2016年第4期。

③ 丁鹏、彭勃、雷雨田等编译：《欧洲四国有效刑事辩护研究——人权的视角》，法律出版社2012年版，第79—85、154—162、231—242页。

④ 参见张翔：《“近亲属证人免于强制出庭”之合宪性限缩》，载《华东政法大学学报》2016年第1期。

⑤ 参见王锴：《基本权利保护范围的界定》，载《法学研究》2020年第5期。

⑥ “基本权利的保护范围呈现为一个从其核心或者本质内涵出发的一定射程，这一射程是个别的，亦即每个基本权利都有自己相对独特的射程。”王锴：《基本权利保护范围的界定》，载《法学研究》2020年第5期。

庭审中法官的自由心证等，这些都影响着辩护实效，“直接言词原则”“无罪推定原则”等刑诉法原则的现实运转也在形塑着“获得有效辩护”的实际内涵。同时，辩护权这一交往活动的事实效果要求也能得到“商谈理论”的佐证，即“理想交往情景”下的各项条件。[①] 辩护权最终需要落脚到庭审对抗或协商，最终获得“判决”这一理性共识，其特殊之处在于“交往行为”包括法律言词的交互以及证据的呈现，最终共识的形成往往取决于辩护方的内心认同以及公权力机关的权力谦抑，同时也需要相对弱势的辩护方在事实上具备法律专业性能力这一前提，这一过程显然不仅仅是法律形成所能完全包含的。

因此，基于上述论证和学界的研究成果，重新审视前述四项“获得有效辩护”的标准，第一、二、四项都是提升相对弱势的辩护方能力，以达到“武器平等”，从而实现第三项“力量平衡”，进而形成法律和事实层面交往各方的共识，达至“有效辩护”。由于“力量平衡”过于抽象，因此本文对宪法辩护权的内容进行提炼，在囊括其事实内涵及立法内容的基础上，将“获得有效辩护——力量平衡”的本质内容逻辑进一步展开为三项射程：“辩护能力的提供”“辩护意见的表达”“辩护利益的救济”（见图 1）。“辩护能力的提供”主要涉及律师对辩护方的帮助，国家配合辩护方的合法行为以及为辩护方提供支持辩护的证人、证据以及场所等各项必要条件；“辩护意见的表达”涉及对质、质证、陈述等法定程序以及庭审辩护过程中言词、表情、动作等表达方式的实际效果；“辩护利益的救济”围绕从审前到审后，辩护利益受损时的各项法定救济权利，其中包括对辩护权三项教义出现违法或实践效果偏差的救济。

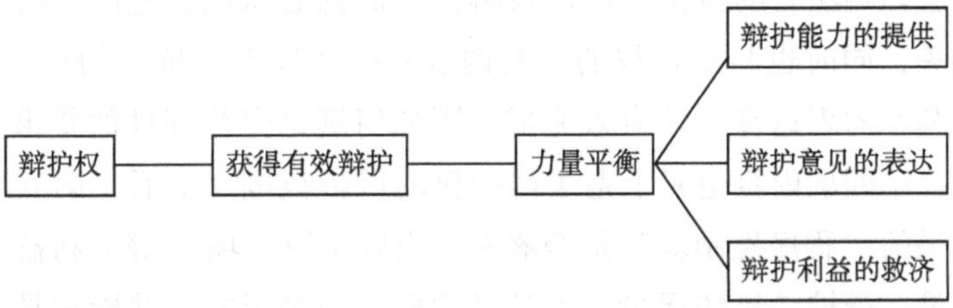

图 1　辩护权保护范围示意

三、在线刑事审判中辩护权受限的界定

在明确了基本权利的保护范围后，接下来需开始确定国家行为是否对该项基本权利构成了干预。具体可分解为如下两个问题：首先需界定涉及受到妨碍的权利内容是否属于辩护权的保护范围，其次需论证国家机关的公权力行为是否构成对辩护权的干预。

---

① “理想交谈情境”（ideal speech situation）包括“讨论机会平等与内容自由”“交往不受到权力或权力关系的影响”与“参与者的积极互动寻求共识”三项条件。参见任岳鹏：《哈贝马斯：协商对话的法律》，黑龙江大学出版社 2009 年版，第 56 页。

（一）在线刑事审判中辩护权是否受限

通过对刑诉法学者的研究和实证考察进行梳理后，本文总结得出：在线刑事审判中涉及受限的权利内容主要有五类情形，一是法院出于效率考量和“权力导向”，依职权直接采用在线方式庭审，或是缺乏对被追诉人的明确告知以及对被追诉人程序选择权的尊重；二是被告人由于距离限制而难以获得律师的帮助，如审前会见、庭审中的有效沟通；三是由于在线庭审采用的是视频方式，因此被告人的对质、质证权受到影响，如实物证据无法出示原件、对证据与证人观察视角受限等，进而影响法官对证据的认定；四是在线视频的方式导致被告人在庭审中的言词以及动作、表情等非言词表达的效果受到影响；五是被告人针对相关程序权利的减损提出上诉难以得到法院救济。①

在上述五类受限内容中，律师帮助权与对质权可以直接纳入“辩护能力的提供”“辩护意见的表达”两项教义的内容中，进而被归纳进宪法辩护权的保护范围，而第一、四、五项则需进一步解释。② 首先，第一项程序选择权应属于辩护权教义的第一项“辩护能力的提供”的内容，理由在于“是否选择线上庭审”是可能影响辩护效果和法官自由心证的庭审模式的核心前置权利，其既决定了庭审过程中不同的证据呈现以及动作、表情等信息输出方式，也决定了是否选择突破“直接言词原则”，采用间接的商谈方式。因此，程序选择权是保障辩护效果、提升辩护能力的重要前提，属于宪法辩护权的保护范围。其次，第四项“言词与非言词的表达”涉及线上的语言、表情和动作表达是否会影响法官的自由心证以及辩护方的内心认同，它既与法律规定的对质权行使息息相关，同时也与辩护权的事实内容——“控辩对抗（协商）”紧密相连。试想，如果连基本的表达都无法有效完成，则如何满足交往理性的要求，何谈辩护权的行使？因此，第四项内容也属于宪法辩护权的保护范围。最后，第五项刑事上诉权涉及对辩护效果的“程序性制裁”是否落实，应属于第三项“辩护利益的救济”的教义内容。它既是对辩护结果的保障，也是辩护权行使的形式，并影响是否进行后续的辩护行为。因此，刑事上诉权是通过上诉程序对辩护利益的根本性事后救济，属于宪法辩护权的保护范围。

---

① 参见韩旭：《后疫情时代法院在线审理刑事案件之隐忧及纾解》，载《浙江工商大学学报》2022 年第 1 期；高通：《在线诉讼对刑事诉讼的冲击与协调——以刑事审判程序为切入点》，载《南开学报（哲学社会科学版）》2022 年第 1 期；成小爱：《远程刑事审判的检视与反思——以被告人质证权的保障为分析视角》，载《天府新论》2022 年第 4 期；崔永存：《论刑事远程审判的制度规制》，载《法学研究》2023 年第 2 期。

② 律师帮助权作为宪法辩护权内容的论证，参见陈瑞华：《刑事诉讼中的有效辩护问题》，载《苏州大学学报（哲学社会科学版）》2014 年第 5 期；汪家宝：《论刑事被追诉人的有效辩护权》，载《政治与法律》2016 年第 4 期。

（二）辩护权受限是否源于国家干预

在明确受限内容属于辩护权后，下一步需界定受限是否源于国家干预。经典的干预概念要求国家行为具有目的性、直接性、法律性和强制性。[①] 如果以经典干预概念审视在线刑事庭审，那么上述受限情形中国家行为需具备明确的法律效果与强制力保障，符合法律性与强制性，但是目的性与直接性似乎尚可商榷。首先，在线刑事审判系国家为惩治违法犯罪、提高诉讼效率而采取的方式，其本身并不具有明确限制辩护权的强制目的；其次，上述受限的如律师帮助权、对质权以及言词与非言词表达等内容中，大部分都并非由国家行为直接干预，而是在线技术的应用导致的辩护权受限，其存在妨碍原因上的间接性。

综上所述，经典干预概念中的目的性与直接性似乎无法完全适用于上述受限情形中的国家行为，对于国家行为的检视需进一步引入“扩展的干预概念”。[②] 后者的产生是由于经典干预概念的范围过于狭窄，难以涵盖现代社会中多样化的国家行为方式和基本权利受限形式，于是干预概念的要素逐渐扩大到国家行为的事实或间接效力。“扩展干预概念”将关注焦点集中在“后果”上，即只要国家行为对基本权利造成了实质的限制与妨碍，就构成“基本权利干预”。其中目的性扩展为“可预见的结果”（不要求国家的妨碍意图，只要求存在妨碍结果）、直接性扩展为“可归因于国家”（不要求是国家行为的直接结果，只要求国家行为与妨碍结果之间没有独立的中间环节）[③]。

从上述扩展的两项要素中，重新审视在线刑事审判中辩护权受限的现象，可发现在行为目的上，虽然在线刑事审判中的各项国家行为没有通过限制辩护权来保障公共利益的意图，但在结果上构成了对辩护权的妨碍；在行为性质上，在线刑事审判中的部分辩护权受限是由于在线技术问题，但由于公权力机关采取的刑事诉讼法律行为与妨碍结果并无中间环节，符合“可归因于国家”的干预要素。因此，基于经典干预概念与扩展干预概念的双重检视，在线刑事审判中的辩护权受限属于国家机关的“基本权利干预”。

（三）是否存在“基本权利放弃”

有学者认为，在线刑事审判的一系列特征和以“程序简化与权利放弃”为特点的

---

① 参见张翔：《基本权利限制问题的思考框架》，载《法学家》2008 年第 1 期。

② 参见［德］福尔克尔·埃平等：《基本权利》（第 8 版），张冬阳译，北京大学出版社 2023 年版，第 185 页。

③ 参见［德］福尔克尔·埃平等：《基本权利》（第 8 版），张冬阳译，北京大学出版社 2023 年版，第 185—187 页。

刑事诉讼“第四范式”非常相符。[①] 延续这一逻辑，如果被追诉人选择在线刑事审判程序，那么似乎可证明被追诉人上述受限的辩护权属于宪法教义学中的“基本权利放弃”，上述干预就得到了正当化的理由。因此，在对国家行为进行干预正当性的检视前，还需要判断在线刑事审判中辩护权受限是否属于被追诉人的“基本权利放弃”。

基本权利放弃，又称基本权利抛弃，指的是“基本权利主体表示在特定的情况下以及一定的时间内不行使基本权利衍生的某种权能或同意国家干涉其基本权利”。[②] 依据“基本权利放弃”的教义来审视在线刑事审判中涉及受限的辩护权，其核心在于被追诉人选择在线刑事审判是否符合上述要件。而由于“程序选择权”属于宪法辩护权的保护范围，因此首先需确认宪法辩护权与“基本权利放弃”要件的内在关系，其次需检视被追诉人的“程序选择权”受限是否符合“基本权利放弃”的教义，进而展开“程序选择权受限是否符合‘基本权利放弃’——被追诉人是否因选择在线刑事审判而放弃审判过程中的辩护权”的逻辑推演。

首先，根据柳建龙教授的总结，基本权利放弃首先须具备“可以放弃”要件，德国学界对此主要采“实质主义说”，认为除人性尊严外，服务于个人发展自由的基本权利也可以放弃。[③] 宪法辩护权是被追诉人对抗国家追诉权，保障审判结果公平公正的程序性基本权利，故其符合上述标准。其次，第二项要件遵循“主体有认知能力——有同意能力且未受到胁迫”。[④] 在辩护权的行使中，同意能力能够具体化为“智力能力”以及“专业能力”，前者要求被追诉人具有正常人的理解能力，后者要求被追诉人获得了律师的有效帮助，进而具备刑事法律知识上的能力。同时，处于在线刑事审判这一特殊场域内，“专业能力”还应包括对有关技术问题的理解以及提出相应救济请求的能力。最后，“意思表示”要件还需满足“有效性”“表示形式”“公权力机关的认知”“表示时间”“推定同意”五项要素。其中“有效性”要求权利人的自愿性以及国家机关的告知义务。[⑤]

在明确了上述关系后，需要确认在线刑事审判中程序选择权的受限是否属于“基本权利放弃”。被追诉人的程序选择权受限可以归结于三类原因：法院未能履行告知义务；法院径行采用在线方式，未经被追诉人同意；被追诉人缺乏律师帮助，对是否选择在线刑事审判缺乏明确认知。显然，这三项原因并不符合“基本权利放弃”的后两

① “第四范式”指如果被追诉人选择认罪认罚从宽程序，则可默认为相比选择普通审判程序，其放弃了一部分的程序权利。参见熊秋红：《比较法视野下的认罪认罚从宽制度——兼论刑事诉讼“第四范式”》，载《比较法研究》2019 年第 5 期。

② 法治斌、董保城：《宪法新论（第六版）》，台湾元照出版公司 2014 年版，第 197 页。

③ 参见柳建龙：《论基本权利放弃》，载《法学家》2023 年第 6 期。

④ Vgl. Michael Sachs，BVerfG：Grundrechte：Körperliche Unversehrtheit und Selbstbestimmung，*Juristische Schulung*（2011），S. 1047.

⑤ 参见柳建龙：《论基本权利放弃》，载《法学家》2023 年第 6 期。

项要件，因此可以推导出在线刑事审判中，从审前程序选择到审后上诉的整个过程中，涉及受限的辩护权不属于“基本权利放弃”，而属于基本权利干预。

四、在线刑事审判中辩护权受限的正当性审视

“基本权利干预”的第三步需审查国家干预行为是否符合形式和实质要件。在论证步骤上，首先应检视造成基本权利干预的国家行为是否遵循法律保留原则，其次判断是否符合比例原则的各项要素。

（一）形式正当性：是否符合法律保留原则

我国法院适用在线刑事审判的规范依据主要是这两项司法解释：《最高人民法院关于适用〈中华人民共和国刑事诉讼法〉的解释》第256条以及《人民法院在线诉讼规则》。从直观上看，这两项规范依据显然不符合“基本权利干预”对法律保留的要求，但对在线刑事审判这一干预行为，需要进一步考量。其原因在于：

首先，虽然我国《立法法》第11条规定了我国的法律保留事项，其中第10项为诉讼和仲裁制度，但同时第119条规定，最高人民法院可以在符合立法目的、原则和原意的前提下作出具体应用法律的解释。“具体应用法律”这一司法解释的功能在刑事诉讼实践中逐渐演化为一种“立法性质”的功能表现，并被广泛应用。[①] 其深层原因在于司法资源的有限、公共利益保护的时效要求以及法院更具专业性而作出的“功能适当”的权力配置。[②]

其次，除了在规范制定上具有功能性优势，司法解释对于适用“扩展的干预概念”的国家行为也具备规范对象上的合理性。因为在涉及信息、技术这类国家行为时，由于事实情形的复杂性，难以作出过于细致的法律授权，因此法律保留原则往往具备更宽泛的解释空间，其仅仅需要具备一定的概括性立法条款即可。例如，德国联邦宪法法院曾对“政府信息行为”对基本权利造成的间接性事实妨碍情形作出诠释：“国家信息行为的客体和形式如此丰富多样，但因在知识和行为可能性上受限，立法者只能规定一般性条款和概括性条款……如果一般法对政府信息行为的授权过于宽泛和缺乏明确性，那么这样的授权在实践中无法切实可用。”[③] 我国在线审判领域也有类似的立法体现，例如，《民事诉讼法》第16条规定了在线民事审判的效力，而具体内容则由《人民法院在线诉讼规则》《人民法院在线运行规则》等司法解释性文件规定。因此，

---

① 参见聂友伦：《论司法解释的立法性质》，载《华东政法大学学报》2020年第3期；苗炎：《论司法解释的性质和效力位阶》，载《中外法学》2023年第2期。

② 关于权力配置的“功能适当”，参见张翔：《国家权力配置的功能适当原则——以德国法为中心》，载《比较法研究》2018年第3期。

③ BVerfGE 105，279（303f.），转引自［德］福尔克尔·埃平等：《基本权利（第8版）》，张冬阳译，北京大学出版社2023年版，第193—194页。

在线刑事审判这一国家行为由司法解释规定似乎也有了进一步的理由。

但笔者认为，上述理由不足以为司法解释提供突破法律保留原则的充分解释，进而论证在线刑事审判中辩护权受限符合法律保留的要求。在规范制定层面，即使《立法法》的规定为司法解释提供了一定的空间，宪法也规定了对无法律保留基本权利的概括性法律保留条款。① 这构成了法秩序层面的高位阶效力，如涉及基本权利干预问题，《立法法》的规定不能突破《宪法》的规定。从实质上来说，权力配置的“功能适当”也不足以突破现代立宪主义根本性的人权保障要求，构成基本权利限制的形式条件必须具备立法条件，方满足形式正当性的要求。②

从规范对象来看，刑事在线审判也尚缺乏如民事在线审判一样的立法概括性规定，既难为其国家行为的间接性干预效果提供基本的立法基础，也无法展开“立法概括性规定——司法解释具体应用”的规范性逻辑推演。因此，在线刑事审判中的辩护权受限不符合法律保留原则，缺乏形式正当性的基础。

（二）实质正当性：是否符合比例原则

在完成了对干预行为的形式正当性审查后，还需要依据比例原则对其进行实质正当性的检视。比例原则是对目的和手段的权衡，包括目的正当性、适当性、必要性和均衡性。③

1. 目的正当性检视

在线刑事审判首先服务于刑事审判的公益目的，即“惩罚犯罪”与“保障人权”，而应用在线技术的目的则在一定时期发生了变化。2020年《最高人民法院关于新冠肺炎疫情防控期间加强和规范在线诉讼工作的通知》的主要目的在于防控疫情，保障公民生命安全，其侧重点在于在线技术提供的远距离审判功能，防止疫情扩大。而随着疫情的消退，《人民法院在线诉讼规则》将“公正高效审理案件”作为首要目的，以实现“权利保障、便民利民”的功效。通过这一调整不难看出，在线技术应用的侧重点从“远程审理”转向了“高效审理”。虽然制度目的发生了变化，但上述目的都出于保障公共利益的考量，符合目的正当性审查。

2. 适当性检视

比例原则的核心在于对手段与目的进行衡量，首先需确认其是否具有适当性。适当性要求手段和目的之间有关联，即前者能促成后者。在线刑事审判无须开庭前押解

---

① 有学者论证了宪法第51条作为基本权利限制的概括性法律保留条款。参见张翔：《基本权利限制法律保留的中国方案》，载《法律科学（西北政法大学学报）》2023年第6期。

② 参见秦前红、叶海波：《论立法在人权保障中的地位——基于“法律保留”的视角》，载《法学评论》2006年第2期。

③ 刘权：《目的正当性与比例原则的重构》，载《中国法学》2014年第4期。

被告人，也省去了其他国家工作人员在线下庭审时相对烦琐的准备工作，这无疑有助于达到“远程审理”或“高效审理”的目的，但其能否达到刑事诉讼要求的“惩罚犯罪”与“人权保障”两项目标，仍存疑问。正如本文所论证的：辩护权作为基本人权受到了干预，在辩护权这一程序性权利受到妨碍的前提下，最终判决能否实现刑事审判的结果公正，也有待商榷。因此需要进一步对在线刑事审判进行权衡。

3. **必要性检视**

必要性要件包含“相同有效性”与“最小侵害性”。[①] 能与在线刑事审判具有相同刑事诉讼功能的只有线下刑事审判，但从实现远距审判与以及诉讼提效的目的角度看，在线刑事审判具备独特的技术应用优势，这是线下刑事审判无法比拟的。不过，在线刑事审判的特殊性不仅给它带来了优势，也带来了诸多线下刑事审判不存在的、因在线技术特性而对辩护权造成的损害。在刑事审判中，不同类型的案件对程序权利的保护要求并不相同，这也影响对辩护权保护强度要求的考量。有学者通过实证研究考察了在线刑事审判的案件适用类型，可以看出，在线刑事审判基本实现了全覆盖[②]，那么在线刑事审判是否在所有类型案件审理中都能保证其对辩护权的最小侵害性呢？在疫情防控期间的案件审理显然符合必要性要求，但在疫情时期以外的在线刑事审判中，则涉及不同案件类型中“审判效能”与“辩护权保障”两种宪法价值之间的权衡，还需进一步从狭义比例原则进行考量。

4. **均衡性检视**

均衡性原则，又称狭义比例原则，是指“国家机关选择的手段所追求的目的与该手段所造成的后果（副作用）必须保持均衡，合乎一定比例”，[③] 简而言之，该原则旨在考察该手段实现的公益目的是否过分高于对公民基本权利的妨害。在线刑事审判的公益价值可以进一步归纳为“审判效能”，即通过技术赋能，进行远距离且效率更高的审判，达到公正审判、便民利民的目的。但在发挥其制度功能的同时，在线刑事审判中也存在种种因技术特性而对辩护权造成的妨碍。由于不同案件对于辩护权保障强度的要求不同，因此需要在案件分类的基础上对在线刑事审判是否符合均衡性进行考量。对于轻罪案件，被追诉人对行使辩护权的要求较低，判决结果也鲜引请求救济需求，尚可认为其适用在线刑事审判尚未构成对辩护权的过度限制；对《刑事诉讼法》第 81 条规定的“可能判处十年有期徒刑以上刑罚”的重罪类型案件，被追诉人显然需要获得更高强度的辩护权保护，方能确保判决结果更符合程序正义与实体公正，因此对于

---

① 相同有效性指“有无其他达成相同目的的手段”，最小侵害性指“对公民基本权利妨碍最小者”。参见林来梵主编：《宪法审查的原理与技术》，法律出版社 2009 年版，第 237 页。

② 经统计，2018 年至 2021 年，在线刑事审判适用范围涵盖了速裁程序、简易程序和普通程序。参见崔永存：《论刑事远程审判的制度规制》，载《法学研究》2023 年第 2 期。

③ 梅扬：《比例原则的原旨与适用》，中国社会科学出版社 2022 年版，第 79 页。

该种类型的案件，宜采取线下刑事审判的方式，适用在线刑事审判属于不必要、过度地限制辩护权，缺乏实质正当性基础。

结 语

综上所述，在线刑事审判在形式层面和实质层面都存在宪法正当性疑虑，需要进一步予以规制，只有促进对辩护权的保护，方能满足其正当性要求。首先，在形式层面，在线刑事审判宜效仿在线民事审判，通过立法设置概括性条款，明确在线刑事审判的效力，具体的审判程序可通过制定司法解释，在经过实践检验后再逐渐纳入立法中。其次，在实质层面，需要制定规范，明确在线刑事审判仅适用于轻罪类型案件，并加大对程序选择权、律师帮助权、上诉权等涉及受限的各项辩护权的保护强度，同时完善技术能力，强化证据呈现、言词与非言词表达的技术性保障。此外，由于在在线刑事审判中，部分对辩护权的妨碍出于国家行为的间接或事实效果，因此从规范理念上来说，应完善对国家行为的溯源型控制，节制因追求“审判效能”而产生的“权力主导”倾向，例如，明确各项程序实施时国家机关的关照义务内容等。

元宇宙数字藏品交易纠纷诉仲协同解决的机制优化

郭亚杰*

摘　要： 元宇宙中的数字藏品交易具有复杂性和高技术化的特点，仲裁的高效性、专业性、保密性以及裁决的跨法域可执行性等特点很好地契合了数字藏品交易纠纷，因此仲裁可作为此类纠纷的优先解决方式。仲裁和诉讼在解决数字藏品交易纠纷中并非互相排斥。尽管仲裁在解决数字藏品纠纷中保持相对独立，但其与诉讼的关联及有效衔接确保了仲裁的顺利进行。在当事人未约定仲裁等特殊情况时，可诉诸司法程序解决纠纷。因数字藏品交易涉及消费者权益保护、格式条款和公共政策，故法院需对仲裁协议效力和裁决结果进行适当监督，以保障公共利益和当事人的合法权益，确保仲裁的公正与合法，从而构建一个高效、公正的争议解决机制。

关键词： 元宇宙　数字藏品交易　仲裁法　纠纷解决机制

一、问题的提出

数字藏品是一种记录在区块链中的不可被复制、替代或分离的独一无二的数字资产①，包括艺术品、音乐、视频等各种形式。数字藏品最早出现于2014年5月，第一个由剪辑视频形成的数字藏品售出了四美元的价格。② 2023年1月1日之前，数字藏品在我国境内仅能够发行而不可交易，但随着中国首个国家级合规数字资产二级交易平

---

* 郭亚杰，西北政法大学国际法学院法律硕士研究生。研究方向：国际数字贸易法、国际税法。本文系如下项目的阶段性成果：陕西省教育厅2022年度重点科研计划项目（协同创新中心项目）“通用航空数字贸易平台发展与创新的法律保障机制研究”（编号：22JY064）；西北政法大学涉外法治研究专项课题“跨境电商平台国际法律治理机制研究”（编号：SWFZ2023B03）。

① 参见郭鹏：《功能等同原则视域下NFT数字藏品交易的法律定性——兼论虚拟财产纳入物权法调整的新路径》，载《现代法学》2023年第6期。

② See Logan Kugler, “Non-fungible Tokens and the Future of Art”, *Communications of the ACM*, Vol. 64, No. 9, 2021.

台“中国数字资产交易平台”的正式上线，数字藏品在中国进入了可交易的时代。这一重大变化得益于我国此前对于建立数字藏品二级交易市场的不断探索与创新。例如，上海市曾于2022年7月12日颁布《上海市数字经济发展“十四五”规划》，明确提出：“支持龙头企业探索NFT交易平台。”香港特别行政区亦通过《有关香港虚拟货币发展的政策宣言》，明确表示支持数字藏品及加密货币的发展。但交易的存在也意味着风险的存在，而这种交易风险需要由专业的争议解决机制来化解。2023年广州市仲裁委员会（以下简称广仲）敏锐洞察全球仲裁发展的最新动态，创设了全球首家元宇宙仲裁院，聚焦元宇宙社区虚拟交易纠纷解决，5日内办结了全球首宗元宇宙虚拟交易仲裁案，受到境内外媒体的广泛关注报道。① 该案中，一家由香港地区资本支持的NFT公司指控NFT使用人侵犯了其数字资产权益，并寻求损害赔偿。这起涉及元宇宙社区虚拟物品的案件，由于缺乏先例，因此给现行的司法解决机制带来了新的难题。此外，案还涉及高度的技术和隐私问题，这进一步增大了解决争议的复杂性。依据双方合意达成的仲裁协议，当事人通过广仲的网上元宇宙立案通道将纠纷交由广仲元邦 Meta City 元宇宙仲裁院解决。

作为一种民商事争议解决机制，仲裁在尊重当事人自主选择、由专业人士进行裁决、程序的灵活性与高效率，以及确保裁决的最终性和严格的保密性方面展现出显著优势，同时也存在一些局限。② 面对元宇宙数字藏品交易所带来的新型挑战，包括交易的复杂性、技术含量的提升等，确定这类纠纷更适合通过诉讼还是通过仲裁来解决尚无定论。③ 这一问题直接关系到实践中众多元宇宙数字藏品经营者将约定争议解决方式的仲裁条款镶嵌在格式合同中的正当性。④ 进一步地，如果仲裁机制能有效地适应数字藏品交易纠纷的特殊需求，那么探讨仲裁与诉讼之间的互动关系也变得尤为迫切。⑤ 因此，本文试图就仲裁机制和数字藏品交易纠纷的契合性以及在纠纷解决过程中仲裁与诉讼之间的关系提出粗略看法。

二、仲裁机制与元宇宙数字藏品纠纷解决机制的契合

在元宇宙数字藏品交易中，由于市场的高度活跃和参与者的多元化，纠纷的出现难以避免。⑥ 传统诉讼程序虽然具有法律效力和公正性，但其复杂性使其在元宇宙领域

① 参见《聚焦“四化”打造中国仲裁高质量发展新标杆——专访广州仲裁委员会党组书记、主任陈思民》，载《商事仲裁与调解》2023年第1期。

② 参见黄进、宋连斌、徐前权：《仲裁法学》，中国政法大学出版社2008年版，第5页。

③ 参见倪楠、罗聪铭：《元宇宙中NFT的交易模式与法律规制》，载《数字法治》2023年第6期。

④ 参见熊俊丽：《NFT数字藏品交易的法律性质及效力》，载《人民司法》2023年第14期。

⑤ See Jayoung James Goo and Joo Yeun Heo, “The Impact of the Regulatory Sandbox on the Fintech Industry, with a Discussion on the Relation between Regulatory Sandbox and Open Innovation”, *Journal of Open Innovation Technology, Market, and Complexity*, Vol. 6, No. 2, 2020, p. 43.

⑥ 参见林广海：《数字中国的知识产权司法保护》，载《数字法治》2023年第3期。

面临诸多挑战。相比之下，仲裁程序凭借其简化的程序、专业的仲裁员、高效的处理方式、一裁终局的特点，以及灵活性和保密性，成为解决元宇宙数字藏品交易纠纷的理想选择。

（一）仲裁机制对数字藏品交易纠纷的适用性

在我国，可提交仲裁的纠纷应符合以下三个条件：争议主体的平等性，即发生纠纷的双方应当是平等主体；争议事项的可处分性，即可提交仲裁的事项应当是当事人有权处分的；争议内容的财产性，即当事人提交仲裁的事项应该是合同纠纷，或非合同的财产性纠纷。①

首先，争议主体的平等性。非平等主体之间的纠纷如行政争议等被排除在仲裁范围之外，只有平等主体之间的民商事纠纷才能仲裁。数字藏品交易行为是一种等价有偿的法律行为，即交易各方以合理对价交换财产性权利，购买者支付价款获得数字藏品的相关财产性权利，而出售者收到相应的对价，这种对等性反映了交易各方的平等地位。② 其次，争议事项的可处分性。对元宇宙数字藏品纠纷的可仲裁性的判断，关键在于争议事项的可处分性，即当事人是否具备和解的权利。按照这一标准，如果纠纷双方在法律规定的范围内可以就民事实体权利的处分进行自由协商并达成和解，那么这个纠纷通常被认为是可仲裁的。元宇宙数字藏品交易纠纷大多涉及合同履行、所有权转移、支付等具体事项，这些纠纷通常可以通过协商和解来解决。最后，争议内容的财产性。这是指仲裁适用于那些具有财产性质的民事经济争议。就“财产”本身来讲，它在经济学上通常是指具有价值或体现为具有一定经济利益的东西，包括有形的财产和无形的财产。法律意义上的财产概念则不仅强调它的价值或经济利益，而且强调财产的合法性及其权利义务内容。数字藏品属于“财产”的概念范畴，因为它们具有金钱价值，并且由一系列权利构成，包括占有、使用、改变、馈赠、转让及阻止他人侵犯。根据德国法学家拉伦茨的观点，个人财产由具有金钱价值的各种权利总体构成；英美普通法认为财产是一组权利，体现对资源的全面控制能力。③ 从交易行为引发的结果和当事人进行交易的目的来看，当事人进行交易是为了转移元宇宙数字藏品的相关财产性权利，故在此基础上发生的纠纷应属于财产性质的纠纷。

（二）仲裁在元宇宙数字藏品交易纠纷中的高效解决优势

在元宇宙数字藏品交易中，由于市场的高度活跃和参与者的多元化，交易频繁且

---

① 参见黄进、宋连斌、徐前权：《仲裁法学》，中国政法大学出版社 2008 年版，第 21 页。

② 参见邓建鹏、李嘉宁：《数字艺术品的权利凭证——NFT 的价值来源、权利困境与应对方案》，载《探索与争鸣》第 6 期。

③ 参见林旭霞、张冬梅：《论网络游戏中虚拟财产权利的法律属性》，载《中国法学》2005 年第 2 期。

金额巨大，因此纠纷的出现几乎难以避免。[①] 传统诉讼解决纠纷虽然具有法律效力强、程序公正等优点，但在元宇宙数字藏品交易领域却面临着诸多挑战。一方面，诉讼程序复杂且耗时较长，需要当事人投入大量的时间和精力去应对烦琐的诉讼流程；另一方面，由于数字藏品的特殊性质，其价值可能会随着市场的波动而迅速变化，甚至在诉讼过程中出现贬值的情况，从而给当事人带来更大的损失。[②] 相比之下，仲裁程序在效率方面具有明显的优势。首先，仲裁程序简化，能够大幅缩短处理时间，降低当事人的时间和经济成本。其次，仲裁机构通常具有专业化的仲裁员和高效的仲裁程序，能够保证纠纷得到及时、公正、合理的解决。再次，仲裁的一裁终局制度避免了诉讼中的反复上诉和拖延，确保纠纷能够快速高效地解决。最后，一国法院的判决若想在另一国得到承认和执行，则通常需要通过双边条约或共同参与的国际公约来实现，然而实际执行过程中往往会遇到多种障碍，导致判决难以执行。相比之下，仲裁裁决在多数国家具有可执行性，为跨国交易纠纷的解决提供了法律保障，避免了在不同国家之间进行烦琐的司法程序。

因此，针对元宇宙数字藏品交易纠纷的高度活跃性和数字藏品价值的不稳定性，高效的仲裁机制在处理元宇宙数字藏品交易纠纷中显示出其独特的优势。它不仅能够适应市场的快速发展和交易的频繁性，还能为当事人提供更为高效、经济的纠纷解决途径。[③]

（三）仲裁的专业性与保密性有助于解决数字藏品争议

由于数字藏品本身的性质具有复合性，因此在处理数字藏品争议时可能需要审理者同时拥有处理知识产权、物权、证券等法律问题的能力以及对于信息技术、媒体等行业领域的专业知识。[④] 仲裁双方当事人通常能够根据具体的交易性质和技术背景，选择具有专业知识的仲裁员处理纠纷。例如，仲裁员可能在区块链技术、数字版权或金融交易等领域具有丰富的经验，这使他们能够更准确地理解和处理涉及复杂技术问题的纠纷。此外，仲裁程序的灵活性允许当事人在一定程度上自行选择和制定争议解决程序，使仲裁程序更具针对性和适应性，能够更好地满足数字藏品交易的特殊需求。[⑤] 此外，仲裁机构可以通过定期举办仲裁员沙龙或学习讨论会的方式，让上述领域的专家们进行交流、学习，从而培养具备解决数字藏品争议能力的仲裁员队伍。[⑥]

---

① 参见陈志刚：《论非同质化通证的数据财产属性》，载《政法论丛》2023 年第 5 期。

② 参见王迁：《论 NFT 数字作品交易的法律定性》，载《东方法学》2023 年第 1 期。

③ See Rebecca Carroll, "NFTs: The Latest Technology Challenging Copyright Law's Relevance Within a Decentralized System", *Media and Entertainment Law Journal*, Vol. 32, 2021.

④ 参见王萍：《论监管沙盒下我国数字藏品市场的法治实现》，载《广东社会科学》2023 年第 3 期。

⑤ 参见谢石松：《商事仲裁法学（第二版）》，高等教育出版社 2022 年版，第 17 页。

⑥ 参见张圣翠：《中国仲裁法制改革研究》，北京大学出版社 2018 年版，第 124 页。

在元宇宙数字藏品交易中，交易信息的保密性同样至关重要，因为这些信息往往涉及高度敏感的商业秘密和个人隐私。例如，数字藏品的设计细节、交易价格、买家和卖家的身份等信息一旦被泄露，不仅可能对当事人造成直接的经济损失，还可能影响整个市场的信任度和稳定性。[①] 传统的诉讼程序是公开进行的，这意味着所有的交易信息都可能在法庭上公开展示，进而通过媒体传播到公众领域。这种信息公开的方式对元宇宙数字藏品交易来说是极为不利的，因为它不仅可能导致敏感信息的泄露，还可能引发市场恐慌并导致其他不稳定因素的产生。[②] 相比之下，仲裁程序通常具有更高的保密性。仲裁庭可以根据当事人的请求和相关法律规定，决定是否公开举行听证会或披露交易信息。在多数情况下，仲裁庭会选择在非公开场合进行审理，以保护当事人的商业秘密和个人隐私。这种保密性的措施不仅有助于维护当事人的利益，防止不必要的经济损失和声誉损害，也有助于维护市场的信心和稳定性，避免因纠纷公开而引发的市场波动和负面影响。[③] 因此，在元宇宙数字藏品交易中，采用仲裁方式解决纠纷不仅可以提供更高效、更便捷的纠纷解决机制，还可以通过其高度的保密性来保护当事人的敏感信息和维持市场的稳定性。这对于推动元宇宙数字藏品市场的健康发展具有重要意义。

综上，仲裁机构在处理新型交易问题时具有明显优势。在中国数字资产交易平台设立的大背景下，为响应国家《关于推进实施国家文化数字化战略的意见》，应让仲裁机构助力于保障数字藏品交易安全、促进数字藏品交易的发展。

三、"诉"与"仲"在解决元宇宙数字藏品纠纷中的关系与协同

仲裁与诉讼在解决元宇宙数字藏品交易纠纷中的关系上，仲裁表现出自身的独立性和自主性，这是仲裁制度的核心特征。同时，仲裁与诉讼程序又保持着必要的联系和互补关系。

(一) 仲裁在解决元宇宙数字藏品纠纷中的独立性

首先，仲裁员的独立性与公正性是仲裁机制独立性的核心体现。仲裁员通常独立于任何政府机构或商业利益之外进行裁决。这种独立性确保了仲裁员在处理纠纷时能够保持中立，避免外界干扰，公正地对待各方当事人，保证裁决结果的公平性。其次，仲裁庭的独立性也是仲裁程序非常显著的特征之一。仲裁庭可以根据具体案件的相关事实，通过独立的研究及认定程序，依据事实和法律作出最终裁决。仲裁庭不受行政

① 参见宋睿：《元宇宙视野下 NFT 的刑事风险探析与防治》，载《辽宁大学学报（哲学社会科学版）》2023 年第 6 期。

② See Whitaker A Art and Block Chain, "A Primer, History and Taxonomy of Blockchain Use Cases in the Arts", *Artivate: A Journal of Entre preneurship in the Arts*, Vol. 8, No. 2, 2019, pp. 21-46.

③ 参见宋连斌：《仲裁法学》，武汉大学出版社 2010 年版，第 21 页。

机关或司法机构的控制，其裁决过程完全独立。[①] 这种自主性使仲裁员或仲裁庭在处理复杂和新兴领域（如元宇宙数字藏品纠纷）时，能够灵活运用法律和技术知识，作出适应实际情况的公平裁决。最后，法院对仲裁裁决申请执行的确认通常只能进行形式审查。这意味着法院在仲裁的司法审查阶段，更侧重于对仲裁的程序问题进行审查，这样的审查方式进一步尊重了仲裁机构对实体问题的处理权，否则仲裁庭对实体性问题的一裁终局或为空话。[②] 对于元宇宙这一虚拟世界中层出不穷的数字藏品交易纠纷，法院同样需要审慎行使其司法审查权，避免过度干预仲裁解决的实体性问题。这样的做法不仅有助于保障仲裁机构的独立性，还能强化裁决的最终效力，从而防止因法院介入而导致仲裁的专业性和效率受损，进而影响到整个纠纷解决机制的顺畅运作。[③]

（二）仲裁与诉讼在解决元宇宙数字藏品纠纷中的协同

仲裁与诉讼的协同主要表现在确认仲裁协议效力、撤销仲裁裁决、仲裁裁决执行审查等方面。例如在数字藏品交易中，合同中往往包含仲裁条款。在出现纠纷时，如果仲裁协议的效力受到质疑，那么当事人可以诉诸法院，由法院确认该仲裁协议的合法性和有效性。这一环节确保了仲裁程序能够顺利进行，并防止因仲裁协议无效而导致程序的混乱和不确定性。无论是仲裁程序，还是法院开展的仲裁司法审查，都在元宇宙数字交易治理中扮演着重要的角色。

此外，仲裁在很多元宇宙数字藏品交易纠纷中作为前置程序，而诉讼则作为当事人对权利进行救济的最后手段。当事人在签订合同时，可以仲裁条款或者仲裁协议的方式约定在发生纠纷时首先通过仲裁解决，但当出现仲裁无果或其他特殊情况，例如当事人之间未约定仲裁协议、仲裁协议无效或一些数字藏品纠纷虽然触及当事人的财产利益但其根源于身份关系的民事争议时，纠纷无法按照当事人的预期通过仲裁手段来处理，诉诸司法程序将成为解决纠纷的必要途径。这种安排不仅能利用仲裁程序的高效性和专业性，快速解决纠纷，还能在必要时依赖诉讼的权威性和强制执行力，确保纠纷的最终解决。[④]

（三）仲裁与诉讼在解决元宇宙数字藏品纠纷中的衔接

元宇宙数字藏品交易具有跨国界的特点，元宇宙数字藏品交易平台通常面向全球用户开放，不受地理位置的限制。[⑤] 这意味着任何人，无论身处何地，都可以购买、出

---

① 参见赵秀文：《国际商事仲裁法（第2版）》，中国人民大学出版社2014年版，第55页。

② 参见李红建：《仲裁司法审查的困境及其应对》，载《法律适用》2021年第8期。

③ 参见杨良宜：《国际商务仲裁》，中国政法大学出版社1997年版，第34页。

④ 参见黄进、马德才：《国际商事争议可仲裁范围的扩展趋势之探析——兼评我国有关规定》，载《法学评论》2007年第3期。

⑤ 参见王奇才：《元宇宙治理法治化的理论定位与基本框架》，载《中国法学》2022年第6期。

售和展示他们的数字藏品。例如，一个美国的艺术家可以通过元宇宙平台将他的作品出售给一位日本的收藏家。[①] 这种全球性市场不仅扩大了买卖双方的选择范围，还增加了数字藏品的流通性和价值。这种交易模式涉及不同国家和地区的法律制度和参与者。仲裁作为一种国际通用的争议解决方式，能够跨越不同法域之间的法律障碍，通过国际仲裁机构和仲裁条款的约定，使跨国纠纷得到更有效的解决。[②]

然而，仲裁裁决在元宇宙数字藏品纠纷中的执行通常依赖司法系统。[③] 这种衔接确保了仲裁裁决能获得法律上的强制力，使当事人的权利得到有效保障。法院在执行仲裁裁决时主要进行形式审查，避免重新审理案件的实体问题，这既尊重了仲裁裁决的独立性，又保证了裁决的合法性。总之，在元宇宙数字藏品交易中，仲裁与诉讼的关联与衔接依赖于统一的法律框架。国家和国际层面的法律规范，如《承认与执行外国仲裁裁决公约》（以下简称《纽约公约》），为仲裁裁决的承认与执行奠定了法律基础，确保了跨国纠纷中仲裁与诉讼的协调一致。这种统一与协调不仅促进了仲裁裁决在国际上的执行，也提升了元宇宙数字藏品交易的法律保障水平。[④] 目前，包括中国在内的 140 多个国家已经加入了《纽约公约》并得到批准。根据公约的要求，只要是公约的成员，都必须承认并执行其他成员国的仲裁裁决。这种国际上的认可和执行机制，最大限度地维护了当事人的合法权益。[⑤]

四、构建高效、公正的诉仲协同解决机制

针对元宇宙场景下的数字藏品交易纠纷，构建高效、公正的诉仲协同解决机制首先应充分发挥仲裁在解决此类纠纷时所具有的优势。鉴于数字藏品交易的特殊性，如消费者权益保护、格式合同条款的合法性审查以及对公共政策考量等问题的存在，法院需对仲裁协议和仲裁裁决实施适度的审查与监督。

（一）充分发挥仲裁在数字藏品纠纷解决中的优势

在数字藏品交易纠纷的解决机制中，仲裁因其高效性、灵活性、专业性和保密性等独特优势而应成为解决此类纠纷的优先选择。为实现这一目标，首先，可为仲裁员提供与数字藏品和区块链技术相关的专业培训，使其熟悉行业动态和技术背景，增强仲裁裁决的专业性和公正性；其次，优化仲裁程序设计，减少不必要的程序环节，加

① See Jason B, Sven Serneels, David S Matteson "Non-Fungible Token Transactions: Data and Challenges", *Data Science in Science*, Vol. 2, No. 1, 2023.

② 参见常英：《仲裁法学（第三版）》，中国政法大学出版社 2013 年版，第 24 页。

③ See Samer Hassan and Primavera De Filippi, "Decentralized Autonomous Organization", *Internet Policy Review*, Vol. 10, No. 2, 2021.

④ 参见姜丽丽：《〈仲裁法〉修订重大争议问题及其理论溯源》，载《中国法律评论》2024 年第 3 期。

⑤ 参见姚宇：《对仲裁协议独立性的反思——以司法支持仲裁为视角》，载《河北法学》2024 年第 4 期。

快纠纷解决速度，降低当事人的时间成本和经济成本；最后，通过严格的保密措施和保密协议，确保仲裁过程和结果的保密性，保护当事人的商业秘密和个人隐私。国际合作和法律支持进一步提升了仲裁裁决的跨法域执行力，确保了裁决的实际效力和公正性。[①]

在上述基础上应当进一步协调仲裁与诉讼之间的关系，使二者可以通过有效的程序衔接实现协同工作。支持和完善程序衔接机制从而确保法院对仲裁协议和裁决的支持与监督，为仲裁程序提供法律保障。例如，通过完善仲裁与诉讼的程序衔接机制，在仲裁协议无效或出现其他特殊情况时，当事人可以迅速转入诉讼程序，确保纠纷解决的连续性和有效性[②]；还可通过公众宣传和教育，提高企业和消费者对仲裁的认识和接受度，更好地发挥仲裁在数字藏品交易纠纷解决中的作用。

（二）注重诉讼对数字藏品纠纷中公共利益的保障

由于NFT技术的应用显著降低了数字艺术品的交易成本并大幅提高了交易效率，即便资金和专业知识有限，个人也能轻松参与NFT的买卖活动，这种便捷性促使数字收藏品市场出现了以短期高频交易为主的投机市场，因此部分数字藏品交易在涉及税收、外汇管理、金融监管等重大公共利益或国家利益等不可处分的事项时，仲裁的应用应当受到相应限制。[③] 正如中国互联网金融协会、中国银行业协会、中国证券业协会联合发布的《关于防范NFT相关金融风险的倡议》，确认NFT作为一项区块链技术创新应用在丰富数字经济、促进文创产业发展方面显现出一定潜在价值的同时，也存在炒作、洗钱、进行非法金融活动等风险隐患。我国的司法实践中已经发现交易双方借助仲裁机制绕过司法监管，进行涉嫌非法集资、金融诈骗、传销等损害公共利益和违反公共政策行为的案例。例如，在申请执行人深圳市某资本管理有限公司与被执行人熊某追偿权纠纷一案中，申请人申请执行仲裁裁决，而法院认为本案中的案外人上海某金融信息服务有限责任公司不具有从事金融业务的资质，其居间签订的《借款协议》，从表面上看是出借人与借款人签订的合同，实则超出其经营范围，即利用互联网信息技术，搭建融资业务平台，公开募集资金后向不特定借款人发放贷款。其变相向社会不特定群体吸收资金用于放贷的行为，破坏了我国金融市场的稳定，扰乱了金融秩序，损害了社会公共利益。故法院裁定不予执行仲裁裁决。[④]

---

① See Richard Ong, "Hard Drive Heritage: Digital Cultural Property in the Law of Armed Conflict", *Columbia Human Rights Law Review*, Vol. 53, No. 1, 2021, p. 291.

② 参见姚宇：《对仲裁协议独立性的反思——以司法支持仲裁为视角》，载《河北法学》2024年第4期。

③ 参见刘飞虎、马其家：《论数字藏品的双重属性、金融风险与监管因应》，载《经贸法律评论》2023年第2期。

④ 参见宋睿：《元宇宙视野下NFT的刑事风险探析与防治》，载《辽宁大学学报（哲学社会科学版）》2023年第6期。

因此，为保障仲裁的公正性和合法性，法院有必要对仲裁程序和结果进行适当监督。其关键在于：首先，法院有责任在必要时审查仲裁协议的有效性，确保其符合公共政策，即使该协议是在双方当事人同意的基础上签订的。如果发现协议中的条款违反公共政策，那么法院有权宣告其无效。其次，法院应当对仲裁裁决进行有限的司法审查，以确保裁决不违反公共政策、不涉及欺诈或损害公共利益。此类审查不仅保护了公众的合法权益，还增强了仲裁制度的可信度和公正性。

（三）注重诉讼对数字藏品纠纷中消费者权益的保障

由于数字藏品的提供方往往是元宇宙数字交易平台或者数字藏品的经营者，与这两种主体相比，数字藏品的消费者在缔约能力、议价能力等方面明显处于弱势地位，因此双方之间签订的仲裁协议可能会存在显失公平的情况。[①] 因此，需要注重诉讼对数字藏品纠纷中消费者权益的保障。例如，英国法院在处理数字藏品交易中涉及消费者合同仲裁条款的有效性问题时采取了特定的处理方式。在英国法院审理的［2022］EWHC 773（Comm）案中，被告 Nifty Gateway LLC 公司经营的数字藏品交易平台将仲裁条款置于用户注册账号时勾选的格式合同之中，平台用户 Amir Soleymani 依据英国《消费者保护法》主张仲裁条款无效、无法实施，法院在分析《1996 年仲裁法》第 9 条下中止诉讼的“可仲裁性”例外情况时，充分考虑英国《消费者保护法》，分析了影响可仲裁性事项的性质、对可仲裁性事项的调查是否影响实体审理、可仲裁性事项是否已经在仲裁程序中得到审理、当事人提出的不可仲裁理由是否足够充分、当事人约定的准据法和其选择的仲裁庭（程序）及仲裁地法院的专业性等因素，对仲裁协议是否有效进行了审查。

对元宇宙数字藏品交易的当事人而言，如果其签订了显失公平的仲裁协议或在仲裁过程中遭受不公正对待，则当事人仍可借助司法途径保护自己的合法权益。[②] 首先，可通过请求法院判定仲裁协议无效来进行救济。在仲裁裁决形成前，数字藏品交易的相关方有权向法院提出仲裁协议无效的申请。其次，若仲裁结果对某一方不利，则该方可以向法院申请撤销仲裁裁决。例如，广东省高级人民法院在审理深圳市泛友科技有限公司与英国 Westminster Crystal Ccxltd 的案件中，决定撤销仲裁裁决，体现了对我国企业权益的公正保护。[③] 最后，当一方申请执行或承认仲裁裁决时，另一方可以提出理由拒绝执行或承认，从而阻止仲裁裁决生效。对于国内仲裁裁决，法院会依据我国民事诉讼法和仲裁法的规定进行审查；而对于外国仲裁裁决，法院将依照《纽约公约》

---

① 参见阮神裕：《论 NFT 数字资产的财产权益：以权利束为视角》，载《浙江社会科学》2023 年第 3 期。

② 参见刘晓红：《国际商事仲裁协议的法理与实证》，商务印书馆 2005 年版，第 133 页。

③ 参见广东省高级人民法院课题组：《“走出去”企业法律风险防范的司法对策》，载《人民司法》2014 年第 9 期。

的相关规定进行考量。①

结　语

仲裁机制在解决元宇宙数字藏品交易纠纷中发挥着重要作用，具有高效、专业和保密等显著优势。数字藏品交易量大、交易频繁且可以跨越国境，传统诉讼程序难以应对，而仲裁程序简化，能快速解决纠纷，大幅降低时间成本。仲裁的专业性和灵活性允许选择具备相关知识的仲裁员处理复杂纠纷，确保裁决准确。此外，仲裁程序高度保密，可保护商业秘密和个人隐私，维护市场信心。在跨国交易中，仲裁裁决的国际承认与执行能力强，提供了法律保障。尽管仲裁具有独立性，诉讼程序仍在监督仲裁协议和裁决的有效性方面扮演重要角色，确保其公正合法。仲裁机制与诉讼机制的分工和协助在数字藏品交易中提供了灵活、高效且国际可执行的争议解决途径，促进了市场的健康发展。

展望未来，解决元宇宙数字藏品交易纠纷的机制将不断完善，以适应数字藏品交易纠纷这一新兴市场的需求。随着区块链、智能合约及人工智能技术的进步，仲裁机制将在技术支持下变得更加高效和透明。② 智能合约可以自动执行仲裁裁决，减少人为干预和延误，提高裁决的执行效率。区块链技术的不可篡改性也将增强仲裁程序的公信力，确保交易数据和仲裁过程的透明性和可信性。③ 为应对元宇宙数字藏品交易的跨国界特性，国际社会需加强合作，推动法律框架的统一和协调。各国应积极参与国际公约和协议的制定与修订，确保仲裁裁决在全球范围内得到广泛承认和执行。元宇宙数字藏品交易涉及多领域的专业知识，未来需要培养更多具备相关法律和技术背景的仲裁员。④ 通过建立专业培训机构和认证体系，提高仲裁员的专业素质和技能，确保他们能够有效应对复杂的交易纠纷。同时，仲裁机构应根据不同类型的纠纷，提供多元化的仲裁服务，以满足市场的多样化需求。随着数字藏品交易市场的扩大，监管机构需加强市场监管，保护消费者权益，同时制定和完善相关法律法规，规范市场行为，防止欺诈、洗钱等非法活动。通过建立透明的投诉和仲裁机制，为消费者提供便捷的纠纷解决途径，维护市场秩序和公平。⑤

---

① 参见赵健：《国际商事仲裁的司法监督》，法律出版社2002年版，第82页。

② 参见宋云婷、沈超：《法的介入：智能合约纠纷的司法救济》，载《北京航空航天大学学报（社会科学版）》2023年第6期。

③ 参见范明志、张智豪：《数字社会治理体系中的平台自治纠纷解决机制》，载《数字法治》2023年第4期。

④ 参见冯硕：《仲裁的数据化与中国应对》，载《上海政法学院学报（法治论丛）》2023年第4期。

⑤ 参见王淑敏、李银澄：《中国自贸区开展国际商事友好仲裁的问题与对策》，载《中国海商法研究》2023年第3期。

数字资产纠纷区块链仲裁解决的路径优化

常艺川*

摘　要： 区块链仲裁在数字资产纠纷中具有广阔的应用前景。传统的纠纷解决方式存在诸多限制，而区块链仲裁凭借其去中心化、透明信任和智能合约执行的特性，为数字资产纠纷的解决带来了一种全新的范式。通过确保所有权的证明、实现合约的自动化执行与追踪、简化流程与降低成本，区块链仲裁促使纠纷解决更加高效、公正且可靠。尽管面临着技术、法律及监管等方面的挑战，但随着各方的共同努力和不断创新，通过建立统一的平台、制定专门的流程和规定、实行多层次优化，区块链仲裁将在数字资产纠纷中发挥越来越重要的作用，为建立公正规范、安全可信的数字经济环境作出积极贡献。

关键词： 区块链仲裁　数字资产　NFT　智能合约

在数字时代，资产的定义正在经历一场革命性的变革，数字资产已经引起越来越多的关注。当数字资产纠纷发生时，传统解决手段显然不能满足新时代的需要，而区块链作为一项正在不断引发各行各业革命的颠覆性技术，其去中心化、透明度和安全性等特点使其成为数字资产领域中备受关注的解决方案之一。

一、数字时代下资产的新形式

计算机代码和算法已经取代了传统合同中许多不可或缺的过程，甚至取代了我们眼中的“资产”。传统上，我们将资产定义为具有经济价值的实物或权益，如房产、股票和货币等。然而，随着区块链技术和加密货币的兴起，资产的概念已经扩展到新的领域。数字时代下，资产不再局限于物质形态，而是涵盖了数字化的形式。从区块链上的加密数字资产到虚拟世界中的虚拟货币和游戏道具，资产正变得更加多样化和抽象化。这些新形式的资产使人们能够以前所未有的方式参与经济活动，并重新定义了

---

* 常艺川，法律硕士（涉外律师），西北政法大学涉外法治研究中心兼职研究人员。研究方向：国际私法、国际数字贸易法。本文系西北政法大学涉外法治研究专项课题“中国—中亚知识产权合作法律问题研究”（编号：SWFZ2023A20）阶段性成果。

传统上对于价值和所有权的理解。数字时代下的资产不仅具有交易和投资的功能，还可以作为身份认证、去中心化治理和实现创新的工具。

（一）加密货币

如今，“加密货币”一词被用来指代所有数字代币，并被国际货币基金组织定义为任何“使用加密技术（一种安全通信技术）来保证安全并独立于中央银行运作的数字货币或虚拟货币”。① 与最初的点对点方法相比，加密货币主要通过线上交易所进行交易。借助交易所的便利化交易，加密货币可以遵循加密货币系统的规则，兑换法定货币或其他类型的加密货币。然而，随着加密货币使用量的不断增大，金融犯罪行为也有机可乘，比如著名的交易所 FTX 因犯罪行为而崩溃。② FTX 等交易所的失败是加密货币纠纷的催化剂，其他犯罪行为如第三方入侵用户账户也屡见不鲜。

（二）非同质化通证（Non-Fungible Token，NFT）

构建于区块链中的非同质化通证（NFT）是一种新颖的数字资产，尽管现有法律难以界定其属性，但由于用途多样，因此 NFT 依然极具价值。同时，控制着 NFT 的智能合约正在改变着交易的方式，即使是简单的电子合同也开始被区块链上的“智能合约”所取代。电子合同实质上仍然是传统合同，只是通过电子设备来进行“签署”。相比之下，智能合约是迈向数字时代的产物，构建在区块链中的智能合约相当于分布在世界各地的区块链节点③上的计算机代码，因此没有编码背景的人无法轻松阅读或者解释原始形式的智能合约。在这种情况下，区块链催生了被称为 NFT 的新型数字资产。NFT 通常存储于区块链上，是一种安全的分布式账本，通过分布在网络多台计算机之间的节点记录交易。④ NFT 通常通过智能合约来运作，这意味着智能合约控制着 NFT 的

① See He Dong，Haksar Vikram，Oura Hiroko，Sedik Tahsin Saadi，Habermeier Karl F，Leckow Ross B，Almeida Yasmin，Kashima Mikari，Kyriakos-Saad Nadim，Stetsenko Natalia，Yepes Concha Verdugo，“Virtual Currencies and Beyond：Initial Considerations”，Staff Discussion Notes，Vol. 16，2016.

② FTX 和 FTX. US 缺乏流动性和资金管理不善，导致美国股市崩盘，伴随着惊慌失措的投资者大量提款，FTT 的价值暴跌，包括以太坊和比特币在内的其他代币也随之下跌，后者在 2022 年 11 月 9 日触及两年低点。其他交易所也受到 FTX 崩溃的影响，包括 BlockFi，该公司于 2022 年 11 月 28 日申请破产。See Dalia Ramirez，“FTX Crash：Timeline，Fallout and What Investors Should Know”，https://www.nerdwallet.com/article/investing/ftx-crash#what-happened-to-ftx，2023-06-30.

③ “节点”是指存在于去中心化数字账本或区块链上的计算机编码算法。See Jakub J. Szczerbowski，“Place of Smart Contracts in Civil Law：A Few Comments on Form and Interpretation”，*Law & Society：Private Law-Contracts eJournal*，2017.

④ 非同质化通证（Non-Fungible Token，NFT）是通过区块链代币化的艺术品、数字内容或视频等资产。令牌（Token）是通过加密功能从元数据创建的唯一识别码。然后，这些代币被存储在区块链上，而资产本身则存储在其他地方，代币和资产之间的联系使它们独一无二。See “Non-Fungible Tokens（NFT）”，https://ethereum.org/en/nft，2023-07-02；Rakesh Sharma，“Non-Fungible Token（NFT）：What It Means and How It Works”，https://www.investopedia.com/non-fungible-tokens-nft-5115211，2025-03-22.

可转让性和所有权。也就是说，虽然智能合约与 NFT 是不相同的，但其通常是 NFT 使用的基础。因此，与 NFT 有关的许多纠纷都可以追溯到控制它们的智能合约。①

尽管 NFT 已经诞生了近十年，但近年来才越来越流行。NFT 与加密货币和可替代币（如 DAI 或 LINK）的不同之处在于，每个单独的 NFT 都是唯一的。此外，当有人创建或铸造 NFT 时，他们会执行存储在添加到区块链的智能合约中的计算机代码。这使 NFT 可以通过使用区块链进行跟踪和保持交易轨迹透明，如以太坊的区块链。虽然智能合约可能会通过计算机代码的复杂性来防止纠纷，但它们引发了更加复杂的冲突。因此，关于 NFT 和智能合约的纠纷是不可避免的，需要采取一定手段来处理这些技术性极强的问题。

二、数字资产纠纷解决途径的比较

由于数字资产的特殊性和对互联网的依赖，越来越多的相关人士都意识到，与数字资产相关的纠纷难以通过诉讼来解决。与之相反，数字资产纠纷则需要能够跨越司法管辖区的高效措施进行应对。

（一）传统仲裁

仲裁是解决数字资产纠纷的一个选择。数字资产纠纷可能存在两种最常见的纠纷类型，即投资者与平台或交易所间的纠纷，以及投资者和数字资产项目之间的纠纷。在这种情况下，双方大都希望可以避免因在法庭诉讼中被列为被告而引起的负面影响，从而引起其他投资者的恐慌，而仲裁是一种保密程序，允许私下解决争议。同时，即使在纠纷发生之前双方没有形成仲裁协议，在争议发生后经过对方同意依然可以进行仲裁，使平台对仲裁更容易接受。

另外，虽然一般情况下仲裁会持续约 18 个月，且在此期间会产生一笔较高的法律费用，但仲裁程序等相对来说较为灵活，具有显著优势。第一，仲裁程序的时间可以根据当事方和仲裁庭认为所涉正确且所必需的步骤与时间进行调整。例如，当事人可以同意加快程序，在 6 个月内解决争端。这种根据问题调整流程的能力是仲裁的一个巨大优势，使用得当可以节省大量的时间和成本。第二，双方可以自由选择具有丰富区块链、加密货币、NFT 和数字资产知识的专家（包括仲裁员和律师），确保争端由具有适当技术专长的个人解决，有助于提高结果的效率、有效性和可预测性。第三，当事人可以自由选择一个拥有可靠的法院和仲裁法的中立司法管辖区作为仲裁所在地，不受双方所在地的限制。

同时，仲裁裁决的执行较为简单，《纽约公约》允许在任何缔约国强制执行任何其

---

① See Robyn Conti, "What Is An NFT?", https://www.forbes.com/advisor/investing/cryptocurrency/nft-non-fungible-token, 2025-03-22.

他缔约国的仲裁裁决，而数字资产使资产追踪变得更为便利。因此，仲裁显然是解决数字资产纠纷的有效途径。[①]

（二）人工智能

人工智能（AI）在大众中的接受度越来越高，数据分析已被广泛应用于多个领域的决策。与此同时，人工智能也对法律系统产生了影响，在协助法官制定保释金，并帮助律师进行法律研究等领域发挥着作用。[②] 人工智能和数据分析可能会通过提供预测分析和快速建议来解决纠纷，为区块链技术下的数字资产纠纷提供公正高效的解决方案。随着时间的推移，以及更多数据的输入，其学习及其产生的算法可能会变得更加智能。

然而，人工智能的应用也可能给法律裁决带来问题，并增大裁决中存在偏见风险的可能性。首先，有证据表明人们更多的只是相信人工智能等生成的统计数据，而不是利用这些数据来帮助自己作出独立判断。因此，目前人类仍然是决策的掌舵者，只是使用分析来提高决策的准确性。当然，也有一些人担心人类可能会过于依赖人工智能或算法的决策，如法官或仲裁员在实际的案件中使用人工智能生成的决策，而不是依靠自己的判断。而当人工智能算法的原始数据出现错误时，情况会变得更加糟糕。

预测分析和人工智能显然有望在未来提供快速、公正的解决方案，包括在数字资产领域。此外，在预测解决纠纷的最佳选择方面，人工智能可能会发挥显著作用，尤其是在简单的低风险和低冲突的情况下。然而，目前人工智能和机器学习还不够先进，无法提供足够准确和可接受的“机器人”解决方案。

（三）区块链仲裁

区块链技术的兴起为仲裁领域带来了一种全新的解决方案，其分布式、去中心化的本质使其在解决纠纷和执行合同方面具有巨大潜力。使用区块链技术进行仲裁允许匿名用户使用数字代币投票决定他们认为谁应该在纠纷中“获胜”。[③] 早在 30 多年前，iCourthouse[④] 在民事案件中就率先提出了在线众包的概念；10 多年前，eBay 印度社区

---

① See Amanda Lees, Suraj Sajnani, “Using arbitration to resolve cryptocurrency disputes, NFT disputes, and other digital asset disputes”, https://pulse.kwm.com/cryptocurrency/using-arbitration-to-resolve-cryptocurrency-disputes-nft-disputes-and-other-digital-asset-disputes/, 2025-03-22.

② See Matt O'Brien and Dake Kang, “AI in the Court: When Algorithms Rule on Jail Time”, https://phys.org/news/2018-01-ai-court-algorithms.html, 2025-03-22.

③ See Yueh-Ping Yang, “The Crowd's Wisdom in Smart Contract Dispute Resolution: Is Crowdsourced Dispute Resolution Arbitration?”, *Contemporary Asia Arbitration Journal*, Vol. 15, No. 2, 2022, p. 175.

④ iCourthouse 是一个在线法院，当事人可以在这里以任何理由随时向陪审团陈述纠纷情况。See Ast F and Deffains B., “When online dispute resolution meets blockchain: The birth of decentralized justice”, *Stanford Journal Blockchain Law & Policy*, Vol. 4, 2020, p. 1.

法院邀请其他 eBay 用户决定应否删除有争议的 eBay 审查[①]，这也是区块链仲裁的雏形。

1. 区块链仲裁的特殊性

由于区块链的去中心化[②]特性，因此它能够消除传统仲裁过程中对于法律和司法体系的依赖，使国际仲裁更加高效和便捷。参与仲裁的各方可以通过区块链平台实现全球范围的合作，不受时间和空间的限制，节省了时间和成本。同时，区块链采用加密算法和分布式节点验证机制，确保交易和记录的不可篡改性与数据完整性。这使仲裁庭能够准确且可信地审查与争议相关的证据和信息，避免数据被篡改或丢失的风险。另外，区块链的公开透明性使所有参与者都可以查看和验证交易记录与仲裁结果。这使争议的解决过程更加透明，增加了各方对于裁决结果的信任度。

2. 区块链仲裁的优势

区块链的分布式账本特性使交易记录无法被篡改，可以提供可靠的证据链，这可以解决纠纷中关于交易数据真实性的争议，确保公正和透明的仲裁结果。在执行方面，区块链平台上的智能合约可自动执行仲裁结果。一旦达成裁决，智能合约即可自动释放相关的数字资产或执行相应的行为，并确保各方按照裁决作出的相应决定行事，减少人为因素对纠纷处理的影响，并提高执行效率，减少传统仲裁过程中的时间和成本。

区块链仲裁具有去中心化、以消费者为中心和低成本高效率等明显优势，在具体的应用中，体现在以下六个方面：第一是简报、笔录和文件管理。区块链系统中的工具可以快速有效地提供记录的摘要和简报，这不仅对法庭有利，也对各方有利。第二是区块链仲裁可以消除中介机构和成本效益，纠纷解决不应当在每个阶段都需要批准和控制的机制，中介机构也不必然需要包括在这一过程中。例如，银行作为法律和金融交易的中介机构，在交易的每个阶段都会产生成本，而且时间密集。第三是自动化的解决机制。基于区块链的争端解决平台将排除口头听证会和仲裁员的决定，并在诉状提交、书面证据提交、与仲裁庭通信等方面实现自动化。第四是对仲裁裁决程序的简化。区块链技术可以帮助法庭准备裁决。这些技术可以确保使仲裁裁决具有合理性和可执行性的所有必要因素都被考虑进来。第五是数据的保密性和安全性。区块链是存储信息最安全的方式。每个区块都将由仲裁平台和诉讼当事人进行认证，不能单方

① 当卖家在易趣网上收到其认为不应该得到的差评时，可以向社区法院提出索赔。在社区法院中，卖家和买家通过在线门户网站提交证据，如照片或解释性文本。21 名易趣网陪审员是从符合资格要求的易趣网用户中随机挑选的。这些陪审员都进行了公正的投票，任何一方获得超过一半的选票都将在纠纷中获得支持。See Colin Rule and Chittu Nagarajan，"Crowdsourcing Dispute Resolution Over Mobile Devices，in Mobile Technologies for Conflict Management：Online Dispute Resolution，Governance，Participation"，*Mobile Technologies for Conflict Management. Law*，*Governance and Technology Series*，Vol. 2，2011，pp. 93-100.

② 去中心化是一种现象或结构，其只能出现在拥有众多用户或众多节点的系统中，每个用户都可连接并影响其他节点。通俗地讲，就是每个人都是中心，每个人都可以连接并影响其他节点，这种扁平化、开源化、平等化的现象或结构，被称为"去中心化"。

面更改或删除数据，只有在得到仲裁平台和诉讼当事方的认证后才能这样做。由于第三方完全不存在于诉讼程序中，因此数据和信息被泄露的可能性微乎其微。智能合约引起的纠纷可以被保密，这将减少各方之间争议暴露的可能性。同样是由于区块链具有去中心化结构，其系统的安全性受到密码学的保护。第六是人为错误的有效消除。交易的可靠性和有效性取决于交易背后算法的准确性。由于每一笔交易都是基于数学模型的算法，因此不受人为影响和干预，也不受人为错误的影响。

三、区块链仲裁的应用现状

数字经济时代下各行业和个人的数字资产规模持续增长，而与之相伴而生的纠纷也日益增多。这些纠纷涉及数字货币交易、智能合约执行、数字版权保护等方面，使用区块链技术进行纠纷解决具有许多优势。目前已经出现一些区块链仲裁平台，它们利用区块链技术为数字资产纠纷提供解决方案。这些平台通过将纠纷相关信息上链，借助智能合约执行仲裁规则，并依托区块链存储的不可篡改特性保障仲裁结果的可信度。它们通常由专业的仲裁机构或行业协会运营，提供公平、高效、经济的纠纷解决服务。与此同时，各个国家和国际组织对区块链仲裁的探索也在不断深入。

（一）基于区块链的仲裁平台

1. Kleros：去中心化的仲裁平台[①]

Kleros 是一个建立在以太坊之上的去中心化应用，作为一个去中心化的第三方来仲裁各种从简单到复杂的合同争议。这一争议解决系统依靠博弈论激励来让陪审员正确地进行决策，以获得快速、经济、可靠和去中心化的最终裁决。[②] Kleros 的目标是建立一个快速、廉价、透明、可靠和去中心化的 ODR 系统。它的建立是基于托马斯·谢林的理论，即在缺乏沟通和信任的情况下，人们会选择“聚焦点”[③] 来达成共识。具体而言，Kleros 通过招募来自世界各地的“陪审员”，这些陪审员通过他们持有的“Pinakion”代币（一种加密货币）数量来表示对解决特定争议的兴趣。陪审员之间不得进行交流，并必须提供证明其投票的依据。投票结束后，获得支持最多的一方胜出。

陪审员可以获得“失败方”的代币，并从争议双方使用 Kleros 平台而支付的仲裁费中获得报酬。Kleros 不断更新和修改其程序以遏制共谋行为，声称通过惩罚“不诚

---

① See Clément Lesaege，Federico Ast，William George，“WhitePaper-Klero”，https://kleros.io/static/whitepaper_en-8bd3a0480b45c39899787e17049ded26.pdf，2025-03-23.

② See Clément Lesaege，Federico Ast，William George，“WhitePaper-Klero”，https://kleros.io/static/whitepaper_en-8bd3a0480b45c39899787e17049ded26.pdf，2025-03-23.

③ 谢林点（Schelling point，又译为薛林点，或称为聚焦点），反映了每个人对期望另一个人做什么的预期，是博弈论中人们在没有沟通、互不信任的情况下的选择倾向，作出这一选择可能因为它看起来自然、特别，或者与选择者有关，各方在这个聚焦点上达到“双赢”的结果。See Thomas Schelling，*The Strategy of Conflict*，Harvard University Press，1960，p. 57.

实”或持不同意见的陪审员来激励陪审员如实投票，且其系统经过大规模研究测试，并在多数案件中取得了不错的效果。[①]

2. Jur：区块链驱动的网络服务[②]

Jur 网站是去中心化的争议纠纷解决基础设施，旨在实现在线互动治理的现代化和革命性变革。它提供了一个建立在区块链之上的新型争议解决平台[③]，试图通过提供在线管辖权来克服传统法院专注于实体管辖权带来的法律挑战。同时，Jur 网站还寻求创建开源通用标准数字合同，以促进区块链平台上的人们更高效地进行在线商业交易。在这方面，Jur 正在开发在线调解、仲裁、裁决、评估、技术验证和专家意见服务，以解决相关争议。

3. Codelegit：智能合约法律图书馆

Codelegit 的目标是弥合区块链技术和法律之间的差距，其提供的智能合约在设计上是合法的，具有解决纠纷的内置功能。同意 Codelegit 认证的智能合约的各方也在相互交易之前就同意使用区块链仲裁协会的仲裁条款进行仲裁。因此，在发生争议的情况下，智能合约的执行暂停，自动激活预定义的（可更新的）人类仲裁员对争议进行裁决，之后 Codelegit 认证的智能合约执行会恢复。该平台还提供了 Codelegit 仲裁证书，与经过认证的、领先国际的律师事务所合作进行技术合规性审计。[④]

4. BACS：区块链仲裁协会

BACS 是一个私法和商业协会，其由加密商业和法律社区的成员合法组成，为企业赋权，解决内部冲突，也即提供一个尊重、促进和从内部解决加密货币问题的法律环境。BACS 在采用区块链和加密货币的法律业务中是先驱者，有第一个专门的仲裁法庭，经过国际公认，其裁决是可以执行的。由于目前的法律还没有跟上技术创新的步伐，因此 BACS 的活动至关重要。传统的法律体系解决了等级制度和中心化组织之间的冲突，但新的区块链技术需要新的解决方式。数字资产已经超越了目前的监管体系。[⑤]

（二）区块链仲裁的探索

目前大多数国家都将加密货币和 NFT 定义为资产，而不是法定货币，各国对数字

---

① See Luis Bergolla, Karen Seif, Can Eken, “Kleros: A Socio-Legal Case Study Of Decentralized Justice & Blockchain Arbitration”, *Ohio State Journal on Dispute Resolution*, Vol. 37, No. 1, 2022, p. 55.

② See Jur, “AI-Powered Legal Research Platform in the Philippines”, https://jur.ph/about, 2025-03-24.

③《Jur 去中心化的争议纠纷解决基础设施》，载币界网，https://www.528btc.com/jingzheng/36067.html，访问日期：2025 年 3 月 24 日。

④ See Codelegit, “Codelegit - Legal Libraries for Smart Contracts”, https://datarella.com/codelegit-legal-libraries-for-smart-contracts/, 2025-03-24.

⑤ See BACS, “An initiative that arises from a group of professionals with international experience in the legal, technological, industrial, and electrical sectors”, https://bacsociety.com/en/about-bacs/, 2025-03-24.

资产的态度基本是禁止或限制，也有许多国家对此还没有明确的规定。然而世界各地的法院都看到了针对加密货币交易所和发行公司的欺诈、洗钱以及产生的所有权争议，因此对数字资产纠纷进行规制迫在眉睫。由于国家内部和国家之间缺乏统一的法律法规，不同司法管辖区的诉讼结果各不相同，因此仲裁成为解决数字资产纠纷的主要途径，与区块链技术结合的仲裁方式也受到欢迎，各个国家正对区块链技术在仲裁中的应用展开探索。其中，美国司法仲裁和调解服务（JAMS）、美国仲裁协会（AAA）以及法国国际商会国际仲裁法院（ICC）等主要仲裁服务提供商已采取措施解决加密货币、智能合约和区块链的纠纷。

1. 欧盟：《数字纠纷解决规则》(Digital Dispute Resolution Rules)

2021 年 4 月 22 日，英国司法管辖权工作组（UKJT）发布了《数字争议解决规则》(以下简称《规则》)。这是一个新的程序框架，旨在促进快速解决与加密资产、加密货币、智能合约、分布式账本技术（DLT）、区块链和金融科技应用等新型数字技术有关的争议。《规则》在方法上大胆创新，旨在促进非正式、成本效益高、专业化和匿名的程序，允许在仲裁过程和裁决执行中使用最新技术。《规则》有许多吸引人之处，但其运用还未经过测试，尚不完善，因此，可能需要一些时间来评估《规则》在实践中的有效性，以及它们能否作为解决此类纠纷的首选程序。[①]

2. 区块链仲裁对中国司法体系的影响

中国目前有三家互联网法院，分别位于杭州、北京、广州，这三家互联网法院已全部使用区块链技术解决争议。尽管中国在区块链技术方面处于世界头部地位，但中国互联网法院对去中心化争议解决持谨慎态度，暂未开放去中心化的仲裁模式，其仅被用于存证。[②]

2018 年 2 月，广州市仲裁委员会推出全国首个“仲裁链”裁决书，该裁决书是基于区块链技术的“区块链+存证”，通过区块链技术参与在线交易，一旦发生争议即可进行网上仲裁。中国海事仲裁委员会亦利用其网上仲裁平台及区块链电子存证技术，为标准化程度较高、交易证据以电子数据形式存储的行业（例如物流、航空、电子商务等领域）提供快捷方便的网上仲裁。[③] 同年，南京市仲裁委员会公示了区块链仲裁平台，该平台深度利用区块链技术，协同存证机构、金融机构、仲裁机构等对电子数据进行存管，实现证据实时保全、电子送达、在线审理与裁决。基于区块链的技术特点，南京市仲裁委员会制定了新的规则，具体提出了将网络仲裁案件审理时效缩减至 30

---

① See Covington Alert，“The Digital Dispute Resolution Rules”，https://www.cov.com/en/news-and-insights/insights/2021/06/the-digital-dispute-resolution-rules，2023-07-02.

② 参见白瑞亮：《基于区块链的去中心化仲裁：跨境电商争议解决的新路径》，载《时代经贸》2021 年第 2 期。

③ 参见顾华宁：《区块链推动仲裁革新》，载《中国对外贸易》2019 年第 4 期。

日，同时网上仲裁案件收费标准也明显低于普通线下案件的收费标准。[①]

四、区块链仲裁应用于数字资产纠纷中的路径优化

（一）区块链仲裁的现有缺陷

区块链仲裁是一个新兴的纠纷解决途径，必然存在一些缺陷，例如无法强制取证、扭曲的陪审员激励机制以及对纠纷复杂性的限制等。[②] 区块链去中心化的特点为仲裁增加便捷性的同时，其功能却相对单一，难以满足当事人的所有需求。同时，区块链仲裁对普通人来说难以理解，因为其使用门槛高。最重要的是，区块链仲裁平台的治理规则不明确，这使其公正性受到质疑。

1. 基于区块链的去中心化仲裁功能相对单一

目前基于区块链的去中心化仲裁功能相对单一，主要集中在纠纷解决和智能合约的执行上。区块链仲裁通过将法律条款和契约规则编码为智能合约，实现自动化的执行和仲裁过程。这种功能确实提供了一种高效和便捷的解决方案，节省了时间和成本。然而，在现实生活中存在各种复杂的纠纷类型和情境，仅仅依靠智能合约的机械执行无法完全满足所有需求。当前的区块链仲裁系统在用户参与和决策方面的功能也较为单一。虽然这些系统追求去中心化的理念，但实际上仍存在权威中心或审判机构的介入。用户在纠纷解决过程中的发言权和决策权受到限制，无法真正实现平等和民主。

2. 缺乏综合性和灵活性

区块链仲裁通常只关注特定领域或特定类型的纠纷，这就导致广泛的纠纷类型和跨行业的纠纷无法得到有效解决。同时，当前的区块链仲裁系统缺乏与传统法律制度的衔接，尤其在证据收集、法律权益保护和执行力度方面存在较大差距。

3. 区块链仲裁平台的治理规则不明确

通常情况下，区块链仲裁平台所使用的规则是自己拟定的，没有一致的版本，且更新速度过快。用户在这一层面缺乏共识，任何版本的规则都会有人反对，导致社区治理极其混乱。同时，这些平台和自治组织的日常运作以及仲裁员的选举流程等不对用户公开，很多用户不知道仲裁机构的存在以及仲裁员的权力边界。[③] 这些平台通过将其嵌入加密货币投机经济中，产生了有关其对民事纠纷解决实践的潜在问题。这表面上导致了建立在金融收购原则基础上的法律基础设施将陪审员定位为寻求从纠纷中获

---

① 参见张林熙：《区块链技术在仲裁中的运用困境及克服》，载《网络安全技术与应用》2022 年第 12 期。

② See Michael Buchwald, "Smart Contract Dispute Resolution: The Inescapable Flaws of Blockchain-Based Arbitration", *University of Pennsylvania Law Review*, Vol. 168, 2020, p. 1369.

③ 参见莫然、张东妮：《元宇宙纠纷解决机制的构建与发展》，载《学术探索》2023 年第 4 期。

利的经济主体，而法院则仅仅是认证和确保证据与判决分配的计算系统。①

（二）区块链仲裁的优化路径

1. 建立统一的区块链争议解决仲裁平台

在当前的区块链生态系统中，存在着各种不同的区块链仲裁网络和解决方案，使跨链互操作性和数据交换变得复杂而困难。为解决这一问题，建立一个统一的区块链争议解决仲裁平台显得尤为重要。由于区块链的去中心化性质，因此其与法院间的管辖权分配问题难以调和②，反映到互联网上，即如果当事双方对仲裁平台的选择不同，则多个区块链仲裁平台间在解决数字资产纠纷时也会遇到管辖冲突。

首先，建立统一的区块链争议解决平台有助于增强跨链互操作性。目前，不同的区块链网络使用不同的协议和算法，这使网络之间的互操作变得困难。建立统一的平台将提供标准化的接口和协议，使不同的区块链网络能够无缝交换数据和跨链运行。这将极大地促进区块链应用的整合与互联，推动区块链技术的跨领域应用和全球化发展。其次，区块链解决方案统一平台的建立将有助于提高安全性和可靠性。目前，区块链解决方案的多样性和分散性，导致安全和信任层面面临着一些挑战。建立统一的解决方案平台可以减少不必要的漏洞，提供更强大的安全机制。同时，统一的识别和溯源系统可以确保交易数据的真实性与可靠性，为用户提供更加安全可靠的区块链服务。目前，多个区块链网络的存在意味着不同行业和部门必须分别构建与维护自己的区块链解决方案，从而造成成本高昂和资源浪费。通过创建统一的平台，可以共享基础设施和资源，降低开发和运营成本。同时，由于采用了标准化接口和协议的采用，提高了工作效率，减少了重复劳动，区块链应用的部署和开发得以快速、经济、高效的实现。

2. 制定实施适用于区块链仲裁的流程和规定

数字资产纠纷中的当事双方都越来越倾向于将仲裁作为纠纷解决方案，尤其是区块链仲裁，但目前几乎没有专门适用于区块链仲裁的流程和规定。③ 为了更好地规范数字资产交易所的用户协议，应当为可执行的仲裁协议制定一个适当的标准，让仲裁在适应技术发展的同时，加快技术转型以满足当前数字化的需求。④

---

① See Matthew Dylag and Harrison Smith, "From Cryptocurrencies to Cryptocourts: Blockchain and the Financialization of Dispute Resolution Platforms", *Information, Communication & Society*, Vol. 26, 2023, p. 372.

② See Pietro Ortolani, "The Impact of Blockchain Technologies and Smart Contracts on Dispute Resolution: Arbitration and Court Litigation at the Crossroads", *Uniform Law Review*, Vol. 24, No. 2, 2019, p. 430.

③ See Daniel Keinan, "Ensuring Proper Enforcement of Cryptocurrency Arbitration Clauses: A Call for Supreme Court Intervention", *Student Works from Seton Hall University*, 2023.

④ See Ridwan Arifin et al., "Protecting the Consumer Rights in the Digital Economic Era: Future Challenges in Indonesia", *Jambura Law Review*, Vol. 3, 2021, p. 135.

区块链仲裁流程应该包含五个关键步骤：第一，纠纷登记与申请：当发生数字资产纠纷时，当事人可以向区块链仲裁机构提出纠纷登记与申请。申请材料应包括涉及的数字资产信息、相关交易记录、证据材料等。第二，仲裁调查与取证：区块链仲裁机构将开展调查和取证工作，收集各方提供的相关数据和证据。在此过程中，可运用区块链技术进行数据追溯和验证，确保数据的真实性和完整性。第三，口头和书面陈述：双方当事人有权进行口头和书面陈述，说明其主张和意见。这有助于促进双方透明沟通，厘清纠纷核心问题。第四，仲裁庭裁决：由专业的仲裁庭根据法律法规和相关约定进行评议，对纠纷进行公正、独立的判断，并作出仲裁庭裁决。第五，仲裁结果执行：各方应依法履行仲裁庭的裁决结果。区块链技术的应用可以推动智能合约的执行，确保裁决结果得到及时有效的执行。

而在制定适用于区块链仲裁的规定时，必须注意法律的合规性，不能与国家法律法规产生冲突，以明确应适用的法律法规，从而在仲裁过程中依法作出公正判决。同时，必须确保仲裁程序的透明度和公正性，使所有相关方都能在一个公开、公正的环境中解决争议，还应设立专门的技术咨询团队，提供有关区块链技术和数字资产特性方面的专业意见。

3. 区块链仲裁的多层次优化

在采取上述两项关键措施之外，还可以通过完善区块链技术，提高其性能、扩展性和安全性，进一步保护数据隐私和个人权益。同时，与传统仲裁机构合作制定法规标准，以加强信任和互操作性、增强其合法性和可行性；并促进跨领域、跨国界的合作，共享经验和最佳实践，深化理解和认同。从推动区块链仲裁外部影响力的视角来看，需要加强公众教育，推广区块链技术和仲裁知识，促进社会接受和应用；制定适应时代需求的监管政策，为区块链仲裁提供支持和引导，避免过度监管。在此基础上，区块链仲裁必然能够成为解决数字资产纠纷的有效工具，从而进一步推动建立公正高效的纠纷解决机制。

结　语

数字资产发展迅猛，已经吸引了各方的关注和投资，投资失败或者欺诈等消极效果是不可避免的，相关的纠纷甚至会频繁出现。解决数字资产纠纷，传统手段显然不是最好的选择，仅从管辖权和高度数字化的问题就能看出，传统的司法途径不适合这一新鲜事物。而区块链仲裁为解决数字资产纠纷提供了更高效便捷的方法。尽管现有区块链仲裁平台仍存在一些缺陷，但仍然具有巨大的潜力，随着持续创新和技术发展，可以预见，区块链将成为一个更加高效、透明和安全的仲裁工具，进而推动建立公正高效的纠纷解决机制。

国际税收正义的探索与挑战

——数字经济时代的治理与“双支柱”方案批判

刘一岑*

摘　要： 国际税收正义是国际正义向税收领域自然延伸的结果，国际税收正义价值的实现是国际税收治理的终极目标。但在国际税收的百年发展进程中，缺乏对税收正义价值的充分探讨，税收主权与税收霸权掣肘税收正义价值的实现。数字经济时代，国际税收多边治理变革为国际税收正义价值阐释带来了新的契机。从规则制定的视域来看，国际税收正义价值应当包含合理性、正当性、公平性三种面向。另外，经合组织“双支柱”方案也难以充分彰显税收的正义价值。

关键词： 正义价值　国际税收　数字服务税　双支柱

一、问题的提出

近年来，随着数字经济的高速发展及数字经济市场的繁荣，数字服务税（digital services tax）的征收成为国际税收治理领域的最新焦点，引发了国家间关于新一轮征税权划分、税收利益争夺的博弈。其间，不少国家均推出了基于本国利益的单边数字服务税方案，引发了美国这一拥有众多世界头部数字服务供应企业国家的强烈反对。联合国为应对这一挑战，也于 2021 年 4 月通过了最新版本的《关于发达国家与发展中国

---

* 刘一岑，澳门科技大学法学院经济法学博士研究生。研究方向：国际数字法治与国际税收治理。本文系西北政法大学涉外法治研究专项课题“中国—中亚旅游服务贸易法治发展研究”（编号：SWFZ2023A17）阶段性成果。

家间避免双重征税的协定范本》[①]（以下简称联合国范本），增加了专门应对数字服务发展的“12B 条款”。而经济合作与发展组织（OECD）于 2021 年 10 月 8 日通过了《关于应对经济数字化税收挑战双支柱方案的声明》[②]，以具有强制力的多边协定方式设计了一套全新的数字税收方案，引发了国际税收治理体系的全面变革。然而，制度的设计与实施归属于两个不同的路径，在经济合作与发展组织竭力推进“双支柱”方案落地的过程中，各界对其质疑的声音越发强烈。这一现象，一方面源于“双支柱”方案自身明显的政治协商性[③]，另一方面是国际经济全球化背景下分配正义诉求不断扩展并对国际税收领域产生影响的结果。

事实上，长期以来，国际税收并非为国际分配正义理论相关学者所重点关注。国际税收作为实践性极强的领域，学界对其研究的重点通常集中于“以技术方案来解决面临税收管辖权冲突或国际逃、避税等现实问题”。并且其体系的构成，很大程度上依赖于数量庞大的双边税收协定；双边税收协定是两个主权国家之间依据本国实际和从本国利益出发磋商制定的，且通常要与国内法的规定相一致[④]，其难以直接纳入国际分配正义的研究范畴内。而“双支柱”方案使这种情况发生巨大改变。其由经济合作与发展组织主导推动，国家主权这一要素的影响在此情况下得到削弱；同时，“双支柱”方案试图构建世界范围内的多边税收协定，税收利益的重新划分、南北利益博弈成为其中的重点内容，加之该方案设计本身的重重问题，其毫无疑问为国际分配正义理论适用于国际税收领域克服了诸多困难，使透过国际税收技术方案本身审视其背后的分配正义问题成为可能。因此，本文试图将“双支柱”方案置于国际分配正义视角之下重新审视，探寻其在技术方案设计背后所蕴含的经济利益划分问题，以期能够为未来国际数字税收体系的发展与完善提供参考。

二、多边治理背景下国际税收正义价值的逻辑起点

（一）正义价值的基础理论渊源

从古至今，正义一直是人类所不懈追求的永恒价值，但正义又如 E. 博登海默所描

---

① See UN，“United Nations Model Double Taxation Convention Between Developed And Developing Countries 2021”，https://financing.desa.un.org/document/un-model-double-taxation-convention-between-developed-and-developing-countries-2021，2023-11-10.

② See OECD，“Statement on a Two-Pillar Solution to Address the Tax Challenges Arising from the Digitalisation of the Economy-8 October 2021”，https://www.oecd.org/tax/beps/statement-on-a-two-pillar-solution-to-address-the-tax-challenges-arising-from-the-digitalisation-of-the-economy-october-2021.htm，2023-11-10.

③ See Assaf Harpaz，“International Tax Reform：Who Gets a Seat at the Table?”，*University of Pennsylvania Journal of International Law*，Vol. 44，No. 4，2023，pp. 1024-1031.

④ 参见崔晓静：《全球税收治理中的软法治理》，载《中外法学》2015 年第 5 期。

述的那样，“有着一张普洛透斯样的脸庞，其随时拥有不同的面貌，变化无常”[①]，正义价值具有显著的多样性特征，不同的学者乃至一般人对正义有着不同的看法。柏拉图认为，正义就是个人在其国家之中担任最适合其天性的职务[②]，而当正义价值应用至物质经济领域的范畴时，就会产生“分配正义”（Distributive Justice）的概念。按照亚里士多德对于正义价值的阐释，正义应涵盖普遍的正义以及特殊的正义，而分配正义正是特殊正义的一种，即“为处于政治共同体之间的生活成员们分配荣誉、物质等事项”的公正。[③] 而这种分配正义价值观念延续至今，其指的是社会资源尤其是各类稀缺资源在社会个体之间的公平分配。在税收领域，这种分配正义理论的适用意指通过建立相应的税收制度来消弭社会间的不公平与差异。[④]

而随着世界的广泛联通，正义价值已不再局限于个体层面而扩展至国际层面，并且对国际经济领域产生影响。从国际正义理论的产生来看，其起源过程大致是将适用于国内的正义理论扩展适用至国际层面。罗尔斯在其《正义论》中提出了正义的二分原则，即自由原则，以及机会平等原则和差别原则，但其在《万民法》中又主张该二分原则仅能适用于自由社会之内部，并且其忽略了经济因素对一个国家产生的影响。[⑤] 也就是说，一些国家不发达的根本原因在于其内部的制度问题，与其本身资源的富裕程度以及国际社会的制度构造不具有显著的关联性。而以查尔斯·贝兹和托马斯·博格为代表的世界主义者并不赞同罗尔斯的观点，他们认为这种正义原则应当是全球性的。[⑥] 从他们的视角来看，国内因素并非决定一个国家经济发展或赤贫程度的唯一因素，整个世界范围存在着极其广泛的不平等现象。而导致这种不平等现象出现的原因，是国际社会制度本身的构造存在问题，因此想要消解世界范围内的绝对贫困与贫富差距，就应当从国际社会整体的结构设计入手。这种观点意味着，国际正义价值的普遍实现需要一种国际上的强制力，对国家施以额外的义务从而实现这一目标，这种义务要求一个国家通过放弃部分自身利益以促进整体目标的实现。但事实上，这一过程几乎不可能实现，因为当前并不存在一个“世界政府”能够对一个国家从外部施以强制力。正如托马斯·内格尔所言，“国家框架之外，尤其是在缺乏强制力的情况下，正义不会带来额外分配义务，一般的经济依赖并不会提高正义的标准，并且国际

---

① ［美］E. 博登海默：《法理学：法律哲学与法律方法》，邓正来译，中国政法大学出版社 2004 年版，第 261 页。

② ［古希腊］柏拉图：《理想国》，郭斌和、张竹明译，商务印书馆 1986 年版，第 156 页。

③ ［美］约翰·E. 罗默：《分配正义论》，张晋华、吴萍译，社会科学文献出版社 2017 年版，第 1 页。

④ 张琦：《前古典经济学公平观的演变——从财产正义到税收正义》，载《政治经济学评论》2020 年第 6 期。

⑤ See John Rawls, *The Law of Peoples*, Cambridge Massachusetts: Harvard University Press, 2001, pp. 113-119, 117-120.

⑥ See Tsilly Dagan, "International tax and global justice", *Theoretical Inquiries in Law*, Vol. 18, No. 1, 2017, pp. 1-35.

上只有一般的人道主义义务才会产生强制力”。[①] 如果将上述世界主义者的正义观点扩展至国际税收领域，那么在此基础上所形成的国际税收正义价值目标则是“通过对国际税收相关制度设计完善从而消弭世界范围内的绝对贫困与贫富差距”，这对现阶段国际税收领域的发展情况而言，几乎是一个难以实现的目标；并且，当前国际税收发展的一个重要现实是税收正义问题从未被作为一项中心议题进行探讨。

（二）相较技术方案设计，国际税收为何对正义价值缺乏充分讨论？

事实上，国际税收领域在百年发展、演变过程中对于正义价值问题的探讨从未像对于设计纷繁复杂的国际税收方案那样引人注目，国际正义理论也未能在国际税收领域得到有效扩展。究其原因，笔者认为主要有以下三个方面。

第一，国际税收的起源目标决定了其长期的完善与发展将以技术方案的构建和设计展开。国际税法是伴随着发达的资本输出国为调整彼此间跨国纳税人的税收利益、解决双重征税等问题而产生与发展的。[②] 在第一次世界大战之后，跨国间资本的输入与输出规模的不断扩大导致国家间税收矛盾不断加深。而在第二次世界大战之后，跨国公司数量的迅速扩大致使资本跨国流动的规模进一步扩大，国际税收关系变得越来越复杂。因此，相应的发达国家间开始通过税收协定的方式对国家间的税收矛盾进行消解，并逐步形成国际税收体系的基本原则和规则。时至今日，这种规则制定权实质上仍被发达国家所掌控，对欠发达国家来说，其自身发展受到了发达国家强加给他们的不公正的国际税收制度的严重阻碍。[③] 而对发达国家来说，国际税收制度依旧是其实现自身经济利益的重要工具，国际税收正义问题则实质上被排除在外。

第二，国家主权这一税收领域无法回避的要素阻碍了国际正义理论在国际税收领域的扩展。除国内的最高征税权外，税收主权主要指一国在国际税收领域决定其实行何种涉外税收制度以及如何实行这些制度方面所享有的不受任何其他国家和组织干涉的完全自主权。[④] 国家主权在全球税收治理体系下并不会成为牺牲品，相反，这一过程正是国家利益的体现，国家在此过程中将持续发挥作用。[⑤] 基于前述关于国际正义的讨论，罗尔斯认为，突破了国家边界的全球正义并不可取，实质就是将主权问题纳入其考量之中；从税收主权的视角来看，正义价值普遍适用至国际税收范畴需要一种来自国家外部的、高于国家主权的强制力，而当前这种强制力并不存在。因此，税收主权

① See Nagel Thomas, “The Problem of Global Justice”, *Philosophy & Public Affairs*, Vol. 33, No. 2, 2005, pp. 113-147.

② 刘剑文主编：《国际税法学》，北京大学出版社 2020 年版，第 21—22 页。

③ See Gillian Brock and Thomas Pogge, “Global Tax Justice and Global Justice”, *Moral Philosophy and Politics*, Vol. 1, No. 1, 2014, pp. 1-15.

④ 刘剑文主编：《国际税法学》，北京大学出版社 2020 年版，第 28 页。

⑤ See Insop Pak, “International Finance and State Sovereignty: Global Governance in the International Tax Regime”, *Annual Survey of International & Comparative Law*, Vol. 10, No. 1, 2004, pp. 165-206.

的存在，使国际税收似乎成为国际正义理论探讨的“禁忌领域”。

第三，国际税收领域长期存在税收霸权主义，从而导致相关的正义价值被掩盖与忽视。国际税收领域的发展伴随着资本及跨国公司的繁荣，因此，相应规则的制定权长期以来被发达国家的技术官员们所掌握。各国家在目前的税收框架下并不能平等地获取税收利益，发达国家往往通过自身强大的经济影响力向发展中国家施以压力，并优先维护自身的税收利益。[①] 在国际税收领域体系的长期发展演变过程中，发展中国家虽积极参与规则制定过程以提升自身话语权，但碍于在专业能力方面的劣势，仍难以形成与发达国家对等的地位。[②] 尤其是在双边税收协定框架下，发达国家凭借其资本输出国的地位以及更为完善的国内税收体系，拥有绝对的话语权，发展中国家为获取其他经济机会，有时不得不放弃相应的税收利益。正义价值在国际税收领域的扩展受到了这种广泛存在的税收霸权主义的严重掣肘。

（三）多边治理变革为何成为国际税收正义价值扩展的契机?

在不同的历史时期或者经济背景之下，国际税收有着不同的治理模式。从 20 世纪 70 年代开始，双边税收协定因能够有效消解国家间税收矛盾、解决双重征税等复杂税收问题而成为重要的国际税收协调工具[③]，正因如此，国际税收领域逐步形成了以税收协定为主体的双边治理体系。在这之后，虽然国际税收舞台上也产生了多边税收协定，但其作用与数量庞大且发展成熟的双边协定相比相形见绌。进入 21 世纪以来，数字经济的蓬勃发展对国际税收产生巨大的影响，各国面临越来越严重的税基侵蚀与利润转移问题。2013 年，OECD 正式开启了 BEPS（Base Erosion and Profit Shifting）计划，在 BEPS 框架下，OECD 成员国与非成员国、发达国家与发展中国家能够共同参与规则的讨论与制定过程，各类税收相关国际组织同样能够参与磋商，一个主体具有多样性的国际税收多边治理新格局逐渐形成。因此有学者指出，“BEPS 计划开启了百年国际税收规则的重塑，是国际税收治理的重要分水岭”。[④]

与以双边税收协定为核心的治理模式相比，国际税收多边治理模式具有以下特征：首先，在多边治理模式下，参与主体呈现多元化，各主体间的利益需求也多元化，受制于原有体系无法发出的关于公正划分税收利益的诉求得以充分体现，各主体尤其是发展中国家对于税收正义的呼声日益高涨。在此情况下，国际税收治理正经历从纯粹的技术方案设计向政治博弈与规则设计共存的转变，纯粹依靠“技术理性”已经不再

---

① See Rifat Azam，“Ruling the World：Generating International Tax Norms in the Era of Globalization and BEPS”，*Suffolk University Law Review*，Vol. 50，No. 4，2017，pp. 518–586.

② 参见洪菡珑：《全球税收治理架构的现状、问题与启示》，载《税务与经济》2022 年第 2 期。

③ 这一时期广为人知的 OECD 范本与联合国范本相继诞生，极大地推动了双边治理模式走向成熟。

④ 参见罗秦：《国际税收治理从双边到多边的演进：新格局、新挑战及新趋势》，载《国际税收》2021 年第 1 期。

能维持国际税收体系向前的改革与发展。在多边治理体系下，长期掌握国际税收规则制定权的发达国家不得不对“税收正义”的诉求从各方面作出回应。其次，在多边治理模式下，税收主权这一因素的支配力减弱。在经济全球化、数字化背景下，国家领土边界变得模糊，国家事实上的主权权力从法律上来看变得更少，税收权力即如此。① 在国际税收舞台之上，牵头发起多边协调框架的国际组织发挥的作用越来越大，从某种程度上来看，其具备了一定“世界政府”的形式。各国在面对新国际税收规则提出的一系列解决方案时，适当地让渡国家税收主权是形成有效的国际税收合作的必要条件。② 这种税收主权影响力的消解为国际正义理论的扩展提供了相当的空间。最后，主导税收规则制定的发达国家在多边治理模式下难以再将符合其自身利益方案强加给发展中国家，霸权治理的衰落与合作治理的兴起成为主要基调。③ 多边治理体系下的核心目标是各方主体通过谈判、合作寻求一个能够充分平衡各方利益，尤其是发达国家与发展中国家之间利益的方案。发达国家需要对发展中国家采取一种“缓和的交流态度”从而解决自身面临的需要通过国际途径消除的税收问题。④ 发达国家依靠自身经济实力所形成的税收霸权地位和影响力被完全消解。

三、多边治理背景下国际税收正义价值的构成

国际税收正义价值的终极形式以利用国际税收制度消除国家间的经济差距为目标，国际税收正义价值的实现需要以国际税收规则的设计为载体。基于这一视角，笔者拟通过将国际税收正义价值融入国际税收规则的设计之中来对其内涵进行阐释。在此指引下，基于正义价值的多层次特征，笔者认为，其应当包括三个方面，即合理性、正当性以及公平性。

（一）合理性——国际税收内在规律的表达

从税收作为一种独立的经济学调控工具来看，其具有自身特殊的范式及逻辑。因此国际税收体系发展至今，国际税收正义价值第一层次的属性，即相应规则的设计应当符合税收发展的内在规律，使其具有形式的合理性，并能够发挥解决国际税收矛盾及问题的作用。虽然国际税收治理已经迈入政治博弈时代，但国际税收专业性极强，仍需要“技术理性”来维持其前进与发展。例如，经济忠诚理论在过去充斥着技术理

① See Andrew P Morriss and Lotta Moberg, “Cartelizing Taxes: Understanding the OECD's Campaign against ‘Harmful Tax Competition’”, *Columbia Journal of Tax Law*, Vol. 4, No. 1, 2013, pp. 1-64.

② 温哲：《新国际税收规则下的国家税收主权弱化问题研究》，载《山西财政税务专科学校学报》2022 年第 5 期。

③ 张贵洪、杨理伟：《从霸权治理到合作治理：百年变局下全球治理体系变革的进程与方向》，载《当代世界与社会主义》2022 年第 4 期。

④ See Cees Peters, *On the legitimacy of international tax law*, Amsterdam: IBFD, 2014, p. 25.

性，在由技术官僚把控的国际税收治理体系中被视作国际税收管辖权最根本的理论。在经济忠诚理论之下，四大核心要素决定了纳税人与税收管辖区之间的联结度，即纳税人财富的来源地、财富的所在地、纳税人法律上的住所以及纳税人的实际居住地。由于财富来源以及纳税人法律上或实际存在的税收管辖区对于经济联结度的影响最为广泛，因此，国际税收规则以此为基础形成了居民所得税收管辖权（属人性质的税收管辖权）以及来源地税收管辖权（属地性质的税收管辖权）两种最为根本的划分方式，国际税收管辖权的划分长期围绕其展开。正是这种来源于经济学的基础理论构成了国际税收规则存在的合理性基础。

合理性在事实上构成了税收正义价值实现的前提基础。其关键在于，只有当规则设计符合相应的经济学原理之后，其方才具有在整个经济框架内被运用的可能性，进而发挥调控整个国际税收关系的作用。因此，其构成国际税收正义价值的第一个层次。

（二）正当性——国际税收规则的规范构建

托马斯·弗兰克将国际法的公平分为程序性的公平与实体性的公平，更准确地说是作为程序公平的正当性（legitimacy as process fairness）与作为道德公平的分配正义（distributive justice as moral fairness）。[①] 程序公平强调所有利益相关者在规则制定过程中的平等参与，而分配正义则侧重成果和收益的公平分配。在国际税收领域的发展过程中，规则制定权长期被发达国家所垄断，导致发展中国家在国际税收规则决策中的话语权不足，这一问题长期以来备受国际社会诟病。有学者指出，长期以来形成的税收帝国主义严重阻碍税收正义的实现，发达国家利用其先天的优势地位将有利于自身的税收规则转变为相应的国际税收基本原则。[②] 这表现为发达国家不成比例地干预税收规则的制定。例如，在利润分配规则方面，发达国家倾向于支持基于来源地管辖的规则，而发展中国家则主张基于居民地管辖的规则。造成这种情况的原因，就是长期以来发展中国家难以参与国际税收规则决策的核心过程，国际税收规则的正当性存在严重缺陷。近年来，一些国际组织，例如经合组织，已经采取措施提高发展中国家在国际税收规则制定中的参与度。例如，经合组织在其“BEPS 包容性框架”中邀请所有成员国和非成员国参与制定应对数字经济挑战的国际税收规则，但是类似努力所能产生的影响依然有限。

基于这一现实状况，从规则规范构建的一般角度来看，正当性通常指各主体间能够以平等地位参与规则构建的过程中，也即发展中国家与发达国家在国际税收规则构建过程中具有同等话语权，其实质也是规则制定的“程序正义”问题。全球正义的实

---

① See Thomas M. Franck, *Fairness in International Law and Institutions*, Oxford: Oxford University Press, 1995, p.7.

② See Sergio André Rocha and Allison Christians, *Tax Sovereignty in the BEPS Era*, Philadelphia: Kluwer Law and Taxation Publishers, 2017, p.26.

现可以通过践行世界民主来实现[①]，程序正义需要得到承诺。同时，在没有合法权力的情形下，非国家行为者不能制定国际法规范。[②] 由于国际税收规则的技术性需求，多边治理背景下方案的筹划需要有一个具有专业性背景的组织牵头，因此，该类似组织能否广泛代表各个国家尤其是发展中国家的利益，也是应当予以考虑的问题。然而，一些批评人士指出，这些组织的成员国主要由发达国家组成，从而可能会导致规则制定过程中发展中国家利益的代表性不足。为了保证这些组织的正当性，必须确保它们真正代表所有国家，尤其是发展中国家的利益。这需要建立包容性参与、透明度和问责制机制。因此，正当性的涵摄范围还应当包括主体正当性的问题，规则制定机构本身的正当性问题凸显。

（三）公平性——国家税收利益的公正分配

税收公平可以从经济、哲学、政治等众多视角进行阐释，国际领域的税收公平是政治正义的重要体现。[③] 国际税收的正义任务是以横向方式实现征税权的公平分配，从而确保国家间税基分配的公平。[④] 如果将其范围进一步限缩，则笔者认为，这种政治正义下的税收公平在多边治理背景下指的就是发展中国家的税收利益与发达国家一样同等、公平地实现。在国际税法领域，税收公平一直作为一项重要的基本原则存在。国际税收公平原则（principle of tax equity）包括国际税收分配公平以及纳税人税负公平两个方面。[⑤] 国际税收分配公平是指主权国家在其税收管辖权相互独立的基础上公平地参与国际税收利益的分配，使有关国家从对跨国所得等征税对象的课税中获得合理的份额。[⑥] 纳税人税负公平则关注个体或企业间的公平负担，避免出现税负转嫁或不公平竞争的情况。从内涵上来看，二者追求的目标相同。但从实践发展的视角来看，国际税收公平原则事实上更偏重于“形式公平”，或者说是本文所提到的合理性。其原因在于，首先，国际税收长期依赖于双边税收协定，两个国家之间关于税收利益以及税收权利义务的分配公平难以具体界定或衡量，而规则的“技术理性”是显而易见的；其次，国际税收规则制定权长期被发达国家掌控，所谓的国际税收分配公平不可能实现。这种“形式公平”导致了国际税收利益分配的不平等现象，发展中国家往往处于不利地位。例如，由于缺乏有效的税收情报交换和跨国避税监管机制，因此发展中国家难

---

① 参见高景柱：《全球正义何以可能？——以全球治理为切入点》，载《国外理论动态》2019 年第 8 期。

② See Steven Wheatley, “A Democratic Rule of International Law”, *European Journal of International Law*, Vol. 22, No. 2, 2011, pp. 525-548.

③ See Irene Burgers and Irma Johanna Mosquera Valderrama, “Fairness: A Dire International Tax Standard with No Meaning?”, *Intertax*, Vol. 45, No. 12, 2017, pp. 767-783.

④ 参见王丽华：《论数字经济背景下的全球税收正义及中国应对》，载《上海财经大学学报》2024 年第 1 期。

⑤ 刘剑文主编：《国际税法学》，北京大学出版社 2020 年版，第 31 页。

⑥ 刘剑文主编：《国际税法学》，北京大学出版社 2020 年版，第 31 页。

以对跨国公司的避税行为进行有效打击，导致大量税源流失。此外，发达国家主导的国际税收规则往往更倾向于保护其自身利益，如通过转让定价等手段将利润转移至低税率国家，从而减少其在发展中国家的纳税义务。

四、正义价值视角下对于“双支柱”方案的考量

（一）双支柱方案：变革还是妥协?

2021年10月经济发展与合作组织发布“双支柱”方案蓝图后引发激烈讨论，这一多边方案似乎要引发数字时代国际税收领域的惊天变革。然而事实却是，方案的落地实施一再延缓，其背后所蕴含的利益博弈真相逐渐被公众所知悉，对其质疑的声音越来越明显。事实上，为解决数字时代税基流失的问题，部分国家早已开征或计划开征数字服务税。但由于美国国内数字经济规模巨大，拥有一众跨国数字企业巨头，数字服务税的开征势必对其经济利益产生负面影响，因此，美国对其高度敏感。在法国、英国等国家开征或拟开征数字服务税之后，美国曾以发起“301”调查的方式予以激烈回应，引发发达经济体间就数字税收利益的激烈争夺。而“双支柱”方案似乎正是国际社会为了安抚美国防止其发起新一波贸易战所进行的政治妥协。[①] 在欧美博弈的影响下，支柱一税收方案整体仍处于初级阶段，其实施和实践的时间表尚不明确。支柱一逐渐偏离了最初针对数字服务领域征税的初衷，而是开始对符合收入门槛的大型跨国企业征税，并排除了利润丰厚的金融服务业、采掘业等行业。[②] 这一现实引发了关于公平性和有效性的争议，也使方案的实施更加困难。各国在数字经济发展程度、跨国企业分布等方面存在明显差异，导致其在“双支柱”方案上的利益诉求不尽相同。发达国家普遍希望通过方案增加对跨国数字企业的征税，而发展中国家则更关注如何保护本国税基、吸引外资。

（二）技术堆叠可以带来税收正义吗?

由于国际税收规则需要适配数字经济的快速发展，因此，新的技术方案的设计开始在原有的理论与蓝图上进一步堆叠，从而使“双支柱”方案变得空前复杂。过于复杂的方案设计对征管能力欠缺的发展中国家来说是否真的能为他们带来可观的税收利益?[③] 事实上，就双支柱方案可能带来的税收利益而言，无论是发达国家还是发展中国家均是未知数。但从发展中国家的角度来看，技术方面的复杂程度令人望而生畏、应

---

① See Cui，Wei，“New Puzzles in International Tax Agreements”，*Tax Law Review*，Vol.75，No.2，2021，pp.201-269.

② 参见朱青、白雪苑：《OECD“双支柱”国际税改方案：落地与应对》，载《国际税收》2023年第7期。

③ See Willem VanderMeulen，“OECD Two-Pillar GloBE Rules：Is It Time to Abandon Hope for International Cooperation on a Global Minimum Corporate Income Tax?”，*Emory International Law Review*，Vol.38，No.1，2024，pp.233-261.

接不暇，且各项规则难以理解。[①] 发展中国家无论是从税收法律体系的完善程度还是税收征管能力上来看，都同发达国家雄厚的技术积累存在一定差距。

在这之外，对于 OECD 作为主导国际税收协调的领导地位的质疑声依旧不断。BEPS 项目对其他主体（尤其是发展中国家）的利益考虑甚少，多边框架一旦受到偶然因素的影响，可能会导致牺牲部分国家的利益来实现所谓的“全球税收治理”。OECD 作为广为人知的“富国俱乐部”，其成员国的局限性一直存在。由 OECD 主导国际税收多边治理改革进程在形式上虽然赋予了发展中国家更多话语权，但其核心决策过程依然被发达国家操纵。[②]

（三）全球最低税：新的税收霸权主义?

国际税收多边治理为全球税收正义的实现带来新的曙光，但从事实上来看，美国凭借其绝对的影响力似乎依然可以随意干预国际税收的决策进程，“双支柱”方案的实际进程揭示了美国等发达国家在国际税收领域的主导地位和潜在的霸权主义倾向。从“双支柱”方案的进展来看，支柱二方案相较支柱一方案进展如此之快，实质便是美国利益集团于其背后的推动，英、法等国虽与美国在数字服务税征收方面存在较大分歧，但在支柱二方案下可以得到搁置。因此其迅速与美国绑定推进支柱二方案的实施，以方便攫取新的税收利益。与此形成鲜明对比的是，支柱一即调整跨国企业利润分配规则，因涉及对美国科技巨头的征税而进展缓慢。这种差异化的推进速度凸显了美国在国际税收谈判中的强势地位，也暗示了全球最低税可能成为美国新的税收霸权工具。由此欧美发达国家试图将全球最低税制度强加给中小发展中国家的决心可见一斑，其当初所宣扬的为全球福祉而推动实施全球最低税的伪善性也随之被彻底揭开。[③] 尽管最低税改革可能能够解决当前国际税收所面临的一些紧迫问题，但它严重忽视了外国直接投资所能带给发展中国家的经济机会，并且实行这一决策过程并没有保证各方的均等参与，因此不论是从程序还是从结果来看，都是存在问题的。[④] 从这一角度来看，全球最低税对发展中国家的影响尤为深远。发展中国家通常通过提供较低的税率来吸引外国直接投资，从而促进本国经济的发展。全球最低税的实施将剥夺发展中国家这一重要的政策工具，限制其通过税收优惠政策吸引外资的能力。这无疑将对发展中国家的经济发展造成不利影响，进一步加大发达国家与发展中国家之间的差距。

---

① 参见李金燕：《关于双支柱方案的全球税收共识：真相探究和法律现实》，陈新译，载《国际税收》2022 年第 3 期。

② See Arul Kurian, “The Evolution of International Tax Regime and The OECD Two-Pillar Solution: Analysis from A Developing Country Perspective”, *Journal of Economic Issues*, Vol. 1, No. 1, 2022, pp. 61-71.

③ 参见张泽平：《论国际税收秩序演进中的法制输出》，载《政治与法律》2023 年第 6 期。

④ See Rita de la Feria, “The Perceived (Un) Fairness of the Global Minimum Corporate Tax Rate”, *Intertax*, Vol. 50, No. 1, 2023, pp. 3-6.

结 语

国际税收正义是税收领域中国际公平的自然体现，其既是国际税收治理的核心目标，也是推动全球税收体系进步的重要动力。长期以来，对税收正义价值的深入讨论和重视相对不足。传统的税收主权观念和税收霸权实践在一定程度上阻碍了税收正义价值的实现。随着数字经济时代的到来，国际税收治理面临着前所未有的挑战和变革，这也为国际税收正义价值的阐释提供了新的机遇。从规则制定的角度来看，国际税收正义价值应包括合理性、正当性和公平性三个维度。合理性要求税收规则基于全球经济的实际情况和发展趋势，确保税收政策的科学性和可持续性；正当性强调税收规则的制定过程应公开透明，尊重各国主权平等，保障各国在税收领域的合法权益；而公平性是税收正义的核心，要求税收规则公正无私，确保各国在税收负担分配上的公平合理。尽管经济合作与发展组织的“双支柱”方案在国际税收改革方面取得了一定进展，但在充分彰显税收正义价值方面仍有待加强。未来，国际税收治理需要在充分考虑税收正义价值的基础上，推动全球税收体系的改革与完善，以更好地适应数字经济时代的发展需求。